Andreas Achenbach * Barbara Bonnkirch
Justizbau Frankfurt 1948 – 2013
Chronik einer gemeinschaftlichen Initiative
65 Jahre Geschichte der Wohnungsbaugenossenschaft
Frankfurt am Main e.G.

Justizbau Frankfurt
Chronik einer gemeinschaftlichen Initiative

65 Jahre Erfolg im genossenschaftlichen Wohnungsbau

Die Geschichte der Wohnungsbaugenossenschaft der

Justizangehörigen e.G. in Frankfurt am Main

1948 - 2013

Henrich Editionen

Herausgegeben von
Ralf H. Bökenkamp hauptamtlicher Vorstand
Justizbau Genossenschaft der Justizangehörigen
Frankfurt am Main e.G.

© Justizbau Genossenschaft Frankfurt am Main 2015
Fotos: Justizbau, privat und B. Bonnkirch

Autoren:
Andreas Achenbach, Offenbach am Main (Konzept und Text)
Barbara Bonnkirch, Seligenstadt (Chronologie und Fotos)

Gestaltung: BlazekGrafik, Rudolf Blazek, Frankfurt am Main
Gesamtherstellung: Henrich Druck + Medien GmbH, Frankfurt am Main

1. Auflage Mai 2015

Erschienen im Verlag Henrich Editionen,
einem Unternehmen der Henrich Druck + Medien GmbH, Frankfurt am Main
www.henrich-editionen.de

© 2015 Henrich Editionen, Frankfurt am Main
ISBN 978-3-943407-43-3

Alle Rechte vorbehalten.
Das Werk einschließlich seiner Teile ist urheberrechtlich geschützt. Jede Verwertung außerhalb der engen Grenzen
des Urheberrechtsgesetzes ist ohne Zustimmung des Verlags unzulässig und strafbar. Das gilt insbesondere für
Übersetzungen, Kopien, Einspeicherung und Verarbeitung in elektronischen Systemen.

INHALTSVERZEICHNIS

7	Geleitwort	**Eva Kühne-Hörmann**	*Staatsministerin für Justiz, Wiesbaden*
11	Grußworte	**Peter Feldmann**	*OB Frankfurt am Main*
15		**Dr. R. Ridinger**	*Verband Südwestdeutscher Wohnungsunternehmen*
19	Vorworte	**Klaus Radke**	*Vorsitzender des Aufsichtsrats*
23		**Ralf H. Bökenkamp**	*hauptamtlicher Vorstand*
26	Einleitung	**Andreas F. Achenbach**	

28 **Eine Stadt in Trümmern,** *Wohnungsnot und die kreative Suche nach Wohnraum*

34 **Die Gründung der JUSTIZBAU Genossenschaft und die Bewältigung der Anfangsprobleme**

43 **Die frühen Jahre,** *Umsetzung der Visionen vom Anfang und solides Wachstum*

84 **Die erfolgreichen Jahrzehnte des Aufbaus von 1962 bis 1995**

188 **Der Übergang in die Professionalität 1996 und 1997**

194 **Die Konsolidierung gelingt – Finanzprobleme werden produktiv bewältigt**
Ein Interview mit dem hauptamtlichen Vorstand seit 1997

200 **Wohnbestand und Lebensqualität** – *65 Jahre Justizbau in aktuellen Bildern der Menschen, Plätze, Gebäude*

222 **Zukunftspläne** – *Bauen von bezahlbaren Unterkünften für erschwingliche Mieten auch morgen*

225 **Anhänge**

Eva Kühne-Hörmann

Liebe Mitglieder der „Justizbau Frankfurt am Main",

Ihre Genossenschaft ist ein Teil der hessischen Justizfamilie. Aus diesem Grund bedanke ich mich dafür, für die vorliegende Dokumentation ein Vorwort beisteuern zu können.

Vor 65 Jahren, drei Jahre nach dem Zweiten Weltkrieg, gründeten in einer zerstörten Stadt einige Justizangehörige die Gemeinnützige Wohnungsbaugenossenschaft der Justizangehörigen Frankfurt am Main.

Dies geschah fast vier Jahre nachdem am 22. März 1944 der Kaiserdom St. Bartholomäus ausbrannte, die Turmuhr der Katharinenkirche um

21.43 Uhr stehen blieb und 10 Jahre lang die Zeiger an der ausgeglühten Ruine an den Zeitpunkt des Bombenangriffes erinnerten.

Es war damals und ist auch heute keine Selbstverständlichkeit, dass Menschen einer Stadt Verantwortung für sich und die Gemeinschaft übernehmen, in der sie leben. Die Gründer Max Schwarzer, Josef Weber, Ludwig Weber, Wilhelm Meister, Willi Böttger und Adolf Gerbershagen stellten sich dieser Aufgabe. Sie haben in der Phase des ersten Wiederaufbaus mit dem Modell der Genossenschaft Hilfe zur Selbsthilfe unter Verzicht auf persönliche Vorteile, Hoffnung und Zuversicht vermittelt.

Die Geschichte der Wohnungsbaugenossenschaft der Justizangehörigen Frankfurt am Main ist ein Bestandteil der hessischen Nachkriegsgeschichte und der Gegenwart. Ihr Wille zur Neugestaltung und Weiterentwicklung hat geholfen, bis heute alle Anpassungen und Veränderungen zu meistern, ohne die genossenschaftlichen Kerngedanken der Selbsthilfe, der Selbstverantwortung und der Selbstverwaltung zu vergessen. Auch der soziale Gedanke, den Sie mit Ihrer Genossenschaft leben, ist lebendiger Teil eines gesamtgesellschaftlichen Lebensgefühls.

Der Einsatz für die genossenschaftliche Gemeinschaft und für die in ihr lebenden Menschen ist Ausdruck von individuellem und gemeinschaftlichem Verantwortungsbewusstsein. Gelebte Demokratie ist ohne Mitverantwortung und Mitarbeit der Bürgerinnen und Bürger nicht vorstellbar. Bürgerliche Genossenschaften sind gerade in Ballungsräumen wichtig, damit diese ihre soziale Ausgewogenheit erhalten und individuelle und gemeinschaftliche Verantwortung gestalten. Denn gerade hier ist bezahlbarer und passgenauer Wohnraum für junge Familien, Alleinerziehende mit Kindern oder sozial schwächer gestellte Menschen knapp. Aus diesem Grund hat die hessische Landesregierung mit dem neuen Wohnraumförderungsgesetz die Förderung von sozialem Wohnraum und der nachhaltigen Entwicklung von Wohneigentum auf neue, stabile Grundlagen gestellt. Damit wird die Wohnungsbauförderung flexibel an die Bedürfnisse des Empfängers angepasst.

Der Anspruch der hessischen Justiz ist es, in der Fläche nicht nur durch die Institutionen, sondern auch durch Personen vertreten zu sein. Dies bedeutet, dass es für die Mitarbeiterinnen und Mitarbeiter angemessenen und bezahlbaren Wohnraum im Bereich ihrer Arbeitsplätze geben muss. Auch deshalb ist bei Angehörigen der hessischen Justiz der Bedarf an preiswertem Wohnraum nach wie vor groß. Hessen ist aufgrund seiner Wirtschaftsstärke ein Zuzugsland und wird dies auch bleiben. Daher begrüße ich auch den Beschluss des Bundesrates zur Einführung der Mietpreisbremse von Ende März. Nach den langen Diskussionen zwischen dem Bundeswirtschafts- und dem Bundesjustizministerium können die Kommunen jetzt für eine Begrenzung des Anstieges der Mieten sorgen. Besonders in den Ballungsräumen wie im Rhein-Main-Gebiet kann die Mietpreisbremse dazu beitragen, dass bezahlbarer Wohnraum in ausreichendem Maße zur Verfügung steht.

Politisches Handeln kann aber nur die Vorlagen liefern. Deshalb ist das genossenschaftliche Wirken der Wohnungsbaugenossenschaft der Justizangehörigen Frankfurt e.G. beispielhaft für bürgerschaftliches Engagement, welches den gesellschaftlichen Solidaritätsanspruch mit Leben erfüllt.

Die erfolgreiche Geschichte der Wohnungsbaugenossenschaft Frankfurt steht stellvertretend für Selbsthilfe, Selbstverantwortung und Selbstverwaltung der Menschen in der Stadt Frankfurt und symbolisiert gleichzeitig, dass die hessische Justiz ein integraler Bestandteil der Gesellschaft ist.

Ich wünsche der Wohnungsbaugenossenschaft der Justizangehörigen Frankfurt am Main e. G. zum Geburtstag alles Gute und hoffe, dass sie auch in Zukunft Schwierigkeiten so gut meistert, wie sie es in den letzten Jahren getan hat!

Eva Kühne Hörmann
-Staatsministerin-

> **Die Geschichte der Wohnungsbaugenossenschaft der Justizangehörigen Frankfurt am Main** ist ein Bestandteil der hessischen Nachkriegsgeschichte und der Gegenwart.

Peter Feldmann

Engagement und Vorsorge, Gemeinsinn und Solidarität sind die Zutaten für eine prosperierende Kommune. Unser Frankfurt, das sich durch engagierte Bürger, durch individuelle Großzügigkeit auszeichnet, ist seit Jahrhunderten ein Beispiel für eine prosperierende Stadt im Herzen Deutschlands, im Herzen von Europa.

Ausgehend von dieser Zielvorstellung einer aufstrebenden, weltoffenen und vielfältigen Bürgergesellschaft wirkt der Blick auf unsere Stadt vor mehr als 65 Jahren nach Ende des Bombens und Tötens in den Kriegsjahren umso trostloser. Hoffnungslosigkeit, Trümmer, Menschen ohne Wohnung - aber mit einem starken und unbeugsamen Willen zu überleben - bestimmen oft den ärmlichen Alltag der Überlebenden dieser Gräuel in unserer Stadt in den Jahren nach 1945. Viele Frank-

furter erinnern sich noch schmerzlich an die Nacht vom 18. auf den 19. März 1944 als die Innenstadt im Bombenhagel fast völlig zerstört wurde. Die Wohnungsnot schien danach grenzenlos.

Als immer mehr Kriegsgefangene und ehemalige Soldaten heim zu ihren Familien zurückkehrten, war es äußerst schwer, in Frankfurt einen Arbeitsplatz, aber noch schwerer eine Behausung für sich und seine Lieben zu finden. In den ersten Jahren nach Kriegsende, als die Stadt wieder aufgebaut wurde, standen einer Niederlassung für Pendler aus dem hessischen, bayrischen und rheinland-pfälzischen Umland, wo ja sehr viele eine vorübergehende Unterkunft gefunden hatten, Hindernisse durch die amerikanischen Besatzer im Weg. Freizügigkeit für Arbeit und Wohnungsbewirtschaftung war für die meisten Menschen ein ferner Traum. In dieser Situation kam es auf Eigeninitiative und handfeste Ideen zur Selbsthilfe an. So verwundert es nicht, dass mit der historischen Entscheidung meines Vorgängers Oberbürgermeister Dr. Walter Kolb (1946 - 1956), die Paulskirche wieder aufzubauen, ein weithin erkennbares Aufbruchssignal gegeben wurde, den Siedlungsbau in allen Bereichen Frankfurts zu forcieren. Und dieses Signal hat eine kleine Gruppe von Angehörigen der Justizberufe in unserer Stadt 1948 dazu gebracht, die Ärmel aufzukrempeln und eine Genossenschaft zu gründen. Ziel war es, den Justizangehörigen aus allen Tätigkeitsbereichen in Rhein-Main die Möglichkeit zu eröffnen, in der Nähe ihres Arbeitsplatzes auch mit ihren Familien zu wohnen. Das war die Gründung der Justizbau Genossenschaft, die heute mehr als 1.400 Wohneinheiten besitzt, vermietet und modern verwaltet – und dabei immer noch genossenschaftlich organisiert ist. Zum 65. Geburtstag wurde dieses Buch herausgegeben, das den Mut, die Entschlossenheit und Tatkraft der Frauen und Männer der ersten

Stunde nachzeichnet, die sich und ihren Familien einfach nur einen bescheidenen Wunsch erfüllen wollten, gemeinsam unter einem Dach in Nähe des Arbeitsplatzes in Frankfurt zu leben.

In den Tagen, da ich dieses Vorwort schreibe, wird die Justizbau schon 67 Jahre alt. Sie ist aber kerngesund und zeigt keinerlei Altersschwächen. Dazu gratuliere ich im Namen des Magistrats, aber auch persönlich ganz herzlich und wünsche den heute Verantwortlichen wie den zahlreichen genossenschaftlichen Eigentümern auch für die weitere Entwicklung viel Erfolg und Durchstehvermögen – auch wenn der Wind einmal stärker wehen sollte. Gleichzeitig bedanke ich mich für das beispielhafte ehrenamtliche Engagement dieser Justizangehörigen über einen Zeitraum von mehr als 50 Jahren bis dann ab 1997 schließlich der heutige hauptamtliche Vorstand die Geschicke in die Hand genommen und mit der vertrauensvollen Unterstützung durch den immer noch ehrenamtlichen Aufsichtsrat ein heute sehr modernes, schlagkräftiges, beliebtes, wettbewerbsfähiges und gut aufgestelltes Unternehmen der vielfältigen Wohnungswirtschaft in unserer Stadt geschaffen hat. Das friedliche Zusammenleben in unserer Stadt, der soziale Zusammenhalt, ist untrennbar mit dem genossenschaftlichen Gedanken und dem genossenschaftlichen Wohnen im Besonderen verbunden. Darauf sind wir stolz! Wir freuen uns auf noch viele gemeinsame gute Jahre zum Wohle unserer Bürger und zum gedeihlichen Wirken aller Beschäftigten der Justizbau Genossenschaft Frankfurt am Main e.G. Glück auf!

Ihr
Peter Feldmann
-Oberbürgermeister-

„Viele Frankfurter erinnern sich noch schmerzlich an die Nacht vom 18. auf den 19. März 1944 als die Innenstadt im Bombenhagel fast völlig zerstört wurde."

Rudolf Ridinger

Wir schreiben das Jahr 1948. Kurz nach Ende des Zweiten Weltkrieges liegen die deutschen Städte in Trümmern, der Wiederaufbau ist eine Mammutaufgabe. In Frankfurt sind rund siebzig Prozent der Gebäude zerstört, von den verbliebenen Wohnungen sind selbst die kleinsten oftmals stark überbelegt. In der Hoffnung auf eine bessere Zukunft in der Stadt strömen zudem die Menschen aus dem Umland herbei. Der Wohnungsmarkt liegt am Boden. In dieser stürmischen Zeit wird die Wohnungsbaugenossenschaft der Justizangehörigen Frankfurt am Main eG gegründet, um zur Linderung der katastrophalen Wohnsituation in der Stadt beizutragen. In herausragender Pionierarbeit errichtet die Justizbau in den Folgejahren zahlreiche Wohnungen, die den Mitgliedern nicht nur ein Dach über dem Kopf bieten, son-

dern einen Ort an dem sie leben, sich wohlfühlen und sicher sind – ein Zuhause.

Auch heute, 67 Jahre später, kommt den Wohnungsgenossenschaften eine herausragende Bedeutung zu. Gerade auf dem angespannten Wohnungsmarkt in Frankfurt leisten sie einen unverzichtbaren Beitrag zur Wohnraumversorgung. Mit einer durchschnittlichen Nettokaltmiete von unter sechs Euro pro Quadratmeter realisiert die Justizbau den von Gesellschaft und Politik geforderten preisgünstigen Wohnraum. Damit liegt die Genossenschaft auch im freifinanzierten Bereich in etwa auf dem Mietniveau des geförderten Wohnungsbaus, ohne dessen Mittel zu beanspruchen. Gerade vor dem Hintergrund ständig steigender Baukosten und staatlicher Anforderungen verdient diese Leistung besondere Anerkennung.

Die Genossenschaften orientieren sich an den Grundprinzipien der Selbstverwaltung, Selbstverantwortung und Selbsthilfe. In einer Zeit, die durch zunehmende Ansprüche gegenüber dem Staat gekennzeichnet ist und diesen potenziell überfordert, leisten die Wohnungsgenossenschaften mit ihren Grundsätzen einer selbstbestimmten Form des Wohnens einen wichtigen Beitrag zur Bewältigung zukünftiger Aufgaben, sei es in den Bereichen ‚Soziale Stabilität, ‚Demografischer Wandel oder gute Nachbarschaft.

Rund 5 Mio. Menschen in Deutschland leben bei Genossenschaften. Den 2,8 Mio. Genossenschaftsmitgliedern kommt insbesondere das genossenschaftliche Dauernutzungsrecht zu Gute – außerdem haben sie Mitspracherechte rund um das genossenschaftliche Leben. Genossenschaften zeigen, dass es möglich ist, sowohl nach wirtschaftlicher Rentabilität als auch sozialer Verantwortung zu streben. Die Bundeskanzlerin, Dr. Angela Merkel, bezeichnete Genossenschaften als

„Vorbilder, wenn es darum geht, ökonomische, ökologische und soziale Interessen zu bündeln und an das Morgen zu denken." An die Wohnungsgenossenschaften gerichtet, erklärte sie, dass die Politik aus deren Erfahrungen und interessanten Beispielen schöpfen könne, denn Wohnungsgenossenschaften haben den Mieter der Zukunft sowohl aus den Augen der älteren als auch der jüngeren Menschen im Blick.

Die Justizbau ist mit ihren rund 1.500 Wohnungen vorbildlich aufgestellt. Wie ein Mitglied der Genossenschaft einmal äußerte: „Wenn alle Genossenschaften so wären wie die Justizbau, dann wäre die Zukunft gesichert." In diesem Sinne gratuliere ich herzlich zum 65. Geburtstag und wünsche der Wohnungsbaugenossenschaft der Justizangehörigen Frankfurt am Main für die Zukunft alles Gute. Ich bin sicher, dass sie auch den Herausforderungen von Morgen gewachsen sein wird.

Dr. Rudolf Ridinger
Verbandsdirektor VdW südwest

Wenn alle Genossenschaften so wären wie die Justizbau, dann wäre die Zukunft gesichert.

Klaus Radke

Am 21.04.2013 wurde die Wohnungsbaugenossenschaft der Justizangehörigen Frankfurt am Main e.G. 65 Jahre alt. Das Erreichen des „Rentenalters" gab den Anstoß zur Zusammenstellung der nachfolgenden Dokumentation. Mit ihr sollen die Ursprünge und die Entwicklung der Genossenschaft festgehalten werden, zumal die Zeitzeugen für die Anfangsjahre naturgemäß schwinden.

Am 21.04.1948 gründeten einige wenige Justizbedienstete die Genossenschaft, um dringend erforderlichen Wohnraum in der vom Krieg zerstörten Stadt zu schaffen. Dies war der Startschuss für ein Unternehmen, das mittlerweile 140 Gebäude und 1.440 Wohnungen in Frankfurt am Main und Weiterstadt errichtet hat und betreut; die Bilanzsumme beträgt über 67 Millionen EURO.

Die dem gegenüber äußerst bescheidenen Anfänge dokumentiert die Reichsmark-Abschlussbilanz per 20.06.1948, die ein Bankguthaben von 160,00 Reichsmark auswies, das im Verhältnis 1:10 umge-stellt worden ist auf nur noch 16,00 Deutsche Mark. Die gesetzliche Reserve betrug ganze 10,40 DM.

Die nach der Gründung einsetzende rasante Entwicklung wäre ohne den Wagemut und die am Gemeinwohl orientierte Einsatzbereitschaft der Gründer nicht möglich gewesen, ebenso wenig ohne das Engagement und das kompetente Wirken der Vorstandsmitglieder und der ehrenamtlichen Auf-sichtsräte in den folgenden Jahrzehnten.

Allen Mitgliedern von Aufsichtsrat und Vorstand, die in der Vergangenheit - oft unter Hintanstellung privater Interessen - zum Wohle der Genossenschaft mitgearbeitet haben, gilt Dank und Anerkennung.

Das Bestehen der Justizbau Genossenschaft seit fast sieben Jahrzehnten ist ein Beleg dafür, dass es sich lohnt, Eigeninitiative zu ergreifen, sich zu engagieren und für das Gemeinwohl einzusetzen. Es muss gelingen, diesen Gedanken den nachfolgenden Generationen in einer sich wandelnden Bürgergesellschaft zu vermitteln. Dann werden das genossenschaftliche Modell in der Wohnungswirtschaft und damit auch unsere Genossenschaft eine langfristige erfolgversprechende Perspektive haben. Die Justizbau Genossenschaft wird nicht „in Rente gehen", sondern die Zukunft innovativ und kraftvoll gestalten.

In diesem Sinne wünsche ich den Verantwortlichen in Vorstand und Aufsichtsrat sowie allen Mitgliedern einen erfolgreichen Weg in die kommenden Jahre und Jahrzehnte.

Klaus Radke
(Vorsitzender Richter am Landgericht a.D.)
-Aufsichtsratsvorsitzender seit 1993-

> **Die nach der Gründung einsetzende rasante Entwicklung** wäre ohne den Wagemut und die am Gemeinwohl orientierte Einsatzbereitschaft der Gründer nicht möglich gewesen.

Ralf H. Bökenkamp

‚Warum lassen es Staat und Stadt zu, dass ganze Viertel der Spekulation anheimfallen und so lange durchgentrifiziert werden, bis sich dort nur noch die Wohlhabenden das Wohnen leisten können?', fragte ZEIT ONLINE am 22.04.2013 just als die Mitarbeiter der Justizbau Genossenschaft Frankfurt am Main e.G. und ich in einer kleinen Feierstunde des 65. Geburtstages unserer Firma in unserer Verwaltung in der Homburger Landstraße gedachten. Dieser Artikel ist eine einzige Hymne auf das moderne Genossenschaftswesen und gipfelt in der Zuspitzung, dass für eine Genossenschaft eine Wohnung keine Ware ist, sondern Allgemeingut und ‚Wer hier einzieht, bei dem wohnt als unscheinbarer Untermieter die Gerechtigkeit'. Als ich 1997 in die Justizbau Genossenschaft eintrat, wollte ich nicht nur der in wirklich großen

Schwierigkeiten steckenden Verwaltung der Justizbau Genossenschaft helfen, wieder in geordnete Bahnen zu kommen, sondern mich trieb auch gerade dieses gesellschaftsrelevante Ziel an, den besonderen genossenschaftlichen Charakter für unsere Mitglieder und Mieter sichtbar und für alle Beteiligten an diesem Projekt wirksam werden zu lassen.

Wenn mir das auch nur teilweise gelungen ist, freue ich mich über diesen Geburtstag wie kaum ein anderer. Ich konnte das aber nur erreichen, weil ich viele Helfer hatte, denen ich zu großem Dank verpflichtet bin: vor allem meinen Mitarbeitern, meinen Kollegen im Vorstand und besonders den Damen und Herren im Aufsichtsrat, mit dem mich seit Jahren eine fruchtbare Zusammenarbeit zum Wohle der Genossenschaft verbindet - persönlich aber auch meiner Familie, die immer Verständnis zeigte, wenn die Arbeit vorgehen musste.

Ich hoffe, dass dieses Buch allen Mitgliedern unserer Genossenschaft zum einen nützliche Erinnerung und zum anderen Anregung für künftige Vorhaben im Rahmen genossenschaftlicher Aktivitäten sein kann im Sinne einer nur hier erfüllbaren und erstrebenswerten Wohn- und Lebensqualität.

Ralf H. Bökenkamp
hauptamtlicher Vorstand der Justizbau Frankfurt am Main e.G.

> **Warum lassen es Staat und Stadt zu, dass ganze Viertel der Spekulation anheimfallen und so lange durchgentrifiziert werden, bis sich dort nur noch die Wohlhabenden das Wohnen leisten können**

Einleitung

"Können Sie auch eine Firmengeschichte aufschreiben'? Als mich der aktuell amtierende hauptamtliche Vorstand der Wohnungsbaugenossenschaft der Justizangehörigen Frankfurt am Main e.G. – kurz: Justizbau Genossenschaft - das im Sommer 2012 fragte, wusste ich von diesem Unternehmen so gut wie nichts. Heute bin ich ein begeisterter Begleiter der Justizbau Genossenschaft und würde gerne selber dort einmal Mieter oder Genosse sein.

Ich habe zwar mehr als 120 Titel im Laufe von mehr als 45 Arbeitsjahren herausgegeben und verlegt, ungezählte Artikel für Zeitungen und Magazine verfasst sowie mannigfach Unterrichtsstunden in Deutsch erteilt, aber über eine bis dahin völlig fremde Firma geschrieben, das hatte ich bisher noch nicht. Als mir Herr **Bökenkamp** dann aber noch angeboten hat, dass mich bei meinen Recherchen eine ehemalige Mitarbeiterin extern und eine weitere im Innendienst aktuell unterstützen würden – von Anfang an und bis zum Ende – war ich schnell begeistert und sagte spontan zu. So startete das Projekt zügig im gut abgestimmten Team und mit voller Unterstützung des Vorstands.

Die Ehemalige, Frau **Barbara Bonnkirch**, entpuppte sich sehr schnell nicht nur als sach- und fachkundige Zeitzeugin der Unternehmensentwicklung (schließlich hat sie in dieser Firma eine Lehre absolviert und ihr Leben lang dort gearbeitet), sondern auch als emsige Vorbereiterin dieser besonderen genossenschaftlichen Firmengeschichte. Sie hatte vor 2012 bereits längst begonnen, die wichtigsten Dokumente zu sichten, zu sammeln und in den zeitgemäßen Zusammenhang für das kontinuierliche Wachstum der Justizbau Genossenschaft Frankfurt zu stellen. Und sie kennt dieses Unternehmen wie keine andere seit mehr als 50 Jahren!

Doch nicht nur mit dieser Koautorin machte die Arbeit von Anfang an Freude, auch die Unterstützung von Frau **Marga Loebner** aus dem Vorstandssekretariat erwies sich als Glücksgriff, denn sie machte es immer möglich, dass kurzfristige organisatorische Probleme einer alle zufrieden stellenden Lösung zugeführt werden konnten. Und das ersparte dem Projekt nicht nur große Reibungsverluste, sondern ließ den Schwung an der gemeinsamen Arbeit niemals erlahmen. Bis heute nicht.

Gemeinsam machten wir uns voller Tatendrang an die Arbeit und wussten doch bereits ehe es zum Jahresanfang 2013 richtig losging, dass eine Fertigstellung dieser anspruchsvollen Edition nicht pünktlich zum 65. Geburtstag am 21. April 2013 wird erfolgen können. Doch wir sagten uns, dass bei mehr als 67 x 12 = 804 Monaten seit Gründung dieser Genossenschaft, auch die mehr als 1.600 aktuellen Mitglieder uns und dem Vorstand die Verzögerung von nur wenigen Monaten werden nachsehen können. So wurde fest vereinbart, dieses nun vorliegende Werk zügig zu erstellen und nach Möglichkeit noch im 67. Geburtsjahr der interessierten Öffentlichkeit zu präsentieren. Ab März 2013 machte sich das Team sodann zielorientiert auf den Weg und an die Arbeit mit Sichtung, Zusammentragen und Formulieren der Fakten. Die Herstellung und zielvolle Produktion konnte nach einem Jahr Vorbereitung und Texten Ende 2014 beginnen und fand in der glücklichen Kooperation mit der Henrich Druck + Medien GmbH 2015 in Frankfurt eine besonders erfolgreiche Vollendung.

Grundlage ist die von Frau Bonnkirch teilweise aus Originaldokumenten und unterschiedlichen Aufzeichnungen zusammengestellte Dokumentation der Vorgänge im Hause Justizbau seit den Anfängen vor 67 Jahren. So war es möglich, einen kompletten Überblick über die Gremienarbeit zu erhalten und die wichtigsten Ereignisse im Leben der Justizbau Frankfurt wieder lebendig werden zu lassen. Einen großen Teil nehmen Abbildungen der Mietobjekte der Genossenschaft ein. Frau Bonnkirch kommt zum größten Teil das Verdienst zu, diese wunderschönen Fotos selbst und aktuell in den letzten Jahren und Monaten gemacht zu haben. Der aktuelle Wohnungsbestand zeigt eindrucksvoll die Leistungsstärke der Justizbau und bietet den Mietern und Genossen direkte Gelegenheit, sich mit ihrer Genossenschaft ganz subjektiv über die persönliche Wohnungssituation zu identifizieren.

Verfeinert werden diese Aufzeichnungen noch durch lebensnahe Berichte von Zeitzeugen und aktuelle Stimmen aus der Mietergemeinschaft. Schließlich ist der Vorteil einer Genossenschaft, dass sich alle Mitglieder solidarisch mit ihrem Unternehmen fühlen und meistens auch stolz auf dessen Errungenschaften sind.

Andreas F. Achenbach
Im April 2015

Frankfurt am Main - eine Stadt in Trümmern: Wohnungsnot und die kreative Suche nach Wohnraum

Für Frankfurt am Main war der zweite Weltkrieg bereits Ende März 1945 zu Ende. Es wird vermutet, dass mindestens 34.000 Menschen ihr Leben hier in der Nazidiktatur verloren haben. Die nach den langen Bombennächten nun eingekehrte Ruhe verwandelt sich schnell unter den Überlebenden - vor allem Frauen und Kindern - in eine Suche nach einer Bleibe und einem dichten Dach über dem Kopf. Der Winter soll ähnlich kalt, schneereich und trübe wie im Jahre 2013 gewesen sein.
Als amerikanische Truppen am 26. März 1945 mit dem Einmarsch von der Forsthausstraße her, über den zerbombten Hippodrom am Rande von Niederrad und über die stark zerstörte Wilhelmsbrücke die weit über Hessen hinaus bekannte republikanische Stadt der Messen und der geschichtswürdigen Paulskirche besetzen, liegt mehr als ein Drittel aller Häuser mit Wohnungsmöglichkeiten in Trümmern. Die Nacht vom 18. März 1944, in der Frankfurt unter dem Bombenhagel der Alliierten erstmals brannte, und das vier Tage später in einer beispiellosen Welle von fast 900 Tötungsmaschinen vom Himmel erneut angegriffen wurde und 1.000 Menschenleben kostete, steckt vielen noch traumatisch in den Kno-

chen. Siebzig Prozent des Stadtzentrums sind zerstört. Dass nicht mehr Frankfurter Einwohner umgekommen sind, ist dem ausgeklügelten Tunnelsystem zu verdanken, das unter der Altstadt angelegt war und vom Römerberg aus erreicht werden konnte. Der Wohnbedarf ist deshalb sehr groß. Von Bankentürmen kann gar keine Rede sein, damals*.

Die Stadt ist bei Kriegsende größtenteils ohne Strom und ohne sauberes Wasser. Das erläutert eindrucksvoll der nach einem kürzlich erst erschienenen Geschichtswerk zur Mainova AG Frankfurt zitierte Text: >Die seit Kriegsbeginn knapp bemessenen Rationen sanken nach Kriegsende noch unter das Existenzminimum von täglich 1.600 Kalorien für den Normalverbraucher. Das war zum Leben zu wenig und zum Sterben zu viel. Mit Schwarzmarktgeschäften, Tauschhandel und ‚Hamsterfahrten' versuchte die notleidende Großstadtbevölkerung über die Runden zu kommen. Die Hälfte der etwa 269.000 in Frankfurt am Main ausharrenden Einwohner war 1945 im Grunde obdachlos. Standen vor Kriegsbeginn 553.000 Einwohnern in der Gauhauptstadt 177.570 Wohnungen zur Verfügung, musste sich die bedingt durch Evakuierungen und Kriegseinwirkungen um mehr als die Hälfte geschrumpfte Bevölkerung 1945 in den vorhandenen 44.000 unversehrten und 53.000 zum Teil stark beschädigten Wohnungen einrichten. Rückkehrer und Flüchtlinge verschärften

Lamentieren wollten die eigensinnigen Hessen aber nicht. Sie suchten eher nach direkten Wegen aus Schutt und Asche – und packten an wo immer es möglich war, nahmen ihr Schicksal nun unvermittelt selbst in die eigenen Hände

*Zur Bankenhauptstadt Deutschlands wird die Mainmetropole allerdings erst mit der Gründung der Deutschen Bundesbank in Frankfurt - zunächst als Bank deutscher Länder - am 1.03.1948, kurz vor der Währungsreform im Juni desselben Jahres und mit der Einführung der DM sowie der Verlegung des Sitzes der Deutschen Bank unter Herman- Josef Abs von Berlin nach Hessen; schließlich erhielt mit der Gründung und Eröffnung der gewerkschaftsnahen Bank für Gemeinwirtschaft (BfG) am 20.03.1964 im Beisein von Willy Brandt als dem damaligen Bundesvorsitzenden der SPD – ab 1969 Bundeskanzler der Bundesrepublik Deutschland – eine wachsend zentrale Bedeutung. Die schmeichelnden und manchmal auch selbstgefälligen Kosenamen ‚Bankfurt' oder ‚Mainhattan' entstanden noch viel später als augenzwinkernde Beschreibung der neuen Hochbauten nach der Errichtung des ersten Bankenhochhauses, dem BfG-Turm am Willy-Brandt-Platz in 1977, der bis Ende 2014 noch Sitz der EZB Europäische Zentralbank wurde, die aber im März 2015 offiziell im neuen Doppelturm an der Sonnemannstraße auf dem Gelände der früheren Großmarkthalle ihr neues Domizil bezog.

Frankfurt 1932 – beschaulich vor der Katastrophe

Frankfurt nach Kriegsende 1947 – Eine Stadt blutet, wehrt sich aber und steht wieder auf...

Frankfurt 1962 – Parkplatz am Römer

die ohnehin dramatische Lebensmittelknappheit und Wohnungsnot< (vgl. Frolinde Balser: Aus Trümmern zu einem europäischen Zentrum. Geschichte der Stadt Frankfurt am Main 1945-1989, hrsg. von der Frankfurter Historischen Kommission, Sigmaringen 1995, S. 13f und 65f).

Lamentieren wollten die eigensinnigen Hessen aber nicht. Sie suchten eher nach direkten Wegen aus Schutt und Asche – und packten an wo immer es möglich war, nahmen ihr Schicksal nun unvermittelt selbst in die eigenen Hände: sie sehnten sich danach, endlich wieder angemessen zu wohnen, ein sicheres Dach über dem Kopf zu haben und eine funktionierende Umgebung in ihrer Kommune für sich und ihre Angehörigen zu nutzen. So machten sich auch zahlreiche Berufsgruppen aus dem öffentlichen Bereich staatlicher Verwaltung Gedanken um eine Problemlösung auf eigene Art – besonders die, die zunächst nur mit einem Berechtigungsschein der Besatzungsbehörde in der Stadt arbeiten durften.

Sechs Wochen vor der ersten Kommunalwahl am 11. April 1946 hat der von der amerikanischen Besatzungsmacht eingesetzte Oberbürgermeister Dr. Kolb davon gesprochen, die Paulskirche wieder herstellen zu wollen. Dafür wurde dann im Juni 1946 ein Architekten- und Ideen-Wettbewerb ausgeschrieben. Mit dem Wiederaufbau der Paulskirche als demokratisch-republikanisches Nationalsymbol wurde gleichzeitig ein sichtbares Signal an die Öffentlichkeit gegeben, den Siedlungsbau in Frankfurt nun in allen Bereichen zu forcieren. So wurde auch der Wiederaufbau der Friedrich-Ebert-Siedlung im südwestlichen Teil des Gallus-Viertels in Angriff genommen. Wenige Wochen nach dem 18. Mai 1948, dem Datum der 100-Jahrfeier der Deutschen Nationalversammlung, zogen 103 glückliche Mieter in die wieder auf historischen Grundrissen südlich der Mainzer Landstraße auf Initiative von Baustadtrat Ernst May, der auch für die Errichtung der Hellerhof-Siedlung verantwortlich zeichnete, aufgebauten Wohnungen ein.

> **Die vielen seit Kriegsende notdürftig und eng zusammen hausenden Frankfurter empfanden die Wiederherstellung ihres Siedlungsraums als ein besonders wichtiges Lebensereignis und als großen Hoffnungsschimmer im noch vorherrschenden Wohnungselend in den Trümmerlandschaften einer wiederbelebten Kommune.**

Die vielen seit Kriegsende notdürftig und eng zusammen hausenden Frankfurter empfanden die Wiederherstellung ihres Siedlungsraums als ein besonders wichtiges Lebensereignis und als großen Hoffnungsschimmer im noch vorherrschenden Wohnungselend in den Trümmerlandschaften einer wiederbelebten Kommune. Wer in die Heimatstadt zurückkehren wollte, konnte dies nur über einen offiziellen Zuzug erreichen, der von einer von der US-Militärverwaltung eingesetzten Behörde genehmigt, kontrolliert und überwacht wurde. Wer einen Mietvertrag oder Arbeitsnachweis vorlegen konnte, der erhielt endlich den ersehnten Schein für den Zuzug. So zogen zunächst Frauen mit Kindern und ältere Mitbürger wieder zurück in ihre Stadt und suchten in leer stehenden – manchmal auch offensichtlich verwaisten - Wohnungen eine erste oder vorübergehende Bleibe. Mitunter lebten mehrere Familien in einer Unterkunft mit nur einer Küche und einer Toilette. Die bei Luftangriffen ins Umland oder auch weiter aus den gefährdeten Kriegsgebieten geflohenen Frauen mussten auf jeden Fall zurück in die Heimatadressen ziehen, wenn die im Krieg vermissten und in der späteren Gefangenschaft verbliebenen Männer nicht wussten, wohin ihre Familie bei den Kriegshandlungen in der Heimat evakuiert worden waren, denn diese suchten nach ihren Familien als erstes dort, wo sie sie verlassen hatten, in ihrer Heimatstadt.

Der ermutigende Anstoß des Wiederaufbaus erfasst seit 1948 auch einige Heimkehrer, die als Flüchtlinge und Sachgeschädigte wieder ihren früheren Beruf aufgenommen haben und für ihre Familien eine menschenwürdige Wohnung suchen. So kommt es, dass einige Mitglieder aus dem Justizbereich diese von Hoffnung auf bessere Zeiten getragene Situation zu einer bis dahin ungewöhnlichen Maßnahme ermuntert: da viele Pendler von außerhalb aus ländlichen Gebieten kommen, wo es sich für ihre Familien beim Ende des Krieges sicherer und leichter leben ließ, geht nun von diesen besonders Aktiven schließlich die Initiative aus, selbst für den geeigneten Wohnraum in Arbeitsplatznähe – also in der zerbombten Stadt Frankfurt - zu sorgen und den Wiederaufbau dort genossenschaftlich zu organisieren.

So treffen sich nach mannigfachen Vorgesprächen am 21. April 1948 unter der Gesprächsführung von Justiz-Oberinspektor **Max Schwarzer** und Justiz-Inspektor Josef Weber, der Justiz-Sekretär **Ludwig Weber**, der Justiz-Inspektor **Wilhelm Meister**, der Justizangestellte **Willi Böttger** und der Justiz-Sekretär **Adolf Gerbershagen**, allesamt Interessenten an der Eigeninitiative für die Mitarbeiter der Justizbehörde Frankfurt, zur ersten Gründungs-Aufsichtsratssitzung der ab sofort aktiven Wohnungsbaugenossenschaft der Justizangehörigen Frankfurt am Main e.G.. Die erste Geschäftsstelle der neuen Genossenschaft liegt in der Arnsteiner Straße 11 im Stadtteil Bornheim.

An diesem Tag werden mangels anderer Bewerber aus dem Kreis der Initiatoren Josef Weber zum Aufsichtsratsvorsitzenden und Max Schwarzer zu seinem Stellvertreter gewählt; Willi Böttger wird der erste Schriftführer. **Heinz Morgenroth** (Gerichts-Assessor), **Eberhard Schneider und Heinz Schnell** (beide Justiz-Assessoren) bilden den ersten Vorstand. Die Geburt der späteren ›Justizbau‹ war somit vollbracht. Die Taufe folgt aber erst fast ein ganzes Jahr später am 2. April 1949 mit der nach vielen Zweifeln endlich organisierten ersten ordentlichen Mitgliederversammlung, die zunächst nur aus den Initiatoren der Genossenschaftsgründung besteht.

1. Aufsichtsratssitzung
21. 4. 1948

Anwesend:

Justiz-Oberinsp. Max Schwarzer
Justiz-Inspektor Josef Weber
Justiz-Sekr. Ludwig Weber
Justiz-Insp. Wilhelm Meister
Justiz-Ang. Willi Böttger
Justiz-Sekr. Adolf Gerbershagen

Der Aufsichtsrat wählt aus seiner Mitte

zum Vorsitzenden: J.-I. Josef Weber
stellv.   „   : J.O.I. Max Schwarzer
Schriftführer: J.A. Willi Böttger

Der Aufsichtsrat bestellt einstimmig zu Vorstandsmitgliedern:
Gen.-Ass. Heinz Morgenroth
J.A. Eberhard Schneider
J.A. Heinz Schnell

Faksimile der handschriftlich abgefassten Niederschrift der 1. Aufsichtsratssitzung vom 21.4.1948

Die Gründung der JUSTIZBAU Frankfurt und die Bewältigung der Anfangsprobleme

In der **ersten Mitgliederversammlung** (MV) stehen am **2. April 1949** auch Neuwahlen an. Zum ersten ordentlichen Aufsichtsratsvorsitzenden wird Wilhelm Meister gewählt, ein Mann der ersten Stunde, und zu neuen Vorstandsmitgliedern **Wilhelm Hilbert**, **Heinz Schnell** (Vorsitzender) und Hans Schüller. Diese bereiten anschließend die erste gemeinsame Sitzung von Aufsichtsrat und Vorstand für den 8. April 1949 vor.

Der Aufsichtsrat ermächtigt den Vorstand zu Vorverhandlungen wegen geeigneter Bauplätze und Kooperationsmöglichkeiten mit wichtigen Partnern. Dafür führen die Vorstände Schüller und Hilbert bei der Nassauischen Heimstätte und der Stadtverwaltung Frankfurt erste Gespräche. Die Herren erfahren dabei, dass der Regierungspräsident in Darmstadt für den Bau von Etagenhäusern für Trennungsgeldentschädigungsempfänger Mittel in Aussicht stellte. Ergebnis dieser ersten gemeinsamen Sitzung von Aufsichtsrat und Vorstand ist wegen der anwachsenden Aktivitäten die Verlegung der Geschäftsstelle der Genossenschaft ins Zimmer 255 im Oberlandesgericht Frankfurt.

Nun kann der erste Plan für ein Bauvorhaben im Frankfurter Süden konkrete Form annehmen. In der Dielmannstraße 6 -

8, ganz in der Nähe der Mühlbergschule in Sachsenhausen, erwirbt die Justizbau Genossenschaft in Erbpachtrecht ein Grundstück zur Errichtung der ersten beiden Wohngebäude für 49 Wohnungen.

In einer Anlage zum Erbbauvertrag, dem sogenannten >Einteilungs-Entwurf über das städtische Gelände zwischen Wendelsweg, Dielmann-Straße, Steinhausen-Str., Bornemann-Str. und Lettigkaut Weg< macht die Stadt klare Vorgaben, dass keine Wohnungen mit weniger als drei Zimmern errichtet werden dürfen – außer für Hausmeisterwohnungen; außerdem behält sie sich ein Mitspracherecht bei der äußeren Gestaltung der Gebäude und Anlagen vor und untersagt das Errichten von Hintergebäuden. Zudem durften die Keller nicht für Wohnungen nutzbar sein und deshalb ‚nicht höher als 1,50 m über dem anstoßenden Grunde liegen' (zitiert nach dem Original).

In der nächsten gemeinsamen Sitzung werden am 18. September 1949 die getroffenen Maßnahmen bestätigt und zur Ideenfindung von Finanzierungsmöglichkeiten aufgerufen. Für Heinz Schnell rückt das Mitglied **Herbert Gottwald** in den Vorstand. Voller Stolz und Zuversicht, dass es endlich vorwärts geht, werden die Einladungen zur Grundsteinlegung am Samstag, dem 29. Oktober 1949 verschickt. Das erste große Ereignis für eine herausragende Genossenschaftsfeier aber ist die Fertigstellung dieser ersten Wohnungen am 16. Mai 1950.

DER OBERBÜRGERMEISTER
als Bauaufsichtsbehörde

Sprechstunden: Montag u. Donnerstag
von 9-11 Uhr

Frankfurt a.M., den 14. Januar 1950
Bez: Süd/Bo/T
Buch-Gasse Nr. 9

B A U S C H E I N - Nr. 1730
==================================

(Gültig ein Jahr)

~~Herrn Firma~~ Gemeinnützige Wohnungsbaugenossenschaft der Justizangehörigen Frankfurt a.M., Oberlandesgericht Zimmer 255,

wird auf Antrag vom 13. September 1949 unbeschadet der Rechte Anderer, nachdem die Stadtgemeinde die Ausnahme vom Bauverbot des Artikel 3 des Ortsstatuts vom 28. April 1876 nach Massgabe des Anbauvertrages vom 3. Nov. 1949 gewährt hat, die Baugenehmigung erteilt für die Errichtung von 2 Mehrfamilienhäusern

auf dem Grundstück Gemarkung Frankfurt a.M.- Süd
Kartenblatt 578 Nr. 16/9,
Dielmann= strasse Nr. 27-29, nach den beigehefteten, mit Prüfungsvermerk versehenen Bauvorlagen.

~~Von den Bestimmungen in § wurde Befreiung nach dem beigehefteten Befreiungsbeschluss vom erteilt:~~

Von den Bestimmungen in § 7a der Bauordnung der Stadt Ffm. v.20.4.38 wurde die erforderliche Ausnahme bewilligt.

Massgebend für die Bauausführung sind:

1. die allgemeinen baupolizeilichen Vorschriften
2. die umseitigen Hinweise und Baubedingungen und
3. ~~die Bedingungen des Befreiungsbeschlusses vom~~
4. die Prüfungsvermerke in den Bauvorlagen

-2-

1950

> HEUTE / AM 29. OKTOBER DES JAHRES 1949 DEM GRÜNDUNGSJAHR DER DEUTSCHEN BUNDESREPUBLIK / WURDE IN FRANKFURT AM MAIN GEGENÜBER DER MÜHLBERGSCHULE DER GRUNDSTEIN ZU DIESEM BAU GELEGT ER IST DER ERSTE EINER REIHE VON BAUTEN WELCHE ALS HEIMSTATT FÜR ANGEHÖRIGE DER JUSTIZVERWALTUNG / VORNEHMLICH FÜR DIE BISHER AUSSERHALB FRANKFURTS WOHNENDEN DIENEN SOLLEN. TRÄGER IST DIE GEMEINNÜTZIGE WOHNUNGSBAUGENOSSENSCHAFT DER JUSTIZANGEHÖRIGEN / DEREN ZIEL ES IST / DER DURCH DEN UNSELIGEN KRIEG VON 1939-45 HERVORGERUFENEN WOHNUNGSNOT UNTER VERZICHT AUF ALLE PERSÖNLICHEN VORTEILE BEI WEITGEHENDER SELBSTHILFE ZU STEUERN DIE INSPEKTOREN WILH. HILBERT UND HANS SCHÜLLER HABEN DEN BAU NACH VIELEN ERHEBLICHEN SCHWIERIGKEITEN ZUSTAND GEBRACHT DER ARCHITEKT IST WOLFGANG STURMFELS / MÖGE DEN BEWOHNERN DES HAUSES EINE GLÜCKLICHE ZUKUNFT UND DER GENOSSENSCHAFT EINE BALDIGE VERWIRKLICHUNG IHRER ZIELE UND HOFFNUNGEN BESCHIEDEN SEIN

Urkunde zur Grundsteinlegung am 29. Oktober 1949 im Wortlaut

Ein Blick in die erste Hauskartei von 1950 zeigt, dass die ersten Objekte über ein Aluminium-Flachdach verfügten, die Wohnungen mit Öfen beheizt wurden, die Treppen aus Holz waren und die Fußböden aus Steinholz, also Sorelzement, ein damals häufig genutzter Bodenbelag bis Ende der Fünfziger, der erst in den 90iger Jahren wieder neu entdeckt wurde und heute als Madwood erhältlich ist. Die Wohnungen im Obergeschoss hatten schon einen Balkon. Die Durchschnittsgröße einer Dreizimmerwohnung liegt bei etwa 65 m² und kostet 1,10 DM pro m². Für jede Waschküchenbenutzung sind 1,50 DM extra zu zahlen und die üblichen Gemeinschaftskosten, die später zur Nebenkosten-Umlage werden, sind pro Person 80 Pfennig für Treppenhausbeleuchtung und Wasserverbrauch monatlich als Umlage fällig. Auch vor mehr als 60 Jahren erfolgte sodann die Jahresabrechnung erst im folgenden Jahr mit endgültigen Zahlen für die angefallenen tatsächlichen Kosten des alten Mietjahrs.

Zwischen der Justizbau Wohnungsbaugenossenschaft und dem Mieter wird ein weit vorausschauender Nutzungsvertrag geschlossen, in dem der Mieter versichert, dass die in die Wohnung eingebrachten Sachen sämtlich frei von Ungeziefer sind.

In der gemeinsamen Sitzung von Vorstand und Aufsichtsrat am 27. Oktober 1949 kurz vor der Grundsteinlegung wird ein wichtiger Beschluss zur künftigen Finanzierung durch die Mieter gefasst. Im Selbsthilfeverfahren soll jedes Genossenschaftsmitglied 100 Stunden ableisten. Wer selbst dazu nicht in der Lage ist, kann einen Ersatzmann stellen oder zahlt eine Entschädigung pro zu leistender Stunde in Höhe von 1,50 DM. Mit Rücksicht auf Frauen wird weiblichen Mitgliedern die Möglichkeit eingeräumt, die Selbstverpflichtung entweder durch Bürostunden oder als Äquivalent durch eine Zahlung von 80 Pfennig pro Stunde zu leisten. Solidarität ist selbstverständlich und jeder trägt seinen möglichen Teil zum Verwirklichen der Genossenschaftsziele bei.

In der Urkunde zur Grundsteinlegung des ersten Bauprojekts wird selbstbewusst angekündigt, dass dies >der erste Bau einer Reihe von Bauten, welche als Heimstatt für Angehörige der Justizverwaltung, vornehmlich für die bisher außerhalb Frankfurts Wohnenden, dienen sollen< ist. Ebenso bemerkenswert die Verzeichnung des Ziels der Justizbau Frankfurt: >Träger ist die gemeinnützige Wohnungsbaugenossenschaft der Justizangehörigen, deren Ziel es ist, der durch den unseligen Krieg von 1939-45 hervorgerufenen Wohnungsnot unter Verzicht auf alle persönlichen Vorteile, bei weitgehender Selbsthilfe zu steuern.< Und weiter wird dort dokumentiert, dass die Inspektoren Wilhelm Hilbert und Hans Schüller den Bau nach vielen erheblichen Schwierigkeiten zustande gebracht haben und der Architekt Wolfgang Sturmfels ist.

In der gemeinsamen Sitzung des Aufsichtsrats und Vorstands am 12. November 1950 wird **der**

29.10.49 AR-Vorsitzender Meister beim Richtfest Steinhausenstraße 4 - 6

Faksimile Hauskartei Nr. 01 vom April 1950

erste Geschäftsbericht für 1949 vorgelegt, geprüft und genehmigt. Infolge der tatkräftigen Selbsthilfe und vor Abrechnung der ersten Bauvorhaben ist ein erster **Überschuss für das Geschäftsjahr 1949** in **Höhe von 1.414,16 DM** erwirtschaftet worden, der auf einstimmigen Beschluss der gesetzlichen Rücklage zugeführt wird. Über die genauen Mitgliederzahlen seit der Gründung liegen keine exakten Daten mehr vor.

In der **zweiten Mitgliederversammlung Ende 1950** unter der Leitung des AR-Vorsitzenden Wilhelm Meister sind bereits 132 Mitglieder anwesend, sodass davon auszugehen ist, dass mit dem Bezug der ersten Häuser in Dielmannstraße und Steinhausenstraße im Mai/Juni desselben Jahres ein massiver Zuwachs an Mitgliedern einsetzte, denn nun gab es ja den ersehnten Wohnraum für die pendelnden Justizverwaltungsangehörigen mit Tätigkeit in Frankfurt. Die Mitgliederversammlung beschließt ein Limit für die Fremdmittelaufnahme der laufenden Projekte in Höhe von 2.500 DM. Der Vorstand ist sehr aktiv und schon werden die nächsten Planungen für das unmittelbar benachbarte Bauprojekt im Lettigkautweg 17 – 25 sowie in der Reinganumstraße im Frankfurter Ostend präsentiert.

1951

Das neue Geschäftsjahr beginnt mit der konstituierenden Sitzung des Aufsichtsrats am 18.01.1951 unter dem Präsidium des alten und neuen Aufsichtsratsvorsitzenden Meister. Sein Stellvertreter wurde Herr Schwarzer und zum Schriftführer Herr Zimmermann bestellt.

Infolge der gewachsenen Aufgaben müssen mehr Mitglieder in den Gremien arbeiten. Es werden erstmals Ausschüsse gebildet, und zwar ein Bauausschuss, ein Wohnungs-Ausschuss und ein Juristischer Ausschuss. Da auch die Arbeitszeit bei den Tagungen immer umfangreicher wird, beschließt das Gremium erstmals ein Sitzungsgeld von 3,00 DM pro Sitzung. Das wird bereits in der fünften gemeinsamen Sitzung von Aufsichtsrat und Vorstand am 30. Mai 1951 auf 5,00 DM erhöht. Zusätzlich genehmigt sich das Gremium eine monatliche Ausgabenpauschale von 50,00 DM.

Das wichtigste Thema dieser gemeinsamen Gremiensitzung ist jedoch die Diskussion über die Eröffnung einer DM-Bilanz für das kommende Jahr. Um das Für und Wider wird lange gerungen, bis man sich schließlich darauf einigt, in der nächsten Mitgliederversammlung darüber entscheiden zu lassen. Der Jahresabschluss 1950 wird geprüft und genehmigt. Mit der Zusammenarbeit zwischen der neuen Wohnungsbaugenossenschaft und dem Architekten Sturmfels ist man zufrieden, sodass die Vergabe der Aufträge für den Bau der Liegenschaften (jetzt in ak-

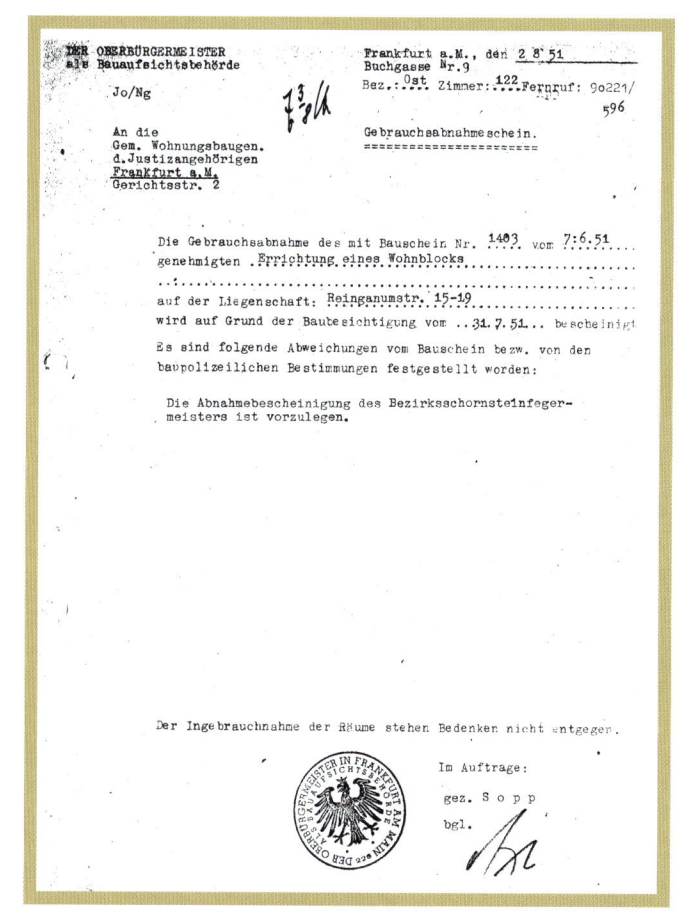

Gebrauchsabnahmeschein Reinganumstraße 15 - 19

So leben ...

In der **dritten Mitgliederversammlung** vom 31. Mai 1951 gibt der Aufsichtsratsvorsitzende Meister sodann bekannt, dass die bisherige Bezeichnung ‚Reichsmark' in allen Teilen der Satzung zu streichen ist und ersetzt wird durch die neue Bezeichnung ‚Deutsche Mark'. Damit wird auch die Satzung dem mit der Aufwertung der deutschen Währung durch die Währungsreform am 20. Juni 1948 angebrochenen positiven Geist gerecht und nimmt den neuen Schwung mit in die Bewältigung der kommenden Aufgaben. Die Versammlung nimmt zustimmend zur Kenntnis, dass auch das **zweite Geschäftsjahr mit einem Reingewinn abschließt, und zwar mit 1.869,26 DM.**

tueller und moderner Nachkriegs-Schreibweise) Dielmannstraße 6 - 8, Lettigkautweg 17 – 25 und Reinganumstraße an diesen schon fast Routine ist.

Wie schnell damals Bauen möglich war, zeigt der Datumsvergleich zwischen der Genehmigung der Errichtung des Wohnblocks in der Reinganumstraße mit Bauschein Nr. 1403 vom 7.06.1951 und dem der Baubesichtigung am 31.07.1951. Bereits am 2. August 1951 wird durch die Bauaufsichtsbehörde der Stadt Frankfurt am Main für dieses Objekt der Gebrauchsabnahmeschein ausgestellt. Als einzige Abweichung vom Bauschein wird reklamiert, dass die Abnahmebescheinigung des Bezirksschornsteinfegermeisters noch vorzulegen ist. Ansonsten bestätigt der zuständige Baurat Sopp, dass der Ingebrauchnahme der Räume keine Bedenken entgegenstehen.

Mit dieser Mitgliederversammlung findet der schwierige und von mancher Sorge und Not begleitete Anfang einer auf persönlichem Engagement und gemeinschaftlicher Selbsthilfe gegründeten neuen Nachkriegs-Genossenschaft einen vorläufig positiven Abschluss. Innerhalb von nur drei Jahren konnten von den ersten Vorstellungen, Planungen und Entwürfen her die ersten 200 Wohneinheiten zum Teil schon erfolgreich erstellt oder marktfähig geplant und der mühsame Weg zum Ziel der Selbstversorgung mit Wohnraum für Justizangestellte in Frankfurt am Main verkürzt werden. Die weitere Zukunft konnte nun auf einer soliden Grundlage tatkräftig angegangen werden.

Die frühen Jahre: Umsetzung der Visionen vom Anfang und solides Wachstum

Für das Erreichen des gemeinsamen Ziels wird selbst die vorweihnachtliche Zeit voll genutzt und die ‚tragenden Säulen' der Genossenschaft treffen sich am 23. Dezember 1951 zu ihrer sechsten gemeinsamen Sitzung von Vorstand und Aufsichtsrat. Die Liste der Arbeitspunkte ist diesmal länger als bisher, da erstmals nach Vorlage der Schlussrechnung für zwei Bauvorhaben abgerechnet werden kann: Lettigkautweg 17 - 25 und Reinganumstraße.
Erstmals muss auch über die Deckung eines Fehlbetrags in Höhe von 5.000 DM befunden werden, der durch die Erhöhung der Baukosten im Lettigkautweg 17 – 25 gegenüber dem Plan festzustellen war. Die Zusammenarbeit mit der Firma Richter & Schädel, die es als Hoch- und Tiefbaufirma zum 65. Gründungstag längst nicht mehr gibt, gestaltete sich bisher so positiv und vertrauensvoll, dass dieser Geschäftspartner sich zu einem Darlehen zur Deckung des Fehlbetrags bereit erklärt. Noch höher aber ist der Fehlbetrag der Schlussrechnung in der Reinganumstraße, der mit 39.000 DM festgestellt wird. Das Gremium der Aktiven muss nun sehr kreativ werden und findet schließlich auch für dieses ernste Problem eine Lösung. 15.000 DM übernimmt auch hier die Baufirma Richter & Schädel durch Gewährung eines weiteren Darlehens. Der Hauptanteil der Deckungslücke aber soll durch den **Erlass eines Teiles der Gefangenen-Rechnungen und durch Ausbuchung von Öfen und Herden** in den bereits bezogenen Wohnungen ausgeglichen werden. Einfache Strafgefangene – meist beim Schmuggeln oder Verschieben von Waren erwischte und dafür bestrafte Täter mit handwerklichen Berufen – werden gegen Entgelt an die Staatskasse beim Gebäude- und Landschaftsbau eingesetzt. Bei so viel Kreativität wundert es im Nachhinein nicht, dass der Aufsichtsrat diese Vorschläge des operativen Vorstands einstimmig billigt. Allen Verantwortlichen ist bewusst, dass die Genossenschaft mit einer aufgelaufenen Darlehensverpflichtung von mindestens 20.000 DM ins neue Geschäftsjahr geht.

> **Für das Erreichen des gemeinsamen Ziels** wird selbst die vorweihnachtliche Zeit voll genutzt

1952

Die in der letzten gemeinsamen Sitzung des zu Ende gegangenen Jahres 1951 bewiesene Kreativität in Finanzierungsdingen wird auch weiterhin gefordert. So muss bereits in der folgenden gemeinsamen Sitzung von Vorstand und Aufsichtsrat am 21. März 1952 das neue Bauvorhaben im Lettigkautweg 27 - 37 finanztechnisch abgesichert werden. Für die 70 geplanten Wohnungen und zwei dazu gehörenden Garagen sowie ein Ladengeschäft und zusätzlich eine Zentralwaschküche werden Gesamtkosten für die insgesamt 17.400 m² umbauten Raum von 1.162.000 DM (ergibt 66,78 DM/m³) angesetzt und eine maßgeschneiderte Finanzierung vorgelegt. Diese ruht auf mindestens sieben Finanzierungssäulen: die Hessische Landesbank, das Landesarbeitsamt Hessen, Landesbankdarlehen der Stadt Frankfurt sowie ein Darlehen des Regierungspräsidenten in Wiesbaden, Wohnungsbeschaffungsdarlehen für Staatsbedienstete sowie Mieterdarlehen und Selbsthilfe, aber auch das Eigenkapital. Alleine die Vielzahl der einzelnen Finanzierungselemente zeigt, dass der Vorstand einen wesentlichen Teil seiner professionellen Aktivitäten auf Finanzierungsfragen richten muss. Dazu gehören im Vorfeld bereits Gespräche mit dem Liegenschaftsamt und den Grundstückseigentümern über die Gestaltung von Pacht-, Erbpacht oder Kaufverträgen für die Grundstücke. Als Generalunternehmer für das neue Bauprojekt wird eingedenk der bewährten Zusammenarbeit die Firma Richter & Schädel eingesetzt. Diese übernimmt die Aufgabe, die einzel-

> **Nach einer rasanten Bauphase wird noch im gleichen Jahr am 1. November 1952 die Fertigstellung mit dem Einzug der ersten neuen Mieter in die Wohnungen Lettigkautweg 27-37 gefeiert**

nen Leistungsverzeichnisse für den Neubau dem Bauausschuss vorzulegen und dort mit Herrn Reinke die Prüfungsfragen zu klären. Das Gremium genehmigt neben der Gesamtfinanzierungsvorlage auch den Abschluss des Erbbauvertrags mit der Stadt Frankfurt vom 19. März 1952. Mit diesem Projektteil ist ein weiterer Meilenstein in der noch jungen Geschichte der Wohnungsbaugenossenschaft der Justizangehörigen gesetzt.

Schließlich kann in dieser Zusammenkunft auch der nächste Höhepunkt angekündigt und vorbereitet werden: das **Richtfest für den 2. Bauabschnitt im Lettigkautweg mit der 200. Wohnung.** Eingeladen wird voller Stolz auf das bereits Erreichte für Freitag, dem 27. Juni 1952 um 17:00 Uhr in den Lettigkautweg. Fürwahr ein guter Grund, voller Stolz gemeinsam mit den Bauleuten und den künftigen Mietern zu feiern.

Das nächste Highlight kündigt sich bereits auf der für den 3. September 1952 eingeladenen gemeinsamen Sitzung von Vorstand und Aufsichtsrat an. Es geht neben der Genehmigung der Vergabeverträge für den II. Bauabschnitt im Lettigkautweg 27 - 37 um das geplante **gemeinsame Waschhaus** für alle Wohnungen in der Steinhausenstraße, Dielmannstraße und dem Lettigkautweg. Vorgesehen ist das Aufstellen einer gasbeheizten Heißmangel. Die Pläne sehen sodann eine Verpachtung an einen gewerblichen Betreiber vor, mit der Maßgabe einer ständigen verbilligten Nutzung von Waschkapazitäten und der Heißmangel durch die Mieter der Wohnbaugenossenschaft aus der Nachbarschaft. Vorstandsmitglied Hilpert legt in dieser Sitzung noch Pläne für die Errichtung eines Büros der Verwaltungsorgane der Genossenschaft vor. Dazu wird beschlossen, dass dieses Büro im Parterre des Hochhauses im Lettigkautweg zu möglichst geringen Kosten eingerichtet werden soll. Der Zwang zum Sparen herrscht noch immer in allen Belangen, auch denen der Verwaltung. Abschließend werden in dieser entscheidungsschweren Sitzung die durch Richter & Schädel ausgehandelten Verträge mit den Zulieferfirmen einzeln genehmigt.

Genau einen Monat später wird in der 9. Gemeinsamen Sitzung von Vorstand und Aufsichtsrat von den Vorständen Hilbert und Schüller über die Möglichkeit eines weiteren Bauvorhabens in der **Buchwaldstraße** mitten in Bornheim referiert, ganz in der Nähe wo bis 2014 noch das Panoramabad am Bornheimer Hang steht. Nach Überprüfung der finanziellen Leistungsfähigkeit der Genos-

Der Vorstand gibt sich die Ehre: Herren Gottwald und Hilpert

senschaft und Zustimmung zu den vorgelegten Plänen wird ein einstimmiger verbindlicher Beschluss zur Durchführung auch dieses Vorhabens gefasst. In so guter Stimmung ist auch die letzte einstimmige Entscheidung in dieser Sitzung leicht nachvollziehbar, sich nämlich das Sitzungsgeld von 5,00 auf 6,00 DM zu erhöhen.

Nach einer rasanten Bauphase wird noch im gleichen Jahr am 1. November 1952 die Fertigstellung mit dem Einzug der ersten neuen Mieter in die Wohnungen Lettigkautweg 27-37 gefeiert. Mit der **Einstellung des ersten Hausverwalters**, Herrn Perner, zuständig für die Genossenschaftswohnungen Lettigkautweg 35-37 sowie die Waschküche und die Heizanlage wird die Genossenschaft zum Arbeitgeber. Er ist sowohl Mitglied der Justizbau als auch im Lettigkautweg 27 wohnhaft und wird für 500 DM monatlicher Vergütung eingestellt. Ihm folgt schon bald **die erste Mitarbeiterin – Frau Bunge** - mit einem Monatsgehalt von 150 DM, die im genossenschaftseigenen Büro im Lettigkautweg 35 ihren neuen Ar-

Der Bauboom geht weiter: Lettigkautweg 27 - 37

Lettigkautweg 27 - 37 vor der Renovierung ...

beitsplatz findet. In der **4. Mitgliederversammlung** sind zum Ende dieses so ereignisreichen Jahres 105 stimmberechtigte Mitglieder anwesend. Sie nehmen mit Beifall den Bericht des Vorstands zum positiven Jahresabschluss 1951 in Höhe von 9.544,80 DM zur Kenntnis. Gespannt folgen sie dem Vortrag über die neuen Wohnungen im geplanten Projekt Buchwaldstraße in Bornheim.
Schließlich stimmen sie der Erhöhung der Kreditaufnahme mit einer Darlehenssumme von 2,5 auf 5,5 Millionen zu. Mit einem guten Gefühl und voller Hoffnung auf eine zunehmend bessere Zukunft löst sich diese Versammlung auf. Ein weiteres ereignisreiches Jahr kann nun für die vielen Neu-Frankfurter mit neuen Perspektiven zu Ende gehen. Und alle wissen, dass sie gemeinsam erst am Anfang eines noch langen Weges stehen.

... und kurz darauf

1953

Das Jahr 1953 bringt sogleich neue Projekte. In der 10. gemeinsamen Sitzung von Vorstand und Aufsichtsrat wird am 7. Januar durch den Vorstand Schüller das Bauprojekt Ulmenstraße vorgetragen. Er sieht Möglichkeiten zur Errichtung von 29 Wohnungen, einem Büroraum sowie 16 Garagen. Der Haken: das Grundstück im vornehmen Frankfurter Westend muss erworben werden. Angestrebt wird ein Betreuungs- und Finanzierungsvertrag mit der Treuhand- und Finanzierungsgesellschaft der Wohnungs- und Bauwirtschaft Hessen. Die Versammlung stimmt dem Vorhaben zu und genehmigt den Erwerb der Grundstücke in der Ulmenstraße per Vertrag mit dem Staatsschauspieler Hans Söhnker, Berlin sowie den Herren Wild und Schott für insgesamt 63.856,77 DM.

Da die Verhandlungen mit den entscheidenden Stellen bei der Stadt für die Errichtung des Projekts Buchwaldstraße erfolgreich verlaufen sind, wird in dieser Sitzung der Vorstand ermächtigt, die Vergabe für die Erstellung der 71 Wohnungen an den bewährten Partner Richter & Schädel zu vergeben.

Der letzte Entscheidungsfall dieser Sitzung betrifft das erste Fahrzeug – einen VW Käfer - für den Vorstand der Genossenschaft, die ja nun an mindestens drei bis vier Objekten nach dem Rechten sehen muss und der öffentliche Nahverkehr mit den Trams noch nicht zufrieden stellend funktioniert. Erst zwanzig Jahre später wird mit dem Bau der U-Bahnen und des S-Bahn-Systems begonnen werden. Die Anschaffung eines preisgünstigen Volkswagens als Firmenfahrzeug der Genossenschaft wird einstimmig genehmigt.

Schon in der nächsten gemeinsamen Sitzung von Vorstand und Aufsichtsrat kommt es am 5. August zu einer weiteren Premiere: der Vertrag mit der ersten Buchhalterin, Frau Bunge, wird genehmigt. Diese soll an vier Tagen der Woche für das Finanzwesen tätig sein. Als Hauptpunkt wird in dieser Sitzung aber über die Vorbereitung der nächsten, für Anfang September geplanten Mitgliederversammlung gesprochen. Es wird vorgeschlagen, den Reingewinn des vergangenen Jahres in Höhe von 10.314,09 DM komplett den Rücklagen zuzuführen, um damit das Fundament für künftige Projekte zu festigen und den Ausbau der Genossenschaft voranzutreiben. Die Rücklagen für die ersten vier Jahre der erfolgreichen genossenschaftlichen Arbeit betragen inzwischen mehr als 23.000 DM.

Zur Vorbereitung der anstehenden Mitgliederversammlung wird sodann noch in einer zusätzlichen gemeinsamen Sitzung von Vorstand und Aufsichtsrat am 24. August beschlossen, dass vor der Zuweisung einer Wohnung mindestens zwei Geschäftsanteile voll erworben sein müssen, das heißt auch voll eingezahlt sein. Dafür sollen dann künftig die Selbsthilfestunden, die als Gegenleistung zur Erbringung von Eigenleistung der Genossenschaft gelten, entfallen. Gleichzeitig wird die Beobachtung eines weiteren Projektes in der Wilhelmshöher Straße im Stadtteil Seckbach mitgeteilt. Der Vorstand wird beauftragt, die Chancen für einen Kauf zu prüfen. Mit diesem Paket von Zahlen, Kalkulationen und neuen Planprojekten geht man in die nächste, die fünfte Mitgliederversammlung.

Diese findet am 13. September 1953 statt und wird vom Vorsitzenden des Aufsichtsrats, Herrn Wilhelm Meister, geleitet. Er kann 89 Mitglieder begrüßen. Gleich zu Beginn wird der Vorschlag zur Gewinnzuführung in die Rücklagen einstimmig gebilligt. Ohne längere Diskussionen wird auch dem Vorschlag der Gremien zugestimmt, die Beleihungsgrenze für Bauvorhaben im Hinblick auf die anstehenden neuen Projekte auf insgesamt 7,5 Millionen DM zu erhöhen. Im Berichtsteil erfährt die Versammlung, dass die ersten Wohnungen in der Buchwaldstraße 31 - 49 inzwischen bezogen worden sind und die Wohnungen im Neubau der Ulmenstraße schon in etwa vier bis sechs Wochen bezugsfertig sein werden. Eindringlich weist der Sitzungsleiter auf die Schwierigkeiten hin, neues Bauland oder Grundstücke preiswert in der Stadt Frankfurt zu erwerben. Er erläutert die Pläne zur Anschaffung eines Grundstücks in Seckbach und die Pläne, dort nicht nur 30 Wohnungen zu bauen, sondern erstmals auch zehn bis vierzehn Einfamilienhäuser auf diesem Gelände zu errichten. Bevor hierzu aber Vorlagen erstellt werden würden, soll der Vergabemodus und die Finanzierbarkeit der Einfamilienhäuser ausgiebig geprüft werden. Mit so viel Bedacht, Zurückhaltung und Ernsthaftigkeit glaubt sich die Genossenschaft weiterhin auf einem guten Weg und erteilt Vorstand und Aufsichtsrat die gebührende Entlastung für die geleistete Arbeit. Vor diesen beiden Gremien aber liegen im Jahre 1953 noch etliche Aufgaben.

So müssen in der am 28. September stattfindenden gemeinsamen Sitzung von Vorstand und Aufsichtsrat zum einen die Mietverträge für die Buchwaldstraße 31 – 49 genehmigt werden, zum anderen werden die beiden Arbeitsverträge für eine Sekretärin und die Buchhalterin Bunge von Teilzeit- in Vollarbeitsverträge mit entsprechenden Kostengenehmigungen umgewandelt. Es fällt auch schließlich die Entscheidung für den Kauf des Grundstücks in Seckbach, das nun erworben wird. Das Investitionskarussell dreht sich ab jetzt immer schneller.

Schon in der darauf folgenden gemeinsamen Sitzung Anfang November 1953 referiert der Vorstandsvorsitzende Hilbert über die Möglichkeit der Bebauung in der Buchwaldstraße in einem zweiten Bauabschnitt mit vier Wohnhäusern. Die zur Prüfung vorliegenden Mietverträge für den Laden LATSCHA in der Buchwaldstraße 37 und die Wäscherei in der Buchwaldstraße 43 werden genehmigt. Ebenso stimmt das Gremium den Mieterdarlehen in Höhe von 30.800 DM für die Buchwaldstraße 45 zu. Zum aktuellen Komplex Wilhelmshöher Straße in Frankfurt-Seckbach erfährt das Gremium, dass die Wohnungen voraussichtlich mit einem Landesbaudarlehen gefördert werden können. Die Beteiligten hoffen mit aller Intensität, auch dieses durch die Errichtung der Einfamilienhäuser für die Genossenschaft neuartige Projekt zügig zum erfolgreichen Abschluss bringen zu können.

Wilhelmshöher Straße - Wohnen in guter Nachbarschaft in Seckbach

1954

Elegantes Wohnen in der Buchwaldstraße 15 - 31 in Bornheim schon 1954

Und schon zwei Monate später wird am 1. Februar 1954 in der 15. gemeinsamen Sitzung von Vorstand und Aufsichtsrat, die sich bisher allesamt durch höchste Effizienz und Entscheidungskraft ausgezeichnet haben, die wichtige Billigung der vorliegenden Baupläne für den zweiten Bauabschnitt in der Buchwaldstraße sowie in der Wilhelmshöher Straße ausgesprochen. Bereits fünf Wochen später liegt die Schlussrechnung für den ersten Bauabschnitt in der Buchwaldstraße mit dem großartigen Ergebnis vor, dass exakt kalkuliert und in der Praxis umgesetzt worden ist, was und wie es geplant war, und somit keine Überschreitungen der Kostenansätze erfolgt sind. Zudem kann die frohe Kunde verbreitet werden, dass das Land Hessen die Arbeitgeberdarlehen für die geplanten Bauvorhaben des zweiten Bauabschnitts Buchwaldstraße und für die Wilhelmshöher Straße in Seckbach abschließend genehmigt hat.

Doch zwei weitere Monate später kommt eine Ernüchterung: es stehen nicht genügend Mittel für beide Bauprojekte gleichzeitig zur Verfügung. Deshalb beschließt am 10. Mai 1954 das Doppelgremium aus Vorstand und Aufsichtsrat dem Bauvorhaben in der Wilhelmshöher Straße den Vorrang zu geben, da dafür die Finanzierung komplett gesichert ist. Und wieder zwei Monate später beschließen Vorstand und Aufsichtsrat in ihrer gemeinsamen Sitzung am 5. Juli 1954, nur noch zehn Einfamilienhäuser in der Wilhelmshöher Straße in Seckbach zu bauen. Im Mittelpunkt dieser Sitzung steht aber die Vorstellung und Diskussion der vorläufigen Bilanz für 1953.

In der letzten gemeinsamen Sitzung der Gremien des laufenden Jahres wird sodann am 4. Oktober 1954 mitgeteilt, dass am 28. September mit dem anspruchsvollen Bauvorhaben in der Wilhelmshöher Straße in Seckbach begonnen worden ist. Als Generalunternehmer fungiert wieder die bewährte Partnerfirma Richter & Schädel mit einer festen Gesamtauftragssumme von 912.000 DM. Die notwendigen Aufträge zur Bauerstellung für die einzelnen Wohnungen in der Wilhelmshöher Straße werden zur Einsicht vorgelegt und nach Klärung restlicher Fragen einstimmig genehmigt. Zur Klärung der offenen Fragen trägt insbesondere **Herr Zohner** von Richter & Schädel bei, den der Vorstand zu dieser Sitzung speziell hinzugezogen hat, damit er den aktuellen Baufortschritt erläutert.

1955

Das neue Jahr beginnt mit ersten Hinweisen auf das immer stärker spürbare deutsche Wirtschaftswunder. Wir erinnern uns: Mit der Einführung der D-Mark 1948 und der großen Entschlossenheit aller Bürger, im zerstörten Deutschland nach dem verlorenen zweiten Weltkrieg dessen Trümmerlandschaften so schnell wie irgend möglich in lebenswerten Wohnraum für die vor allem in den Städten lebenden Menschen zurück zu verwandeln, hatte ein Wettlauf um die schnellsten Erfolge beim Wiederaufbau des Landes begonnen. In den so genannten ‚Frankfurter Dokumenten' – besser bekannt als Marshallplan – wurden die Ziele und Grundlagen der Besatzungsmächte für die Westzonen festgelegt. Mit dem Wirtschaftsfachmann Ludwig Erhard als Wirtschaftsminister in der Regierung Adenauer an der Spitze der Verhandlungsführer wurden die Rahmenbedingungen von den Besatzungsmächten USA, England, Frankreich und Kanada so verbessert, dass die wirtschaftliche Entwicklung und der Wiederaufbau ab Anfang 1950 in der Bundesrepublik Deutschland und Österreich einer ideenreichen und anpackenden Aufholjagd gegenüber dem Jahr 1938 glichen, dem letzten Vorkriegsjahr in unserer Geschichte.

In der ersten gemeinsamen Sitzung des neuen Jahres trägt Herr Schüller am 3.01.1955 vor, dass die Kosten und Preise für den zweiten Bauabschnitt in der Buchwaldstraße in kurzer Zeit um bis zu vierzig Prozent gestiegen sind und die gesamte Finanzierung gefährdet sei. Ein wahrer Schock für die bisher an zuverlässige Absprachen und Kalkulationen gewohnten Gremien. Das Aufsichtsratsmitglied, Landgerichtsdirektor **Kuwatsch**, hat in seiner Eigenschaft als Mitglied im Rechtsausschuss die Kaufverträge für die Einfamilienhäuser in der Wilhelmshöher Straße im Stadtteil Seckbach geprüft und die Formulierungen den neuen rechtlichen Standards und aktuellen Finanzerfordernissen angepasst. So kann dann am 15. Februar 1955 das Richtfest dort doch noch ungetrübt gefeiert werden.

Im nächsten Monat geht es in der folgenden gemeinsamen Sitzung um die Finanzierung des zweiten Bauabschnitts in der Buchwaldstraße. Geplant ist die Errichtung von 47 Wohnungen für insgesamt 944.000 DM. Schon im März kann vier Wochen später in der folgenden Sitzung beider Gremien die Absicherung der Baukosten verkündet werden. Die Vergabe erfolgt wie gewohnt an den Partner Richter & Schädel, während die Bauüberwachung vom **Architekt Reinke** - Mitglied im Bauausschuss des Aufsichtsrats - übernommen wird.

In der am 7. April 1955 folgenden gemeinsamen Sitzung referiert der Prüfer des Verbandes Südwestdeutscher Wohnungsunternehmen über die Jahresabschlüsse 1952 bis 1954 sowie zum Teil auch schon über 1955 und gibt Ratschläge für die künftigen Vorgehensweisen unter Berücksichtigung aktueller Änderungen im Antragswesen. Positiv ist die Grundaussage, dass die Führung der Genossenschaft bisher ohne Mängel dem Gemeinnützigkeitsprinzip folgt und sich dem entsprechend gesetzeskonform verhält. Von der theoretisch möglichen Auszahlung einer Dividende, die maximal vier Prozent betragen darf, wird aus fiskalischen Gründen eher abgeraten. Die Gremien können abschließend die Feststellung zur Kenntnis nehmen, dass sämtliche Beschlüsse von Vorstand und Aufsichtsrat bisher unbeanstandet geblieben sind, was sich entsprechend auch auf die Korrektheit von Versicherungsunterlagen, Erbbauverträgen und Mieterdarlehensverträgen auswirkt, die allesamt im Einklang mit Recht und Gesetz stehen. So steht der Genehmigung des bereits geprüften

Aufsichtsratschef Meister in Aktion

Erbbaurechtsvertrags für den zweiten Bauabschnitt in der Buchwaldstraße am 25. April nichts mehr entgegen.

Schon am neunten Mai 1955 kann der Vorstand in der 25. gemeinsamen Sitzung die Übergabe der zehn fertig gestellten Einfamilienhäuser in der Wilhelmshöher Straße in Seckbach für den 31. Mai 1955 ankündigen. In der nächsten gemeinsamen Sitzung am 16. Juni 1955 wird der Beschluss gefasst, dass die Instandhaltungskosten der Privatstraße in diesem Baugebiet mit 1/42 auf alle Mieter umgelegt werden. In derselben Sitzung werden die Finanzierungsentwürfe und Planungen der nächsten Objekte vorgelegt. Im Gespräch mit dem Hessischen Finanzministerium in Wiesbaden wurde der Wunsch geäußert, im Gebiet der Eckenheimer Landstraße / Kühhornhofsweg ein Areal gegenüber des Haupteingangs zum Hauptfriedhof bebauen zu wollen. Die Vorstände Hilbert und Schüller werden beauftragt, sich während der Sommerferien um die Finanzierungsfragen zu kümmern.

Nach der Sommerpause berichten diese Anfang August 1955 in der nächsten gemeinsamen Sitzung über die wachsenden Schwierigkeiten bei der Geldbeschaffung. Zunächst müssen die Bauanträge eingereicht werden, damit die Basis für eine solide Kalkulation erarbeitet werden kann. Für das Bauvorhaben Eckenheimer Landstraße wird der **Architekt Heinrici** gewonnen und beauftragt sowie Herr Dr. Neumann für das ebenfalls geplante neue Bauvorhaben in der **Obere Kreuzäckerstraße**, direkt nördlich neben der Vollzugsanstalt Preungesheim. In den folgenden vier Wochen zeigt sich, dass zur Vorfinanzierung der beiden neuen Objekte eine Anhebung der Geschäftsanteile bei allen Genossenschaftsmitgliedern nötig ist.

Zum Jahresende 1955 findet am 3. Dezember relativ spät d**ie sechste Mitgliederversammlung gemeinsam für die Jahre 1954 und 1955** statt, in der auch die neuen Aufsichtsratsmitglieder **Dr. Knauerhase, Kuwatsch, Bunge, Hielscher, Blum und Singer** vorgesellt werden. Da der Reingewinn inzwischen auf stattliche 19.100,71 DM angewachsen ist, wird die Genehmigung des Jahresabschlusses 1954 durch die Mitglieder zum Heimspiel für den erfolgreichen Vorstand und Aufsichtsrat. Auch die Annahme der neuen Satzung aus dem Jahr 1953 erfolgt ohne Gegenstimmen. Obwohl von einigen die Anhebung der Geschäftsanteile für die Mitgliederwerbung für die Genossenschaft auch als Hindernis gesehen wird, akzeptieren die Genossen bei der deutlich spürbaren Erholung auf dem Konsumentenmarkt sowie der steigenden Einkommen auch für Staatsbedienstete diesen notwendigen Schritt zur Stärkung der Eigenfinanzierung.

Ein großes Interesse findet im Laufe der weiteren Versammlung das Thema neue Bauvorhaben vor allem bei den Strafvollzugsbeamten. Denn neben dem Bauprojekt Eckenheimer Landstraße / Feldgerichtstraße mit 56 Wohnungen in einem Abstand von nur 70 Metern hinter der neuen Oberfinanzdirektion wird der Plan für die Obere Kreuzäckerstraße vorgestellt, wo ein Komplex mit etwa 90 Wohnungen entstehen soll, die vorrangig an Strafvollzugsbeamte, die in der dort liegenden Strafvollzugsanstalt arbeiten, vergeben werden sollen. Damit könnte auch für diese Berufsgruppe in der Frankfurter Justiz das Ziel der kurzen Wege zum Arbeitsplatz in absehbarer Zeit willkommene Realität werden.

1956

Das neue Jahr bringt die ersten großen **Personalveränderungen** in den bisher erfolgreich tätigen Entscheidungsgremien. In der ersten gemeinsamen Sitzung am 7. März 1956 stellt Herr Hilbert auf eigenen Wunsch nach siebenjähriger Tätigkeit als Vorstandschef sein Amt zur Verfügung. An seine Stelle wechselt juristisch Herr Zimmermann aus dem Aufsichtsrat in den Vorstand und bildet fortan zusammen mit den Herren Herbert Gottwald und Hans Schüller den ehrenamtlichen Vorstand der Genossenschaft. Schon zwei Tage später tagt das Doppelgremium erneut und genehmigt die Kaufverträge für die Einfamilienhäuser in der Wilhelmshöher Straße in Seckbach. Dem zur Genehmigung vorliegenden Erbbauvertrag mit der Stadt Frankfurt für die Wohnhäuser in der Buchwaldstraße 35 – 55 wird sachlich zugestimmt. Das neue Bauvorhaben hinter der Oberfinanzdirektion macht die Genehmigung eines Zwischenkredits für die Feldgerichtstraße erforderlich, der ebenfalls bewilligt wird.

Zwei Monate später verliest in der 31. gemeinsamen Sitzung der Aufsichtsratsvorsitzende Wilhelm Meister den Prüfbericht der am 30. April und 2. Mai stattgefundenen letzten aktuellen Prüfung des Verbandes. Den anwesenden bisher ehrenamtlich Tätigen wird bewusst, dass sie nur noch mit großen Anstrengungen und der starken Unterstützung des gesamten Gremiums die Anforderungen für den Jahresabschluss 1955 erfüllen können. Nachdem sich die Aufsichtsratsmitglieder Blum, Hielscher und Singer bereit erklärt haben, den Vorstand bei diesen umfangreichen Textarbeiten und dem imposanten Zahlenwerk zu unterstützen, diskutiert man die Möglichkeit und Notwendigkeit, spätestens im kommenden Jahr nun einen hauptamtlichen Vorstand als Geschäftsführer der Genossenschaft einzustellen, der seine ganze Kraft der gemeinsamen Sache widmen kann und vor allem das Aufsichtsgremium von operativen Aufgaben entlasten sollte.

Vorstand Schüller informiert die Gremien, dass es Schwierigkeiten bei der Finanzierung des Projekts Obere Kreuzäckerstraße in Preungesheim gibt, da der Geldmarkt immer enger wird und die aktuellen Mietpreise keine höheren Hypothekenzinsen als maximal 6,5 Prozent als bezahlbar erscheinen lassen. Da man derzeit keine Mieterhöhungen diskutieren will, wird die Marge für Hypothekendarlehen bei diesem Wert festgeschrieben. Erst wenn der Kapitalmarkt diese Marke übersteigen sollte, müsse man sich intensiver mit der möglichen Erhöhung von Mieten und Anteilen befassen.

In der Augustsitzung des gemeinsamen Gremiums geht es um die Festsetzung des Termins für die nächste Mitgliederversammlung, die bereits Ende September stattfinden soll. Der vorgelegte Geschäftsbericht für 1955 wird einstimmig verabschiedet. Auch in dieser Sitzung kommt man nicht an den anhaltenden Problemen bei der Finanzierung des Objekts Obere Kreuzäckerstraße vorbei. Die Verhandlungen gestalten sich schwierig.

Obere Kreuzäckerstraße

Die **siebte Mitgliederversammlung** wird am 29. September 1956 von 90 Mitgliedern der Genossenschaft besucht. Der Vorstand kann diesmal nur einen Reingewinn von 1.509,50 DM für das Geschäftsjahr 1955 verkünden. Damit wird allen Anwesenden der finanzielle Druck auf Vorstand und Aufsichtsrat deutlich. Aber dieses Gremium benötigt wegen der wachsenden Kosten für die aktuellen Bauprojekte auch die Zustimmung der Versammlung zur Anhebung des Beleihungsbetrags auf das Gesamtvermögen von 10 Millionen DM. Als kleine Motivationsspritze dazu kann die positive Mitteilung gewertet werden, dass die Wohnhäuser in der Feldgerichtstraße noch in diesem Herbst/Winter bezugsfertig sein werden. Die Zustimmung zur Anhebung der maximalen Beleihungsgrenze wird einstimmig gegeben.

In der folgenden gemeinsamen Sitzung Ende Oktober wird über die Möglichkeit einer Dividendenausschüttung im kommenden Jahr diskutiert, da mit einem höheren Überschuss infolge der neuen Mieteinnahmen gerechnet wird. In diesem Zusammenhang trägt der Verbandsprüfer Kühn vor, dass es wirtschaftlich überhaupt nicht ratsam ist, an eine Dividendenausschüttung zu denken, solange noch eigenes Kapital in geplante Bauprojekte investiert werden muss. Zudem erinnert er daran, dass wegen der staatlichen Zuschüsse aus der Vergangenheit in jedem Fall bei jeder Satzungsänderung auch der Regierungspräsident informiert werden muss, der ein Vetorecht habe, solange nicht alle Fristen und Annuitäten erledigt sind. Damit wird das Thema zum zweiten Mal von der Tagesordnung genommen und vertagt.

Die pünktliche Fertigstellung der 56 Wohnungen in der Feldgerichtstraße nahe Hessischer Rundfunk und Hauptfriedhof und gleich hinter der neu errichteten Oberfinanzdirektion erfolgt tatsächlich wie geplant am 1. Dezember 1956 und gut zweihundert Menschen erhalten die ersehnte neue Bleibe und damit verbesserte Entwicklungschancen für die Berufstätigen und deren Kinder sowie kürzere Wege für die Hausfrauen bei ihren Einkäufen.

1957

Insgesamt hat der Schwung der ersten sieben Jahre ein wenig an Fahrt verloren. Die meisten Trümmergrundstücke in der Innenstadt und hinter dem Alleenring sind inzwischen verkauft oder in Bebauung. Es wird immer problematischer, neue Finanzquellen zu erschwinglichen Zinssätzen für den genossenschaftlichen Wohnungsbau zu erschließen. Die wirtschaftliche Entwicklung im Land hat dafür an Fahrt gewonnen und immer mehr Kaufhäuser entstehen in der Innenstadt und zahlreiche kleinere Geschäfte und Märkte in den äußeren Bezirken der wieder rasch wachsenden Metropole.

17 Jahre erfolgreiche Vorstandsarbeit von Reinhold Wößner

In der ersten gemeinsamen Sitzung des neuen Jahres erstattet am 20. Februar 1957 Herr Schüller vom Vorstand Bericht über die anhaltenden Bemühungen der Geldbeschaffung für die Obere Kreuzäckerstraße. Da Geld gegenwärtig sehr knapp und teuer sei, müssten sich die Genossen dort im Bereich der Vollzugsanstalt auf eine längere Wartezeit einstellen. Zwei Monate später stellt Herr Schüller sein ehrenamtliches Vorstandsmandat zur Verfügung, weil er ab dem 15. April 1957 in das Justizministerium in Wiesbaden versetzt worden ist. Da er fortan aus Zeitgründen sich nicht mehr im gewohnten Umfang um die Belange der Genossenschaft kümmern kann, wird **Reinhold Wößner** aus dem Genossenschaftskreis zu seinem Nachfolger gewählt.

In der nachfolgenden gemeinsamen Sitzung im Juni 1957 trägt Herr Zimmermann vom Vorstand vor, dass die Möglichkeit zum Kauf eines Geländes von der Gerüstbau-Genossenschaft in **Ginnheim** besteht. In der **Platenstraße** können auf deren Areal bis zu 50 Wohnungen errichtet werden. Es wird beschlossen, das Gelände vom Aufsichtsrat besichtigen zu lassen, um dann mit dem Architekten Dr. Neumann bei Eignung eine Bauanfrage bei der Stadt zu stellen. Um mit dem Projekt Obere Kreuzäckerstraße weiter zu kommen, wird ein Termin für Gespräche beim Justizministerium in Wiesbaden gesucht. Und bereits schon in der bevorstehenden nächsten Mitgliederversammlung können erste Ergebnisse verkündet werden. Zu deren Vorbereitung wird am 1. August 1957 über den Jahresabschluss und die Gewinnverwendung in einer kurzen Sitzung beraten.

Zur vorbereitenden Diskussion der Tagesordnung für die anstehende **achte Mitgliederversammlung** kommt es am 12. September. Ohne größere Probleme werden die Vorlagen des Aufsichtsrats abgesegnet. Entscheidender neuer Punkt zur Vorlage in der Hauptversammlung ist die Erhöhung des Eintrittsgeldes zur Genossenschaft für neue Mitglieder auf 40

Die Herren Meister, Zimmermann und Jordt in Aktion 1957

DM bei gleich bleibendem Genossenschaftsanteil von 300 DM. An dieser Sitzung nimmt erstmals auch Herr **Jordt** teil, der schon in der kommenden achten MV als Aufsichtsratsmitglied bestätigt wird.

In großer Erwartung auf das Echo aus dem Mitgliederkreis geht man in diese Versammlung am 27. September 1957. Doch zunächst enttäuscht die geringe Zahl von nur 58 anwesenden und stimmberechtigten Teilnehmern. In den kommenden Jahren wird sich herausstellen, dass diese Zahl nur ganz selten wieder erreicht oder gar überschritten wird, eine Erfahrung, die auch von anderen Genossenschaften und Vereinen mit wachsendem Alter der Organisation immer wieder gemacht wird. Der Vorsitzende Meister bedauert öffentlich als Aufsichtsratsvorsitzender diesen schwachen Besuch und das geringe Interesse an den Belangen der Gemeinschaft, die noch lange nicht an ihrem Ziel angekommen sei.

Unter kritischer Aufsicht der Herren Hielscher, Singer, Gottwald und Dr. Riese

Da das Interesse an Diskussionen ebenfalls gering ist, werden die zur Entscheidung und Abstimmung anstehenden Punkte zügig abgearbeitet. Der fast verdoppelte Reingewinn gegenüber dem Vorjahr von nun 2.901,03 DM wird der gesetzlichen Rücklage zugeführt. Die Anhebung der Anteile auf vierzig DM wird ebenso genehmigt wie die erneute Erhöhung der Beleihungsgrenze auf nun 12 Millionen DM. Herr Schüller kann endlich verkünden, dass die Finanzierung für die Obere Kreuzäckerstraße nun feststeht und vierzig Wohnungen für den Strafvollzug und zwanzig weitere für andere Justizbedienstete errichtet werden können. Abschließend wird auf die Probleme bei der Baulandbeschaffung offen hingewiesen. Die Verhandlungen in Ginnheim zögen sich hin und in Eckenheim sei ein Enteignungsverfahren offensichtlich nicht zu umgehen. Die veranschlagten Kosten für beide Projekte mit zusammen etwa 105 Wohneinheiten könnten sich auf 2,5 bis 3 Millionen DM belaufen. Wie von den Verantwortlichen aber betont wird, will man mit allen Kräften und Mitteln weiter am erfolgreichen Aufbau der Genossenschaft arbeiten und hofft auf ein gutes neues Jahr.

Architekt, Vorstand und Aufsichtsrat besichtigen neues Terrain in Ginnheim

In der folgenden gemeinsamen Sitzung stehen die Zinsberechnung und die rückständigen Zinsforderungen für die Einfamilienhäuser in der Wilhelmshöher Straße zur Diskussion. Je Wohnhaus hat sich eine Zinsforderung in Höhe von annähernd viertausend DM errechnet, die den Eigentümern nun noch in Rechnung gestellt werden müssen. Ein anderer kritischer Punkt sind die allgemein enorm gestiegenen Heizkosten in allen Mieteinheiten. Dafür sind steigende Energiekosten ebenso verantwortlich wie die wachsende Bequemlichkeit und die angestiegenen Raumtemperaturen in den Wohn- und Küchenbereichen, die immer komfortabler werden. Deshalb wird beschlossen, die Vorauszahlungen dem neuen Bedarf angemessen anzupassen und zu erhöhen.

In der letzten gemeinsamen Sitzung des Jahres wird am 20. Dezember 1957 wegen gewachsener Verwaltungsaufgaben die Einstellung einer weiteren Bürokraft beschlossen, und zwar für 267,50 DM Monatsgehalt. Vorstandschef Schüller ist erleichtert, dass er sein Projekt Obere Kreuzäckerstraße in diesem

Jahr doch noch erfolgreich beenden kann und verkündet, dass zum 1. Dezember 1957 mit der Landesjustizverwaltung ein Erbbaurechtsvertrag für eine Vergütung von 720 DM jährlich abgeschlossen wurde. Die beiden Gremien sind darüber begeistert und verabschieden damit das Projekt in großer Vorfreude einstimmig. Herr Wößner, der nach der Versetzung von Herrn Schüller nach Wiesbaden, den Vorstand im April zusätzlich verstärkt hat, erläutert sodann die Handwerkerforderungen an die Genossenschaft, die zügig geregelt werden sollten. Zudem bestünden noch Forderungen aus dem Sammeldarlehen, die ebenfalls rasch und zügig eingetrieben werden sollen. Abschließend entwirft er einen ersten Finanzierungsplan für die Liegenschaft Obere Kreuzäckerstraße in Preungesheim

1958

Im neuen Jahr werden die Gremien vor neue Herausforderungen gestellt, denn die Anforderungen an die Verwaltung von Unternehmen haben sich in vielen Bereichen mannigfaltig verändert. Steuerrechtliche Themen werden immer wichtiger. So muss der Vorstand die steuerfreien Aufwendungen im Prüfungsausschuss erläutern und sich mit Fragen wie der steuerlichen Erheblichkeit befassen, auch wenn es sich um scheinbar belanglose Ausgaben handelt. Neu ist auch, dass für die Hauswarte Lohnsteuerkarten ausgestellt werden müssen und der Firmenanteil der Steuern und Abgaben abzuführen ist. Für die Abrechnung der zentralen Waschküche im Lettigkautweg sind ebenfalls Anforderungen an eine exakte und nachvollziehbare Buchführung zu erfüllen. Damit kommen neue Faktoren in die Kostenkalkulation, die in der Vergangenheit eher unter der Hand geregelt worden sind. **Die Genossenschaft muss jetzt professionell werden**. Das gilt auch für die Einhaltung von Fristen wie der Aufstellung des Jahresabschlusses und der peniblen Kalkulation von konkreten Planungsvorhaben und Finanzierungen.

Weil die Geldbeschaffung inzwischen immer schwieriger geworden ist und die Eigenmittel nicht mehr in der erwarteten Höhe steigen, wird beschlossen, das Richtfest für das erste Bauvorhaben Obere Kreuzäckerstraße nur im bescheidenen Rahmen zu feiern. **Das 10-jährige Bestehen der Justizbau Genossenschaft** wird deshalb auch nicht mit einem großen öffentlichen Fest begangen, sondern unter den ‚12 Herren der Tat' als Herrenabend in der Gerichtskantine gefeiert, und zwar genau am Gründungsdatum, **am Montag dem 21. April 1958.**

Zu feiern ist die Errichtung von 431 Wohnungen in den vergangenen zehn Jahren, gemanagt von einem nebenamtlichen Vorstand, der lediglich eine Kostenvergütung für den geleisteten und förmlich abgerechneten Aufwand erhielt. Zum Zeitpunkt der Feierlichkeit gehören diesem die Herren Gottwald, Wößner, Schüller und Zimmermann an. Unterstützt werden sie von einer Sekretärin, Fräulein **Schneider**, der Buchhalterin Frau **Weise** und vom hauptamtlichen Hausmeister **Raschke**. Fast von Beginn an hat Wilhelm Meister als treibende Kraft und umtriebiger Aufsichtsratsvorsitzender die Geschicke der Genossenschaft hervorragend gele nkt und gestaltet. Ihm stehen beim Jubiläum die Herren **Dr. Riese, Dr. Schnitzerling, Hielscher, Blum, Singer, Reinke** und **Jordt** zur Seite.

In der nächsten gemeinsamen Sitzung Anfang Mai 1958 steht deshalb dringend die Befassung mit dem Prüfbericht zum Jahresabschluss 1956 an. Dabei müssen erste Korrekturvorschläge durch den Verband Südwestdeutscher Wohnungsunternehmen e.V. zur Kenntnis genommen und künftig exakt beachtet werden.

Hans Schüller, der seit April 1949 dem Vorstand angehört, bittet um Entbindung von seinem Amt als Vorstandsmitglied mit Wirkung vom 1. Mai 1958. Da er seit nun einem Jahr eine

Aufatmen nach 10 Jahren ehrenamtlicher nebenberuflicher Tätigkeit

neue hauptamtliche Tätigkeit im Wiesbadener Justizministerium übernommen hat, kann er aus zeitlichen Gründen seine nebenamtliche Vorstandarbeit nicht mehr befriedigend erfüllen. Dennoch will er seine Erfahrungen gerne auch künftig den Gremien und der Genossenschaft zur Verfügung stellen, sofern dies erwünscht ist.

Am 15. Juni 1958 ist der erste Bauabschnitt Obere Kreuzäckerstraße 11-23 bezugsfertig. Auf 3.967,7 m² können 59 moderne Wohnungen bezogen werden. Besonders die Bediensteten aus dem Vollzug sind glücklich, nun mit ihren Familien nahe beim Arbeitsplatz residieren zu können und mehr Zeit für sich und ihre Hobbys zu haben.

In der nächsten gemeinsamen Sitzung im Juli wird das Vergabeprotokoll der vom Vorstand eingeholten Kostenvoranschläge für das Bauprojekt Ginnheim I zustimmend zur Kenntnis genommen. Den Zuschlag erhält in bewährter Zusammenarbeit die Firma Richter & Schädel mit einer Festsumme von 944.000 Mark. Und das Vorstandmitglied Blum berichtet vom Prüfungsausschuss über den Jahresabschluss 1957, den man zügig erstellt hat, um wieder in einen angemessenen Jahresrhythmus zu kommen. Der Jahresabschluss ist denkbar knapp mit 166,15 DM gerade noch positiv und soll der gesetzlichen Rücklage zugeführt werden.

In der neunten Mitgliederversammlung am 11. Oktober 1958 wird dem Vorschlag des Gremiums formal Rechnung getragen. Erfreulicherweise kann der Vorsitzende Meister 69 Mitglieder begrüßen und hält anlässlich des Jubiläums der Genossenschaft einen Rückblick auf zehn Jahre erfolgreicher Aufbauarbeit, die allmählich in Routine übergehen sollte, wegen der sich aber ständig ändernden Rahmenbedingungen im Steuer- und Arbeitnehmerrecht immer aufwändiger wird. Dennoch werden die Leistungen von allen anerkannt und der Vorstand und das Aufsichtsgremium von den Anwesenden gefeiert. Fast allen ist der Dank für die neuen Heime der vergangenen Jahre noch Anlass genug,

> **Die Genossenschaft muss jetzt professionell werden. Das gilt auch für die Einhaltung von Fristen wie der Aufstellung des Jahresabschlusses und der peniblen Kalkulation von konkreten Planungsvorhaben und Finanzierungen.**

den plausiblen Vorschlägen der Führungsgremien uneingeschränkt zu folgen.

So wird dem scheidenden Vorstand Schüller zur Erfüllung des amtsgerichtlich erforderlichen Protokolls für das Genossenschaftsregister Entlastung erteilt. Ohne Umschweife wird Herr Wößner sodann zu seinem Nachfolger als Vorstandsmitglied gewählt. Anschließend stellt nun Herr Dr. Riese der Versammlung die neue Geschäftsanweisung für Vorstand und Aufsichtsrat, wie sie vom Verband empfohlen worden war, zur endgültigen Entscheidung und Abstimmung vor. Diese erfolgt einstimmig. Und erneut muss die Versammlung dem von Vorstand Zimmermann vorgetragenen Antrag der Gremien zustimmen, das **Anleihevolumen** von bisher 12 Millionen auf künftig **15 Millionen DM** zu erhöhen, da noch 130 Genossen auf eine neue Wohnung warteten. Jedoch nach dem Abstimmungsmarathon können auch die Mitglieder, die noch auf der Warteliste stehen, mit einer positiven Zukunftsaussicht nach Hause gehen.

Noch drei Mal treffen sich die Gremien in gemeinsamen Sitzungen bis zum Jahresende, um mit alter Tatkraft neue Projekte zu bewältigen. Dazu gehört die Verabschiedung einer neuen Hausordnung für die Mietobjekte. Besonderer Wert wird in Zukunft darauf gelegt, dass bei einem Wohnungswechsel der ausscheidende Mieter die Wohnung für den neuen Nutzungsberechtigten herzurichten hat. In der Anfangsphase, wo jeder zunächst nur begierig war, selbst eine Wohnung zu erhalten und man einen Auszug zwecks Versetzung oder wegen eines Todesfalles gar nicht bedachte, waren andere Gründe wichtiger als an Renovierung zu denken. Deshalb stehen auch die neuen Bauobjekte immer noch im Vordergrund aller Interessen und Aktivitäten. Geplant wird in 1959 eine Anschlussbebauung in Ginnheim für eine vorsichtig geschätzte Bausumme von 700 TDM. Dazu soll ein weiteres Bauvorhaben in Eckenheim mit einer Bausumme von fast 2 Millionen DM kommen sowie ein weiteres Wohnhaus im Lettigkautweg im Erbbaurecht. Da im zivilen Leben seit der Währungsreform der Wert der DM stetig gestiegen ist, sind auch die Kosten für den Aufwand ihrer Aktionen für jedes einzelne Vorstands- und Aufsichtsratsmitglied höher geworden. Um diese angemessen zu decken, wird beschlossen, ab 1. Dezember 1958 die Entschädigung für die nebenamtlichen Vorstandsmitglieder auf 250 DM anzuheben sowie die Sitzungsgelder für die Aufsichtsratsmitglieder auf 15 Mark festzusetzen und für den AR-Vorsitzenden auf 50 Mark.

Als letztes neues Bauprojekt wird von Vorstand Zimmermann in der letzten Sitzung am 18. Dezember der Plan vorgestellt, 23 Einfamilienhäuser in Seckbach zu errichten. Geplant sind zu diesem Zeitpunkt drei Haustypen mit je 90, 98 und 106 m² Wohnfläche in der Auerfeldstraße. Spruchreif sei das Projekt zwar noch nicht, aber die Verhandlungen mit dem Architekten Heinz Geiß würden zügig vorangehen. Da man die aktivierende Euphorie der Jubiläumsfeierlichkeiten und der reibungslos verlaufenen letzten Mitgliederversammlung mit ins neue Jahr nehmen will, stimmen alle Beteiligten in den Gremien begeistert zu und unterstützen die Planung einstimmig.

Aber auch Unangenehmes beschäftigt das Gremium auf ihrer letzten Jahressitzung zu Beginn des zweiten Jahrzehnts seit Gründung: erstes wird zur Kenntnis genommen, dass infolge einer Änderung der Steuergesetzgebung ab dem neuen Jahr die nebenberuflich beschäftigten Hausmeister eine zweite Lohnsteuerkarte führen müssen; zweitens wird dringend empfohlen, das Büro durch einen Anlernling weiter zu verstärken. Wichtiges Argument dabei ist die Vorsorge für den Fall, dass die jetzige Kraft durch Verheiratung ausscheidet und man nicht ohne sachkundige Hilfe dastehen will, die erst wieder langwierig eingewiesen werden müsste. Der Vorschlag wird einstimmig und erleichtert angenommen und führt am 1. April 1959 zur Einstellung der jungen kaufmännischen Auszubildenden **Barbara Bonnkirch.**

1959

Das neue Jahr wird von den Planungen zu den neuen Bauvorhaben bestimmt. Da zunächst entscheidungsfähige Vorlagen vom Vorstand erarbeitet werden müssen, treffen sich die beiden Gremien zu ihrer 49. gemeinsamen Sitzung erstmals am 15. Mai 1959. Vorstand Zimmermann berichtet, dass beim Bauvorhaben Ginnheim I in der Platenstraße alle Wohnungen der Häuser 125, 127, 131 und 135 vollständig bis zum 15. Juni 1959 bezogen werden können. Beim Bauprojekt Atzelberg in Seckbach erwartet man, dass die Auflassungen durch die Bauern, denen die Grundstücke gehören, in Kürze erfolgen werden.

Wichtiger Diskussionspunkt ist in dieser Sitzung auch die durchgeführte Prüfung des Jahresabschlusses 1958 unter den verschärften Bedingungen des Prüfungsverbandes. Da überall in Deutschland durch neue Vorschriften, Gesetze und Regelungen der Verwaltungsapparat immer größer und von beachtlichem Einfluss auf das Tagesgeschäft wird, müssen die Anregungen und Empfehlungen der Verbandsprüfer berücksichtigt werden. Aufsichtsrat Blum erläutert abschließend den wieder gewachsenen und recht beachtlichen Überschuss für das abgeschlossene Geschäftsjahr 1958 von 19.683 Deutsche Mark.

Dieser Abschluss wird in der 50. gemeinsamen Jubiläumssitzung im Juli zusammen mit dem Geschäftsbericht des Vorstands beraten. Das führt sodann zur Festlegung des Termins und zur Vorbereitung der Tagesordnung der nächsten Mitgliederversammlung Ende September.

Vorstandsmitglied Zimmermann berichtet anschließend über den Status der Bauentwicklung: das neue Projekt Ginnheim II wird im kommenden Frühjahr bezugsfertig. Der Baubeginn für die Einfamilien-Reihenhäuser in der Auerfeldstraße in Seckbach mit einem Finanzvolumen von etwa eineinhalb Millionen Mark ist für den September geplant, also noch in diesem Jahr. Der Baubeginn für das geplante Gelände in Eckenheim, auf dem 80 Wohnungen entstehen sollen, verzögert sich, weil ein Revisionsverfahren gegen die Enteignung des Grundstücksbesitzers läuft.

Inzwischen muss man sich aber auch schon mit Instandsetzungsmaßnahmen für die ersten Gebäude in Dielmann-, Steinhausen- und Buchwaldstraße befassen, die mittlerweile zehn Jahre alt geworden sind oder in Kürze werden. Es zeigt sich, dass in den Anfängen es mehr auf Schnelligkeit bei der Errichtung von Wohnraum angekommen ist, denn auf hochwertige und nachhaltige Baumaterialien oder Herstellungsverfahren. Besonders die Außenfenster, Balkone und Haustüren zeigen deutliche Abnutzungs- und Verwitterungsspuren. Die notwendigen Anstreicharbeiten sind bereits mit einer Angebotssumme von 200 TDM ausgeschrieben worden und sollen zügig durchgeführt werden. In der sich direkt anschließenden Doppel-Sitzung wird die Verkaufsofferte für

Platenstraße in Ginnheim

Ruhiges Wohnen - wenig Verkehr in der Platenstraße 1959

Gründe zum Feiern gab es ab jetzt häufiger!

die Eigenheim-Besitzer diskutiert. Dazu verliest Herr Zimmermann einen Entwurf und schlägt vor, dass künftige Nutzer wie Erwerber der Eigenheime Mitglied der Genossenschaft sein und bleiben müssen; damit soll dem Gedanken der Gemeinsamkeit und Solidarität, der jedem Bauvorhaben die Basis gegeben hat, auch fürderhin erhalten und prägend bleibt. Zudem sollen die Erwerber für einen Zeitraum von zehn Jahren einen Verwaltungskostenbeitrag von zehn Mark monatlich zahlen, also eine vergleichsweise günstige Summe von insgesamt 1.200 Mark. Mit diesen hier mehrheitlich abgesegneten Vorschlägen geht man dann in die nächste Mitgliederversammlung, die erste im zweiten Jahrzehnt des Bestehens der Genossenschaft.

Die 10. Mitgliederversammlung vom 26. September 1959 wird nur von 51 stimmberechtigten Mitgliedern besucht, obschon die Gesamtzahl der Mitglieder inzwischen mehr als sechshundert beträgt. Das veranlasst den Versammlungsleiter und Aufsichtsratsvorsitzenden Wilhelm Meister, auch dazu, die Bedeutung des gemeinnützigen Genossenschaftswesens als Solidargemeinschaft und hervorragende Selbsthilfeeinrichtung darzustellen. Die fast 600 gebauten Wohnungen seien zwar das Ziel der Gemeinschaft vom Anbeginn der Genossenschaftsgründung gewesen, es könne aber nicht gleichzeitig das Ende des Interesses an ihr sein, wenn man schließlich seine Wohnung erhalten und bezogen habe. Schließlich habe man das Gesamtziel der Versorgung aller Justizbeschäftigten in Frankfurt mit angemessenem Wohnraum noch lange nicht erreicht.

Die vom Mitglied des Prüfungsausschusses Blum vorgeschlagene Zuführung des Reingewinns in Höhe von 2.683,60 DM in die gesetzliche Rücklage, wird mehrheitlich zugestimmt. Zum Schluss ergreift der Vorsitzende Meister noch einmal das Wort in wichtiger Sache: um eine größere soziale Gerechtigkeit innerhalb der Genossenschaft herzustellen, soll eine Umsetzungsaktion unter den Nutzungsberechtigten erfolgen. Dafür will er die Mitglieder mit einem höheren Einkommen, die noch in den günstigen Wohnungen der ersten Projekte wohnen, dazu bewegen, in höherwertige mit entsprechend der Herstellungskosten auch höheren Mieten einzuziehen und damit Platz für die weniger Verdienenden zu machen. Er bittet die Versammlung eindringlich, sich seinen diesbezüglichen Maßnahmen nicht zu verschließen und den genossenschaftlichen Gedanken eines bereits zum Zeitpunkt der Gründung der Genossenschaft genau 100 Jahre alten von Friedrich Wilhelm Raiffeisen geprägten Sinnspruch ›Einer für Alle, Alle für einen‹ in vorbildlicher Weise auch in Frankfurt am Main zu praktizieren. An diesem Samstag trennte sich eine nachdenkliche Gemeinschaft und es ist anzunehmen, dass beim anschließenden Bier oder Äbbelwoi noch manches Wort in dieser Sache am Stammtisch laut diskutiert worden ist.

Die nachfolgende Sitzung Ende Oktober steht ganz im Zeichen guter Nachrichten: Der Enteignungsprozess in Eckenheim ist zugunsten der Genossenschaft abgeschlossen worden und es können nun bis zu 76 Wohnungen in mehrgeschossigen Miethäusern errichtet werden. Dieser folgt die nächste positive Nachricht über den Baufortschritt des zwei-

> **Das sich immer kräftiger entwickelnde Wirtschaftswunder Deutschlands ist nun auch in der Wohnungsbaugenossenschaft der Justizangehörigen in Frankfurt am Main angekommen.**

ten Bauabschnitts in Ginnheim, wo der Rohbau in kürzester Zeit bereits fertiggestellt worden ist. Und last but not least kann Vorstand Zimmermann hinzufügen, dass sämtliche Einfamilienhäuser in der Auerfeldstraße in Seckbach vergeben sind und auch hier bereits mit der Errichtung der Fundamente begonnen worden ist.

Das sich immer kräftiger entwickelnde Wirtschaftswunder Deutschlands ist nun auch in der Wohnungsbaugenossenschaft der Justizangehörigen in Frankfurt am Main angekommen. Mit dem positiven Gefühl, Wichtiges geleistet zu haben, gehen die Herren von Vorstand und Aufsichtsrat hoffnungsfroh in das neue Jahrzehnt der Sechziger.

1960

Mit dem neuen Jahrzehnt zeigt sich auch an den meisten Arbeitsplätzen der Beamten und Angestellten im Justizbereich, dass der normale Alltag nun immer weniger Zeit für Nebentätigkeiten lässt, da die Anforderungen gestiegen und der Arbeitsalltag immer weniger durch Improvisation bewältigt werden kann, sondern immer mehr durch neue Regeln und Vorschriften, Gesetze und Verordnungen markiert wird. So gehen auch der Vorstand und Aufsichtsrat der Justizbau ab von Routinetreffen und man konzentriert sich auf konkrete Vorhaben, die von einzelnen Mitgliedern dieser Gremien noch ehrenamtlich verantwortlich wahrgenommen werden und über die dann in gestrafften Sitzungen berichtet und bei Problemen kreativ und konstruktiv vorgetragen wird, wie diese zu lösen sind. Alles in Allem ein sehr effektives aus der Not geborenes immer professioneller wirkendes Vorgehen.

In der ersten gemeinsamen Sitzung Mitte April 1960 berichtet Vorstand Zimmermann vom mühsamen Fortschritt seiner Verhandlungen zur weiteren Grundstücksbeschaffung in Seckbach und Bergen-Enkheim. In Bergen-Enkheim ist er auf ein circa zwölftausend Quadratmeter großes Areal gestoßen, für das der Architekt Geiß neben der Beschaffung weiterer Informationen zu Boden und Erschließungsmöglichkeiten einen Bebauungsplan anfertigen soll. Wegen der Finanzierung will man mit der Bau- und Bodenbank ebenso sprechen wie mit dem Verband Südwestdeutscher Wohnungsunternehmen.

In der gemeinsamen Sitzung von Ende Juni kann dazu bereits berichtet werden, dass 12.900 m² in Erbbaurecht erworben werden konnten und die Verhandlungen noch über weitere 20.000 m² fortgeführt werden.

Zwei Wochen später trifft man sich zur Diskussion des Prüfungsberichts zum Jahresabschluss 1958. Dafür haben die Ausschussmitglieder Hielscher, Blum und Singer eine Stellungnahme vorbereitet, die vom Gremium genehmigt wird.

Ende Juni findet die 55. gemeinsame Sitzung statt, in der die Vorstände Wößner und Zimmermann berichten, dass der nach dem Enteignungsverfahren folgende Entschädigungsprozess in Eckenheim in die erste Instanz gegangen ist und demnächst verhandelt wird. Das Angebot der Justizbau für einen angestrebten Vergleich wird auf 170 DM pro Quadratmeter festgelegt.

Nach einer kurzen Ferienpause im Juli treffen sich die Gremien am 11. August 1960 voll neuer Energie zur Vorbereitung der im September terminierten elften Mitgliederversammlung. Die Gewinne sollen wieder der Rücklage zugeführt werden. In dieser Sitzung weist Herr Zimmermann auf seine Zeitprobleme hin, die aus dienstlicher Überlastung beim OLG herrühren und ihn zwingen, sein Amt als stellvertretendes Vorstandsmitglied niederzulegen. Der Aufsichtsratsvorsitzende Meister und Vorstandskollege Wößner wollen versuchen, beim zuständigen Dienstherrn eine Änderung in der Geschäftsverteilung zu erreichen, die zu einer Entlastung führen könnte.

Zwei Tage vor der Mitgliederversammlung macht ein akutes Problem die Abstimmung unter den Gremien notwendig. Nach den Renovierungskosten des Vorjahres ist ein zusätzlicher Kostenfaktor immer stärker hervorgetreten, nämlich bei den immer wieder akut anfallenden Installationsarbeiten für den nun stetig Richtung 600 Wohneinheiten wachsenden Bestand. So wird nach Prüfung der Sach- und Rechtslage beschlossen, versuchsweise einen mobilen Installateur für die immer häufiger in den Wohnungen anfallenden notwendigen Reparaturarbeiten einzustellen.

> **Erstmals kommen Vorschläge aus dem Mitgliederkreis, die eine nachhaltige Lösung erforderlich machen:** das geplante neue zweite Fernsehprogramm (ZDF) kann nicht ohne eine Zusatzantenne empfangen werden.

Die elfte Mitgliederversammlung findet am 23. September 1960 statt. Diesmal kann der Aufsichtsratsvorsitzende Meister 48 wahlberechtigte Mitglieder begrüßen, denen der vollständig anwesende Vorstand mit den Herren Gottwald, Wößner und Zimmermann sowie der fast komplette Aufsichtsrat (Meister, Dr. Riese, Dr. Schnitzerling, Jordt, Reinke, Blum, Hielscher und Singer) Rede und Antwort steht. Der Jahresabschluss mit 23.179,40 DM bei einem Reingewinn von 3.179,40 DM wird mit Zustimmung zur Kenntnis genommen und der Vorschlag der Zuführung des Reingewinns zur gesetzlichen Rücklage einstimmig bewilligt. Herr Zimmermann informiert die Versammlung über den Stand des Projekts Eckenheim mit 76 Wohneinheiten; sollte kein Einspruch im Entschädigungsverfahren gegen das Vergleichsangebot von 170 DM pro m² erfolgen, kann mit einem Bezug schon in 1962 gerechnet werden. Erstmals kommen Vorschläge aus dem Mitgliederkreis, die eine nachhaltige Lösung erforderlich machen: das geplante neue zweite Fernsehprogramm (ZDF)* kann nicht ohne eine Zusatzantenne empfangen werden. Da nun jeder Mieter seine eigene Dachantenne ergänzen oder ändern müsste, wird vorgeschlagen, die mietereigenen Antennen durch eine gemeinsame Dachanlage abzulösen. Dies wurde besonders auch deshalb unterstützt, weil an manchem Schornstein bis zu vier Antennen provisorisch befestigt waren. Der Vorstand sichert zu, sich dieser neuen Entwicklung nicht zu verschließen und als dringendes Anliegen zeitnah zu bearbeiten.

*Anmerkung: *Der Grund liegt in der neuen Sendekette für den UHF-Bereich, der seit Anfang 1960 von der Deutschen Bundespost errichtet wird. Da die ARD, also das erste Fernsehprogramm, im VHF-Bereich sendet, sind entweder neue Fernsehgeräte mit erweitertem Frequenzbereich erforderlich oder die circa 80 Mark teuren UHF-Konverter für ältere Fernsehgeräte. Am 6. Juni 1961 unterzeichnen die Ministerpräsidenten der Länder auf der Ministerpräsidentenkonferenz in Stuttgart den Staatsvertrag über die >Errichtung der Anstalt öffentlichen Rechts Zweites Deutsches Fernsehen<, das zwar in der hessischen Landeshaupt-*

stadt Wiesbaden gegründet wird, später aber seinen Sitz nach Mainz in Rheinland-Pfalz verlegt. In der entscheidenden Abstimmung über den Standort wird Mainz mit nur einer Stimme Mehrheit vor Düsseldorf zum Sitz des ZDF gewählt (in Köln/NRW hat damals nämlich bereits der größte Sender der ARD seinen Sitz, der WDR Westdeutscher Rundfunk).

Ende Oktober kann Vorstandsmitglied Zimmermann in der 58. gemeinsamen Sitzung berichten, dass hinter dem bereits bebauten Gelände in der Wilhelmshöher Straße im Rahmen des kommunalen Bebauungsplans weiteres Gelände zugewiesen wurde, das man schnellstens besichtigen und überprüfen will.

Und bereits in der letzten gemeinsamen Sitzung des Jahres Anfang Dezember kann er positiv ergänzen, dass die restlichen 23 Einfamilienhäuser in der Auerfeldstraße in Seckbach noch vor Weihnachten fertiggestellt und übergeben werden können.
Resümierend kann er dem Gremium zum **Jahresende 1960** vermelden, dass der **Bestand** damit auf **561 Wohnungen** mit **1486 Räumen, 45 Garagen** und **33 Abstellplätzen** angewachsen ist. Neben dem hauptamtlichen **Hausmeister Raschke** besteht die professionelle **Verwaltung** außer dem ehrenamtlichen Vorstand und Aufsichtsrat aus den **Damen Weise (Buchhaltung), Bonnkirch (allgemeines Sekretariat und Verwaltung / Mitgliederbetreuung) sowie Mess und Müller als Büro- und Hilfskräfte** der Verwaltung.

amtliche Phase der Führung der Justizbau allmählich zu Ende geht, will man weiterhin erfolgreich sein und angesichts der technischen und technologischen Fortschritte im Wirtschaftswunderland des Professor Ludwig Erhard nicht in Stillstand stehen bleiben oder gar in bauwirtschaftlichen, genossenschaftlichen Dilettantismus abgleiten.

Zudem habe man Kenntnis von weiteren Möglichkeiten zur Beschaffung von neuem Baugrund beim Huthpark am Lohrberg in Seckbach erhalten, über die er im kommenden Jahr ausführlich informieren will, ließ der Vorstand verlauten. In das neue Jahr geht man in der Gewissheit, dass die ehren-

1961

Vorstand Zimmermann mit Zigarre und Seniorchef Richter der Firma Richter & Schädel aus Düsseldorf auf dem Weg zur Bank

So startet das neue Jahr mit dem entscheidenden Schritt hin zur Professionalisierung: die Herren Zimmermann, Wößner, Gottwald und Singer werden für die Dauer von fünf Jahren zu ehrenamtlichen Vorständen mit Vergütungsansprüchen bestellt, sozusagen semiprofessionelle Mitglieder der Geschäftsleitung der Justizbau Genossenschaft neben ihrer sonstigen Beschäftigung bei den Justizbehörden. Die Verträge werden vom Aufsichtsratsvorsitzenden der ersten Stunde, Dr. Wilhelm Meister, unterzeichnet und er unterrichtet die Herrenrunde anschließend in der 60. gemeinsamen Sitzung am 1. Februar 1961 auch stolz über die neue Situation. An der Rechtsgrundlage hat sich nichts geändert.

Im April wird der Bericht des Prüfungsverbandes für 1959 intensiv diskutiert. Erfreut und zufrieden ist man über die wenigen Beanstandungen, die der neue Vorstand künftig aber noch vermeiden und besonders beachten will.

Bereits am 20. Juni des Jahres liegt der Geschäftsbericht für 1960 vor, wird satzungsgemäß verlesen und anschließend genehmigt. Das fällt besonders leicht bei dem für die Verhältnisse außergewöhnlichen Gewinn von 61 Tausend Mark. Dem Vorschlag, den Reingewinn der gesetzlichen und der freien Rücklage zuzuführen, wird einstimmig zugestimmt und soll so der Mitgliederversammlung zur Beschlussfassung vorgelegt werden. Als Termin dafür wird der 22. September 1961 vorgeschlagen. Als wichtige Vorlage soll der MV auch ein Vorschlag zum Beschluss vorgelegt werden, der die Erweiterung des Geschäftsbereichs über Frankfurt hinaus auf den Stadt- und Landkreis Hanau vorsieht. Auch steht wieder einmal eine Erhöhung der Kreditaufnahme-Obergrenze auf diesmal 17 Millionen DM an, die ebenso von der Mitgliederversammlung zu beschließen ist. Vom Vorstand Zimmermann wird vorgetragen, dass er weitere Grundstücksflächen

Und immer wieder gibt es einen Anlass zu Feiern – mit Stolz und gutem Recht

zur Bebauung erwerben will. Sein Vorhaben wird unter dem Vorbehalt der Zustimmung des abwesenden Vorstandsmitglieds Wößner einstimmig gebilligt.

Die nächste gemeinsame Sitzung findet im Freien statt und wird anschließend aus dem Gedächtnis protokolliert. Am 15. August besichtigen nämlich die Herren die Großbaustelle in Eckenheim mit ihren 76 geplanten Wohneinheiten. Die denkbar geringste Nutzungsgebühr wird mit zwei Mark pro Quadratmeter festgelegt. Damit liegt man mit den Mieten in Frankfurt am Main am unteren Ende der Kostenskala, ohne deshalb in Ausstattung und Wohnungsqualität zurückzustehen. Möglich wurde dieser auf dem Frankfurter Immobilienmarkt inzwischen anerkannte Standard durch die guten Leistungen des langjährigen Kooperationspartners Richter & Schädel, der allseits gelobt wird für seine großzügige Zusammenarbeit und zügige Errichtung der Wohnblocks in der am kürzest möglichen Zeit.

In der für die folgende Woche schon wieder anberaumten letzten gemeinsamen Sitzung vor der anstehenden Mitgliederversammlung stehen Satzungsänderungen an. So wird die Erweiterung des Geschäftsbereichs neu definiert sowie weitere aktuelle Änderungen gemäß einem Einlageblatt zur Mustersatzung für gemeinnützige Wohnungsbaugenossenschaften des Verbands herangezogen und zur Modifizierung der eigenen Satzung genutzt.

Herr Wößner bringt zu dem in der Sitzung vom 20. Juni unter Vorbehalt seiner Zustimmung gefassten Beschluss, weitere neue Grundstücke zu erwerben, seine begründeten Bedenken vor. Er verweist eindringlich auf die Finanzierungsfrage für die optierten 38.000 m² Bauland in Bergen-Enkheim hin, das aus Streuland bestehe, also noch nicht arrondiert sei. Deshalb stimmt er nachträglich dem Beschluss vom Juni nur dann zu, wenn die Finanzierung ohne zusätzliche Kreditaufnahme möglich ist. Das Mitglied im Prüfungsausschuss Hielscher springt ihm bei und warnt ebenfalls vor zu großzügiger Kreditaufnahme, die immer ein fragwürdiger Wechsel auf die Zukunft der Genossenschaft und seiner Mitglieder sei. Zum ersten Mal werden derartige Warnungen im Gremium offen formuliert!

In der **12. Mitgliederversammlung** kann der Aufsichtsratsvorsitzende Meister am 22. September 1961 sodann fünfzig stimmberechtigte Anteilseigner der gemeinnützigen Genossenschaft begrüßen. Erstmals wird der Geschäftsbericht vom engagierten Vorstandsmitglied Gottwald vorgetragen. Herr Blum vom Prüfungsausschuss des Aufsichtsrats gibt dazu Erläuterungen und schlägt der Versammlung vor, den Reingewinn von 6.623,10 DM der gesetzlichen Rücklage zuzuführen, was einstimmig so beschlossen wird. Sodann trägt der AR-Vorsitzende Meister Argumente für die Notwendigkeit der Erweiterung des Geschäftsbereichs vor. Dabei weist er besonders darauf hin, dass man schon in die weitere Umgebung von Frankfurt gehen muss, um heutzutage günstig Bauland zu erwerben. Die Diskussion darüber ist rege und führt abschließend zu einer einstimmigen Satzungsänderung in dieser Sache. Abschließend wir Herr **Alfred Pusch** zum Nachfolger von Herrn Noll im Aufsichtsrat gewählt, der sich nicht mehr zur Wiederwahl stellt. Vorstand und Aufsichtsrat

Baustelle Eckenheimer Landstraße / Kurzröderstraße 1961

sind zufrieden, dass alle Vorhaben von den Mitgliedern so positiv mitgetragen werden.

In der ersten Sitzung nach der MV kommt es am 20. Oktober 1961 zu ersten Unstimmigkeiten zwischen den Mitstreitern in der Sache >Beteiligung an Entscheidungen<. Herr Jordt vom Bauausschuss trägt vor, dass dessen Mitglieder bisher nicht genügend Informationen bekommen und bei Fragen der Wohnungsausstattung nicht ausreichend vom Vorstand angehört und beteiligt würden. Im Gegensatz dazu werde der Ausschuss des Aufsichtsrats jedoch für Mieter- und Handwerkerwünsche immer wieder in Anspruch genommen, obschon das Sache der Verwaltung, also des operativen Vorstands sei.

Herr Zimmermann nimmt dazu Stellung und bedauert, dass es in praktischen Fragen immer wieder noch zu Ablaufproblemen kommen kann, versichert aber, dass der Vorstand zukünftig den Bauausschuss schon bei der Vorplanung neuer Projekte und Ausbauarbeiten sowie in Renovierungsfragen aktiv beteiligen werde.

In der letzten gemeinsamen Sitzung des Jahres erfolgt sodann ein Rückblick auf die laufende Bautätigkeit und ein Überblick über die akute Finanzlage. Das Großbauprojekt an der Eckenheimer Landstraße und in der Kurzröderstraße im Stadtteil Eckenheim steht kurz vor der Vollendung und ist bald bezugsfertig, und zwar zwischen Mitte Dezember 1961 und Mitte Februar 1962. Im Lettigkautweg 10 ist zusätzlich die Errichtung eines Lehrerhauses geplant. Zu diesen positiven Nachrichten passt die abschließende Ankündigung von Herrn Blum, dass die Finanzlage insgesamt gut ist und man einen Jahresüberschuss in gleicher Höhe wie im Vorjahr erwartet.

> **Die denkbar geringste Nutzungsgebühr wird mit zwei Mark pro Quadratmeter festgelegt. Damit liegt man mit den Mieten in Frankfurt am Main am unteren Ende der Kostenskala.**

In einem Zwischenfazit kann man feststellen, dass das ›Haus Justizbau‹ dreizehn Jahre nach Gründung gut bestellt ist. Der Erfolg gibt allen Anfangshoffnungen - auch der inzwischen stark gewachsenen Anzahl der Genossenschaftsmitglieder - im Nachhinein Recht, dass es sich immer wieder lohnt, Eigeninitiative zu entwickeln und dann konsequent den gemeinnützigen genossenschaftlichen Weg im öffentlichen Raum zu gehen.

Herr Lehmann: ein Musterbeispiel für effektive Wohnungsvermietung bei der Justizbau – ein Exkurs

Der Ablauf einer Wohnungszuweisung durch den Dienstherrn, der exemplarisch alle Stufen dokumentiert und von der Zuweisung des Regierungspräsidenten, über die Wohnungszuteilung durch die Genossenschaft, die Mitteilung über die Nutzungsgebühr und den Nutzungs-(Miet-)vertrag bis zum Abnahmeprotokoll der Wohnung bei Einzug am Beispiel des Finanzbeamten Horst Lehmann, erläutert die Effektivität des jungen Wohnungsbauunternehmens. Der Zeitraum zwischen Anordnung der Zuweisung und dem Tag des Einzugs beträgt weniger als drei Monate, genau 82 Tage vom 13.11.1961 bis zum 3.02.1962.

Durchschrift

Der Regierungspräsident
in Wiesbaden
- III 3d Nr. 194/61 -

Wiesbaden, den 13. Nov. 1961
Taunusstraße 21
Tel. 22570, 22621

Herrn
Vorsteher des Finanzamtes

Frankfurt/M.-Höchst

Betr.: Wohnungsfürsorge für Landesbedienstete
Anlg.: - 1 -

Aufgrund einer Beleihung mit Mitteln des Landes hat
die Gemeinn. Wohnungsbaugenossenschaft der Justizangehörigen eGmbH., Ffm., Lettigkautweg 35,
in Frankfurt/Main, Kurzröderstr. 3,
Wohnungen errichtet, die <u>für Trennungsentschädigungsempfänger</u> zum Zwecke der Einsparung der Trennungsentschädigung bzw. für unzureichend wohnende Bedienstete zur Verfügung gestellt werden. Aufgrund der hier vorliegenden Anträge und der geführten Verhandlungen habe ich
den StI Horst **L e h m a n n** - 2 Personen -
geb. 22.11.1922
2-Zimmerwohnung, Block C, Haus rechts, I. Stock rechts

zur Unterbringung in diese Wohnung vorgesehen.

Ich bitte, den genannten Bediensteten zu verständigen und zu veranlassen, daß er sich mit dem Hauseigentümer zwecks Abschluß des Mietvertrages in Verbindung setzt.

Die Wohnung ist mit staatlichen Arbeitgeberdarlehen und Landesbaudarlehen gefördert und bleibt Bediensteten vorbehalten, die zu dem begünstigten Personenkreis der Arbeitgeberdarlehensrichtlinien vom 19.12.1956 gehören.

Diese Verfügung gilt nicht als Umzugsanordnung. Änderungen der Wohnungsbelegung und Austausch dürfen aufgrund der Darlehensverträge nur mit meiner Zustimmung vorgenommen werden.

Der eingewiesene Bedienstete hat seinen Einzug und den Abschluß des Mietvertrages sofort meiner Behörde anzuzeigen.

Die Wohnung unterliegt dem Besetzungsrecht des Landes Hessen. Das Anrecht auf sie erlischt mit Beendigung des Dienstverhältnisses beim Land Hessen. Der Vermieter ist verpflichtet, sich in dem zwischen ihm und dem Mieter abzuschließenden Mietvertrag ein Kündigungsrecht für den Fall vorzubehalten, daß der Mieter aus den Diensten des Landes Hessen ausscheidet.

Reg. 1391/59

– 2 –

Der Bedienstete hat ein etwaiges Ausscheiden aus dem Landesdienst oder einen beabsichtigten Wohnungswechsel unaufgefordert und unverzüglich meiner Behörde anzuzeigen.

Das Untervermieten von Wohnräumen der vorstehenden Wohnung wird hiermit ausdrücklich untersagt.

Das zuständige Wohnungsamt, der für Ihre Behörde zuständige Beauftragte für Wohnungsfragen und der Hauseigentümer haben Durchschrift dieser Verfügung erhalten.

Ich bitte, die beigefügte Durchschrift dem Bediensteten gegen Unterschriftsleistung auszuhändigen.

Im Auftrage:
gez. Bauer

An die
Gemeinnützige Wohnungsbaugenossenschaft der Justizangehörigen eGmbH

Frankfurt am Main
Lettigkautweg 35

Vorstehende Durchschrift übersende ich zur gefl. Kenntnis.

Im Auftrage:

GEMEINNÜTZIGE WOHNUNGSBAUGENOSSENSCHAFT DER JUSTIZANGE-
HÖRIGEN FRANKFURT (MAIN), E.G.M.B.H., LETTIGKAUTWEG 35

Herrn/~~Frau/Frl.~~   Frankfurt (Main), den 15. November 1961
~~Horst Lehmann~~

~~Frankfurt am Main~~
~~Hellgartenstr.~~.13

Betr.: Wohnungszuteilung in unserem Bauvorhaben
       Frankfurt (Main) - Eckenheim

Sehr geehrter Herr Lehmann!

Mit Zustimmung des Herrn Regierungspräsidenten (Einweisungsverfügung
geht Ihnen noch zu) wird Ihnen die Wohnung im Block "..C.."..Haus
~~links~~/rechts, ...I..Stock ~~links~~/rechts bestehend aus ..2...Zimmern
zugewiesen.

Voraussetzung ist, daß Sie Mitglied unserer Genossenschaft sind.
Diejenigen Bewerber, die bisher noch keine Mitglieder sind, werden
daher gebeten, Ihren Beitritt in unserem Büro, Frankfurt (Main),
Lettigkautweg 35 alsbald zu erklären. (Eintrittsgeld 40,-- DM).

Ferner sind von Ihnen bis 15. Dezember 1961, ~~spätestens jedoch vor~~
~~Bezug der Wohnung~~, ...fünf.....Geschäftsanteile von je 300,--DM
bei uns einzuzahlen.
Von diesen zu erbringenden ...fünf....Genossenschaftsanteilen mit
zusammen .....1.500,--..DM sind von Ihnen jedoch nur .1.192,--..DM
auf eines unserer Konten zu überweisen.
Der Restbetrag mit ....308,--...DM soll durch die anfallende
Wohnungsbauprämie, die wir in dieser Höhe von Ihrem Finanzamt er-
warten, aufgefüllt werden. Sollte die vom Finanzamt errechnete
Wohnungsbauprämie von unserer Berechnung abweichen, da uns genaue
Unterlagen nicht zur Verfügung stehen, werden wir den Unterschieds-
betrag zurückerstatten bzw. nacherheben.

                                              - 2 -

Wir dürfen Sie darauf aufmerksam machen, daß Ihnen zum Erwerb von Genossenschaftsanteilen von Ihrer Behörde gegebenenfalls ein Gehaltsvorschuß gewährt werden kann.

Da Ihnen die Wohnung nur unter der Voraussetzung zugewiesen worden ist, daß Sie unter den bevorrechtigten Personenkreis des § 347 LAG fallen, werden Sie gebeten, die beigefügten Vordrucke umgehend ausgefüllt und unterschrieben zurückzusenden sowie gleichzeitig die Bescheinigung gem. § 347 LAG (Wird vom Ausgleichsamt erteilt) mit einzureichen.

(Zusatz für die Wohnungsbewerber in Block " A ": Zur Weitergabe an den Herrn Regierungspräsidenten in Wiesbaden, bitten wir um Vorlage einer Verdienstbescheinigung über Ihr Jahreseinkommen im Kalenderjahr 1960).

Ihre Wohnung wird voraussichtlich am ......- 1. FEB. 1962...... bezugsfertig sein. Der genaue Bezugstermin wird Ihnen noch mitgeteilt werden, ebenso die voraussichtliche Höhe der Miete. Ihren Nutzungsvertrag erhalten Sie nach Wohnungsbezug.

Wir dürfen darauf hinweisen, daß der Mietpreis der Wohnungen im Block " A " 1,60 - 1,80 DM pro qm und in den Blöcke " B, C und D " 1,90 - 2,10 DM beträgt. Dazu treten die monatlichen Pauschalen für die Heizung 6,50 DM je qm Wohnfläche monatlich, für Kaltwasserversorgung für jede zum Haushalt gehörende Person 1,10 DM monatlich, Hausmeisterumlage 1,-- DM monatlich, Antennengebühr 1,-- DM monatlich.

Heizungskosten und Wassergeld werden am Jahresende abgerechnet.

Sollten Sie noch irgendwelche besondere Fragen haben, bitten wir Sie höfl., sich an unser Büro, Lettigkautweg 35, Telefon 61409 zu wenden.

Hochachtungsvoll

Gemein. Wohnungsbaugenossenschaft der Justizangehörigen Frankfurt/M. eGmbH.

GEMEINNÜTZIGE WOHNUNGSBAUGENOSSENSCHAFT DER JUSTIZANGE-
HÖRIGEN, FRANKFURT(MAIN), LETTIGKEUTWEG 35

Konten: Postscheckkonto Ffm., Nr. 41784,
Hess. Landesbank Nr. 4152, Stadtsparkasse Ffm., 1090
Frankfurter Sparkasse v. 1822 Nr. 317705

Frankfurt(Main), denn

Herrn/~~Frau~~
Horst Lehmann

Frankfurt(Main)
Hallgartenstr. 30

Betr.: Vorläufige monatliche Nutzungsgebühr

Sehr geehrte(r) Herr/~~Frau~~ Lehmann!

Wir freuen uns, daß wir Ihnen die Wohnung zuweisen konnten und wünschen Ihnen in dem neuen Heim viel Glück und Segen.

Die vorläufige Nutzungsgebühr nebst Umlagen beträgt monatlich:

Nutzungsgebühr	123,10 DM
+Wassergeldumlage je Person 1,10 DM 2 Personen	2,20 DM
Gemeinschaftsantenne	1,-- DM
Heizungsumlage 6,50 DM je qm jährlich d.s. monatlich	31,30 DM
Gesamtsumme der vorläufigen monatlichen Nutzungsgebühr und Umlagen	157,60 DM

Die Wohnung ist am 1. 2. 62 bezugsfertig gewesen.
Somit sind erstmalig zu zahlen:

a) für Monat Februar 1962   157,60 DM
b)   DM

~~zu b) Wassergeld und Heizungskosten werden für die Zeit vom 20.12. bis 31.12.1981 besonders berechnet.~~

Nutzungsgebühr und Umlagen sind jeweils am 1., spätestens jedoch bis zum 5. eines jeden Monats im voraus, erstmals am auf eines unserer Konten einzuzahlen.

Die endgültige Festsetzung der Nutzungsgebühr und der Umlagen geschieht in dem Nutzungsvertrag, der Ihnen noch zugeht.

Die Umlagen für Wassergeld und Heizung sind vorläufige Pauschalbeträge; die endgültige Abrechnung erfolgt jeweils am Jahresende.

Mit genossenschaftlichem Gruß
Gemeinnützige Wohnungsbaugenossenschaft
der Justizangehörigen

Betr.: Bauvorhaben Frankfurt(M), Kurmainzstr. 3

Ich habe die Wohnung in dem Haus
............Kurmainzstr............ Str. Nr. ...3...
am ....3.2.62.... übernommen. Mir ist bekannt, daß

1) die Bauaufsichtsbehörde das Gebäude noch nicht abgenommen hat,
2) ein Teil der Restarbeiten in der Wohnung, am Haus und auf dem Grundstück noch aussteht,
3) die Wohnung noch nicht gänzlich ausgetrocknet ist,
4) der Balkon noch nicht das nötige Schutzgeländer hat und bis zur Anbringung des Geländers nicht benutzt werden darf, andernfalls ich für etwaige Unfälle selbst verantwortlich bin.

Ich erkenne durch meine Unterschrift hiermit ausdrücklich an, daß ich nicht berechtigt bin, auf Grund der mir bekannten und zu 1) bis 4) genannten Tatsachen Schadensersatzansprüche oder Mietminderungsansprüche herzuleiten.

Weiter bestätige ich, daß die eingebauten Objekte:

1 Badewanne
1 Klosettbecken mit Deckel
1 Waschtisch
1 Gasherd/1 ~~Zusatzherd~~
1 Spülbecken
1 Gasdurchlauferhitzer / 1 ~~Kohlebadeofen~~
... Zimmeröfen

ohne Beschädigung sind und mir die hierfür erforderliche Behandlung bekanntgegeben worden ist. Die zur Wohnung gehörenden Schlüssel

... Stück für Haustür
3. " " Wohnungseingangstür
... " " Kellervorplatztür
3. " " Zimmertüren
2. " " Briefkasten

wurden mir vollständig übergeben. Zapfhähne und sonstige Armaturen sind vollzählig. Die Bedienungsvorschriften für die einzelnen Objekte habe ich erhalten.

Die obengenannten Bedingungen beziehen sich gleichfalls bei Übernahme einer Garage auch für diese.

....
(Unterschrift)

■NUTZUNGSVERTRAG

MUSTERVERTRAG
DES GESAMTVERBANDES GEMEINNÜTZIGER WOHNUNGSUNTERNEHMEN e. V.
(Genehmigt gemäß Erlaß des Bundesministeriums für Wohnungsbau vom 24. Mai 1954.)

Nachdruck nicht gestattet Für Berlin genehmigt mit Verfügung des Senators für Bau- und Wohnungswesen vom 27. Jan. 1955. Gesch. Zeichen: A G W b

Ausgabe 1954
Nachdruck Juli 1957

Genossenschaften

Nutzungsvertrag

Die **Gemeinnützige Wohnungsbaugenossenschaft
der Justizangehörigen Frankfurt a. M. eGmbH.
Frankfurt a. M. — Lettigkautweg 35**
(Firma und Sitz der Genossenschaft)
— Genossenschaft —

schließt mit
dem Mitglied Herrn / ~~Frau / Fräulein~~*) —

Horst   Lehmann   Steuerinspektor
(Vorname)   (Name)   (Beruf)

Mitglieds-Nr. 1148 ~~und seiner Ehefrau¹), dem Mitglied¹)~~ —

_____
(Vorname)   (Name)   (geborene)
— Mitglied —

den nachfolgenden Nutzungsvertrag, durch den das Mitglied das Recht zur dauernden Nutzung der Genossenschaftswohnung nach Maßgabe der Satzung der Genossenschaft für sich und seine Familie erhält.

Gegenstand des Vertrages

§ 1

(1) Die Genossenschaft überläßt dem Mitglied vom 1. Februar 1962 ab zu Wohnzwecken die in dem Hause ~~Fehr,~~ Unzröder Straße Nr. 3 im I. Geschoß ~~rechts / links / Mitte~~ rechts/links*) gelegene Wohnung Nr. ____
Die Wohnung ist zweckbestimmt²) für die Unterbringung von Staatsbediensteten
T-Empfänger Einweisung des Reg.Präs. vom 17.11.61
III 3a Nr. 194/61 ³)

(2) *) Die Wohnung besteht aus

2 Zimmer(n)
1 Balkon / ~~Loggia~~
1 Küche / ~~Kochnische~~ . . . . . mit ~~Kohlen~~ / Gas /~~E~~/ ~~komb.~~ Herd
                                  mit ~~Kohlen~~ / Gas /~~E~~ Warmwasserbereiter
                                  mit Abwaschvorrichtung
                                  mit Speiseschrank
— Speisekammer
1 Bad / ~~Duschraum~~ . . . . . . mit ~~Kohlen~~ / ~~Gas~~ /-E-~~Badeofen~~
                                  mit ein~~baut~~ Wanne
                                  mit Waschbecken
                                  mit WC
— WC . . . . mit Waschbecken
1 Flur / Diele / Abstellraum
— Waschküche . . . . mit Waschkessel
— Mansarde(n)
1 Kellerraum Nr. 5
1 Dachbodenteil (Speicher) Nr. 2
Die Wohnung ist mit _____ ~~Ofen / Etagenheizung~~ / Zentralheizung ausgestattet.

*) Nichtzutreffendes streichen.
¹) Nur für den Fall, daß der Ehegatte des Mitgliedes bereits Mitglied der Genossenschaft ist, sind hier beide Ehegatten aufzuführen, andernfalls ist der Nutzungsvertrag nur mit dem Mitglied abzuschließen.
²) Ist die Wohnung für die Unterbringung bestimmter Personenkreise zweckbestimmt, so ist an dieser Stelle darauf hinzuweisen. Ist die Wohnung nicht zweckbestimmt, so ist der Satz zu streichen.
Bei Wohnungen, die auf Grund vertraglicher Vereinbarung für Angehörige des öffentlichen Dienstes zur Verfügung zu halten sind, kann die Genossenschaft auf Verlangen des Verfügungsberechtigten im Rahmen der für die Verwaltungsangehörigen maßgebenden Wohnungsfürsorgebestimmungen zu den §§ 15 bis 18 abweichende oder ergänzende Vereinbarungen treffen, die wegen der Zweckbestimmung der Wohnung notwendig sind.
Bei Wohnungen, die nach Gesetz oder auf Grund vertraglicher Vereinbarungen für Angehörige eines bestimmten Betriebs oder einer bestimmten Art von Betrieben zur Verfügung zu halten sind, kann die Genossenschaft im Rahmen der Bestimmungen eines abgeschlossenen Werkförderungsvertrages gleichfalls zu den §§ 15 bis 18 abweichende oder ergänzende Vereinbarungen treffen, die wegen der Zweckbestimmung der Wohnung notwendig sind.
³) Hier ist gegebenenfalls die Verwaltung oder der Betrieb einzusetzen, für deren Angehörige die Wohnung zur Verfügung zu halten ist.

3

Besondere Vertragsbestimmungen
(Anlage zum Nutzungsvertrag)

1) Zu § 2 d **Gemeinschaftsantenne.**
Der Anschluß an die hierfür vorgesehene Steckdose darf nur mit einer Siemensempfängeranschlußschnur SAZ 765 erfolgen.

2) Zu § 4 **Betriebskosten**
In der Nutzungsgebühr ist eine vorläufige Pauschale für Betriebskosten in Höhe von 0,10 DM je qm Wohnfläche enthalten. Nach Feststellung der tatsächlich entstandenen Betriebskosten erfolgt Abrechnung und Zahlungsausgleich.

3) Zu § 4 **Baukostenzuschuß udgl.**
Vermieter und Nutzungsberechtigter sind sich darüber einig, daß für die Wohnung ein verlorener Baukostenzuschuß des Nutzungsberechtigten oder eine Nutzungsgebührenvorauszahlung nicht gegeben ist und wird. Der Nutzungsberechtigte hat keinen Finanzierungsbeitrag als Mieterdarlehen geleistet oder zu leisten.

4) Zu § 8 **Schönheitsreparaturen und kleine Reparaturen**
Zu den Schönheitsreparaturen und kleine Reparaturen, die das Mitglied übernimmt, gehören z.B.:
a) das Streichen der Fußleisten,
b) die Instandhaltung und fachgemäße Instandsetzung der Rolläden, Licht- und Klingelanlagen, Türschlösser, Wasserhähne, Klosettspüler, Wasch- und Abflußbecken, Öfen, Herde und ähnlichen Einrichtungen, der Bade- und Warmwasserbereitungsanlagen einschließlich der Zu- und Ableitungen zu diesen.
c) der Ersatz zerbrochener Glasscheiben an Türen und Fenstern.
d) der Ersatz verlorener Schlüssel und ggf. die dadurch erforderlich werdende Änderung der Türschlösser,
e) die Überprüfung, Reinigung und laufende Instandhaltung der zur Wohnung gehörenden Gas- und Elektrogeräte;

- 2 -

die Reinigung und Wartung der Gasboiler (Warmwasserbereiter) ist nach Vorschrift der Main-Gas-Werke jährlich mindestens einmal von geeigneten Fachkräften vornehmen zu lassen.

5) Zu § 18   **Kündigung**
Die Genossenschaft kann ferner auf Verlagen der Landes Hessen den Vertrag mit einer Frist von 3 Monaten zum Schluß eines Kalendermonats kündigen.

6) Zu § 20(3) Die Wohnung ist bei Aufgabe in solchem Zustand zu übergeben, daß dem nachfolgenden Mieter zugemutet werden kann bei normalen Wohnungsansprüchen die Wohnung zu beziehen. Das setzt also voraus, daß der Nutzungsberechtigte seiner Pflicht zur Vornahme der Schönheitsreparaturen während der Nutzungszeit laufend nachgekommen ist. Die Wohnung wird bei Aufgabe von den Aufsichtsratmitgliedern (Bauausschuß) abgenommen. Die etwa von dem Nutzungsberechtigten vorzunehmenden Schönheitsreparaturen werden durch den Bauausschuß jeweils festgestellt.

7) **Sonstiges**
Das sichtbare Aufhängen oder Abstellen von Gegenständen auf dem Balkon, sowie das Behängen des Balkongeländers mit Teppichen und Wäsche pp. ist nicht gestattet. Werden auf dem Balkon Markisen oa. angebracht, so ist weiß und orangegestreifter Stoff zu verwenden.

8) Der Nutzungsberechtigte versichert, daß die in die Wohnung eingebrachten Gegenstände ungezieferfrei sind.

Die erfolgreichen Jahrzehnte des Aufbaus von 1962 bis 1995

Das erste Jahrzehnt der Justizbau haben wir anhand der Protokolle der gemeinsamen Sitzungen von Aufsichtsrat und Vorstand zeitgenau und faktengetreu dokumentiert. Somit kann der geneigte Leser nachvollziehen, welch gewaltige persönliche Anstrengungen und wie viel finanzieller Sachverstand vonnöten war, um dieses auf Eigeninitiative gegründete Projekt durch die Gefahren und Stürme der ersten Jahre zu steuern und erfolgreich zu entwickeln.

Nun sollen die folgenden 33 Jahre in der Zusammenschau der wichtigsten Ereignisse präsentiert werden. Dafür werden beispielhafte Vorkommnisse ebenso herausgegriffen wie schriftliche Belege und Dokumente musterhaft dokumentiert. Der Leser kann so einen seriösen Überblick über die Gesamtentwicklung bekommen, aber auch Verständnis für die Bewältigung einzelner Probleme entfalten. Im Mittelpunkt stehen in diesem Teil aber auch immer die Menschen, die diese Entwicklung getragen und uneigennützig befördert haben.

Da sich im zweiten Nachkriegsjahrzehnt die Verfahren und Regeln zum Erwerb von Grundstücken auf einer neuen Stufe normalisiert haben, sind mehr Anstrengungen bei der Baulandbeschaffung erforderlich als zuvor. Vor allem wird nun der privatwirtschaftliche Wettbewerb der Wirtschaftswunderjahre immer spürbarer. Hatten unmittelbar nach Beginn des Wiederaufbaus gemeinnützige Einrichtungen und staatlich geförderte Projekte den Vorrang, so schwächt sich dieser immer weiter ab zugunsten eines freien marktwirtschaftlichen Wettbewerbs.

> **Als Bonbon wird zusätzlich damit gelockt, einen Teil der Wohnungen an Lehrer der Gemeinde zur Verfügung stellen zu können, die ja auch als Staatsbedienstete zum Kreis der Begünstigen im sozialen Wohnungsbau zählen.**

Interessant ist in diesem Zusammenhang ein Schreiben der Justizbau an die Gemeinde Bergen-Enkheim vom Mai 1962. Um das durch Umlegung in der Parzelle 133 festgelegte Grundstück rasch bebauen zu können, muss die Erschließung durch die Gemeinde forciert werden, da nach der neuen Gemeindeordnung diese Arbeiten voraus laufen müssen und nicht mehr mit Baubeginn parallel bewerkstelligt werden

> An den
> Gemeindevorstand
> der Gemeinde Bergen-Enkheim
>
> in Bergen - Enkheim
>
> 3/20 B'E/Me/Bo 9. Mai 1962
>
> Betr.: Vorbereitung für die Erschließung unseres durch die Umlegung festgestellten Baugrundstücks in Bergen-Enkheim - Parzelle 133 -
>
> Bezug: Unsere Unterredung mit Herrn Amtmann Fey von der dortigen Gemeindeverwaltung am 8. Mai 1962
>
> Sehr geehrter Herr Bürgermeister,
> sehr geehrte Herren!
>
> Wir beziehen uns auf die gestrige Unterredung mit Herrn Amtmann Fey und teilen Ihnen höflichst mit, daß wir das größte Interesse haben, sobald wie möglich mit der Bebauung des o.a. Grundstücks zu beginnen. Die Finanzierung dieses Bauvorhabens ist bereits seit langem sichergestellt, und auch staatliche Förderungsmittel sind bereits zugesagt. Der Regierungspräsident - Abt. Wohnungsfürsorge für Staatsbedienstete - drängt auf baldige Erstellung der Wohnungen für Landesbedienstete, wozu neuerdings auch die Lehrer zählen.
>
> Andererseits verlangt eine pflichtbewußte Geschäftsführung, die in das Grundstück investierten Mittel nicht allzulange brach liegen zu lassen.
>
> Wir sind daher bereit, Ihnen auf die gesamten normalen Anliegerkosten (Kanal beiderseits) zum Zwecke der Erschließung und alsbaldigen Baureifmachung des Grundstücks eine Vorauszahlung - wie besprochen - zu leisten.

können. Um diese Beschleunigung für eine Baureifmachung des Grundstücks' bei der schlechten Finanzlage des Ortsteils zu erreichen, hat der Vorstand in einem Gespräch mit **Amtsmann Fey** angeboten, eine Vorauszahlung für die Erschließung zu leisten. Wichtig ist dabei dem Bauherrn Justizbau die beidseitige Erstellung von Kanalanlagen, damit die Hausanschlüsse sodann zügig bei der Errichtung der Häuser erfolgen können. Als Bonbon wird zusätzlich damit gelockt, einen Teil der Wohnungen an Lehrer der Gemeinde zur Verfügung stellen zu können, die ja auch als Staatsbedienstete zum Kreis der Begünstigen im sozialen Wohnungsbau zählen.

Deshalb haben die Gremien auch beschlossen, im Lettigkautweg 10 in Frankfurt ein Haus für acht Lehrerfamilien zu bauen, in dem erstmals auch die modernen Techem-Heizkostenverteiler für die Heizungskostennachweise installiert werden sollen.

Auch die Anforderungen an die Verwaltung der Justizbaugenossenschaft sind mit den Jahren und der größeren Professionalisierung gewachsen. Deshalb ist der Vorstand froh, dass die am 1. 04. 1959 in die Genossenschaft eingetretene kaufmännische Auszubildende Barbara Bonnkirch, schnell eingesetzt als Mitarbeiterin für Büro und Verwaltung, die bereits Ende November 1961 die Stenotypisten-Prüfung bestanden hat, am 31. März 1962 das Prüfungszeugnis der IHK Frankfurt als anerkannte Bürogehilfin vorlegen kann und damit

> Notfalls können wir Ihnen zur Beschleunigung dieser Arbeiten auch eine angesehene und leistungsfähige Baufirma benennen.
>
> Wir wären Ihnen sehr dankbar, wenn Sie unser Anliegen unterstützen würden.
>
> Auch wir sind gewillt, der Gemeinde in jeder nur möglichen Weise entgegen zu kommen. So könnten wir Ihnen z. B. auch einige Wohnungen für Lehrer der Gemeinde Bergen-Enkheim zur Verfügung stellen.
>
> Ihrem baldigen zusagenden Bescheid entgegensehend, verbleiben wir mit
>
> vorzüglicher Hochachtung
> Gemein. Wohnungsbaugenossenschaft der
> Justizangehörigen Frankfurt/M. eGmbH.

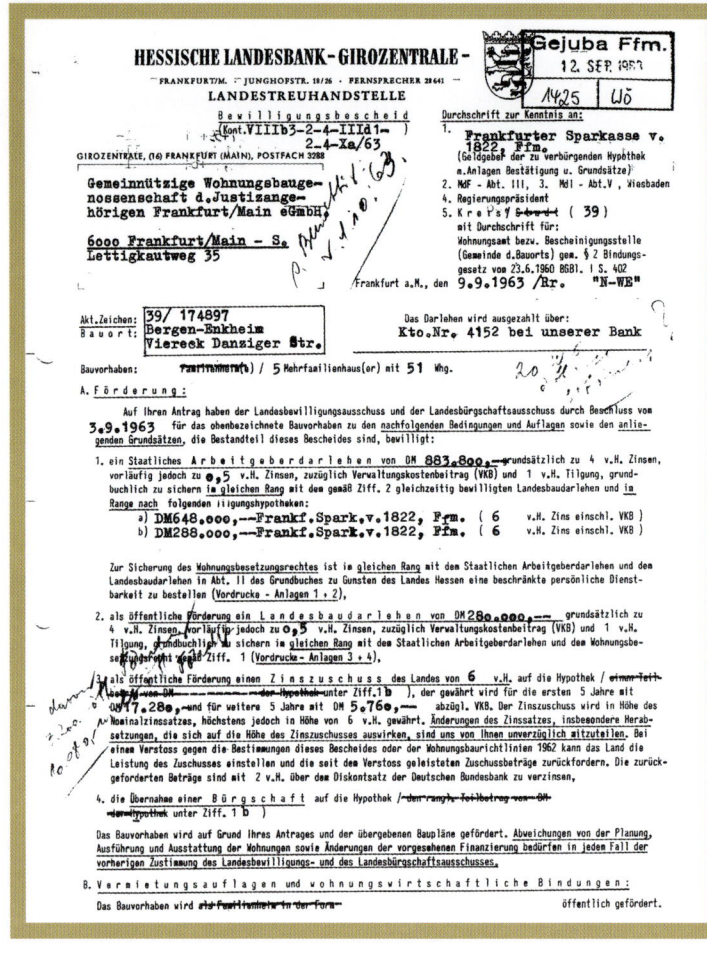

Mit wenig Aufwand und Formalitäten viel bewegt!

vollwertige Kraft im Team wird. Damit ist auch im Personalbereich der Einstieg der Genossenschaft als Arbeitgeber sichtbar gelungen.

In der **dreizehnten Mitgliederversammlung** (MV) vom 31. August 1962, an der 51 Mitglieder teilnehmen, wird die Erhöhung der Kreditlinie auf 20 Millionen DM beschlossen. Interessant ist heute, dass die Mehrheit der Veranstaltung, die erstmals im Schwurgerichtssaal des Gerichtsgebäudes A in Frankfurt stattfindet, einstimmig beschließt, die im zweiten Absatz des Paragraphen 30 verankerte bisherige Regelung zur einmaligen Veröffentlichung der Bekanntmachung der Einladung zur Mitgliederversammlung in der Frankfurter Allgemeinen Zeitung ersatzlos zu streichen. Das spart Geld! Wichtigste Bekanntmachung in dieser MV ist aber, die Mitteilung des Vorstands, dass in Bergen-Enkheim in zwei Bauabschnitten 140 Wohnungen errichtet werden sollen. Und der erste Abschnitt mit 60 Wohneinheiten wird tatsächlich noch in 1962 begonnen.

Allgemein wird auch auf die Verzögerung von Bauvorhaben wegen mangelnder Erschließung durch die Gemeinden hingewiesen, weshalb sich speziell die Bebauung des Geländes im Huthpark verzögern wird. Mit steigenden – bisher nicht geplanten - Kosten ist auch durch die neuen Grundstückslagen wie zum Beispiel >Am Atzelberg< wegen der Hanglage und den ungünstigen Zufahrten zu rechnen. So drehen sich erstmals auch die Diskussionen um den Verzicht auf Bauvorhaben und die Beschäftigung mit den Chancen erworbener Grundstücke bei der Veräußerung zu akzeptablen Preisen. Zudem muss man zunehmend mit Verzögerungen bei der Herstellung durch Witterungseinflüsse rechnen wie beispielsweise bei den 16 Garagen im Lettigkautweg, die aus Eigenmitteln finanziert werden sollen. Zum Jahresende 1962 hat man sowohl das Projekt >Am Atzelberg< aufgegeben als auch die Bebauung von drei Flurstücken in Bergen-Enkheim mit Einfamilienhäusern. Das führt in der Jahresbilanz zu weniger Bautätigkeit und einem etwas geringeren Abschluss, Alles in Allem aber doch einem befriedigenden Ergebnis.

Ein neues Problem taucht auf, als bei der Ermittlung des Wasserverbrauchs in der Wilhelmshöher Straße festgestellt wird, dass eine erhebliche Diskrepanz besteht zwischen den Werten beim Haupt- und den Zwischenzählern pro Gebäude. Vermutet wird zunächst ein Rohrschaden, der den unkontrollierten Wasserverbrauch bewirkt. Zur Klärung tritt man an die Eigenheimbesitzer heran. Da diese aber keine Anzeichen für ein Leck feststellen können, wird beschlossen, die Wasserleitung aufzugraben und den Wasserdruck erneut zu messen, um die Verluste nachweisen zu können. Als erneut Wasser in der Wilhelmshöher Allee in die Häuser dringt, wird ein Sachverständiger des Kanalamts herangezogen. Bezüglich der Wassergeldabrechnung berät der Prüfungsausschuss mit dem Rechtsausschuss, was zu tun ist, um allen Beteiligten gerecht zu werden.

Ein weiteres neuartiges Problemfeld tut sich auf als die Zufahrt zum Koksheizraum im Lettigkautweg bebaut werden soll. Da die Anfahrt künftig über städtisches Gelände erfolgen muss, sind Gespräche über Sonderregelungen mit der Stadtverwaltung zu führen. Die Herren von Vorstand und Aufsichtsrat teilen sich die vielen Aufgaben und mannigfaltigen Gesprächsverpflichtungen. Dabei muss man heute noch mit Hochachtung zur Kenntnis nehmen, dass der Vorstand seine Arbeit ehrenamtlich neben seiner jeweiligen Beschäftigung im Justizbereich machte. So müssen wegen des Auslaufens von Gewährleistungsfristen auch die Gebäude in Eckenheim überprüft werden. Das kann nur durch eine Aufteilung der Aufgaben zwischen den Mitgliedern vom Bauausschuss geschehen, die sich je Block die Arbeit bei den vier Gebäudekomplexen teilen.

Ein breit diskutiertes Thema auf der **14. Mitgliederversammlung** ist in 1963 die Rückvergütung aus den Überschüssen an die Mitglieder. Begründet wird das mit dem Kaufkraftschwund der letzten Jahre und dem gesunkenen Wert der Anteile beim Ausscheiden aus der Genossenschaft. Selbst die Möglichkeit eines Darlehens aus dem Verfügungsguthaben der Genossenschaft wird angefragt – muss aber aus Gründen der Satzung und des Genossenschaftsrechts zurück gewiesen werden. Die Antwort des Vorstands ist eindeutig: solange noch Bedarf für das Bauen von Wohnungen bei der Klientel aus dem Justizbereich in Frankfurt besteht, kann kein Gewinn ausgeschüttet werden. Das widerspreche sowohl dem genossenschaftlichen Leitgedanken >Einer für Alle, Alle für einen< als auch dem Sinn und Zweck der eigenen Genossenschaft, nämlich Gebäude zu errichten und nicht Geld damit zu verdienen. So mahnt der Vorsitzende Meister den Idealismus der Mitglieder an und verweist auf die materiellen Vorteile, die doch auch diesen Kaufkraftverlust ein wenig erträglicher erscheinen lassen, nämlich die geringeren Mieten und die ungebundenere Vertragsgestaltung im Vergleich mit dem stark ansteigenden freien Wohnungsmarkt in Frankfurt und Umgebung. In dieser Debatte bringt Herr Zimmermann gar persönliche Gründe ins Spiel und verweist auf die ehrenamtliche Tätigkeit von Vorstand und Aufsichtsrat, die erst zu den relativ hohen Gewinnen je Geschäftsjahr führten: ‚Ich arbeite nicht dafür, dass jedes Mitglied etwas verdient, sondern dass jeder der 194 Genossen auch eine preiswerte und gute Wohnung erhalten kann.'

Im März 1964 ist der Aufwand für den Vorstand Gegenstand der 80. gemeinsamen Sitzung von Vorstand und Aufsichtsrat. Nach ausgiebiger Diskussion der Möglichkeiten und nach Abwägung des Umfangs der Tätigkeiten der Vorstände für das gemeinnützige Wohnbauunternehmen werden die Vergütungen für die einzelnen Vorstandsmitglieder neu festgesetzt: Herr Zimmermann erhält künftig eine Entschädigung von 470 DM, die Herren Wößner und Singer von jeweils 430 DM und Herr Gottwald von 330 DM. Somit beläuft sich der Vergütungsaufwand für den gesamten Vorstand ab April 1964 auf gerade einmal 1.660 Mark pro Monat.

An der **15. Mitgliederversammlung** (MV) nehmen 51 stimmberechtigte Mitglieder teil, obwohl sich die Genossenschaft Justizbau inzwischen zu einem beachtlichen Unternehmen mit einer Bilanzsumme von über 15 Millionen DM gemausert hat. Der Reingewinn wird dabei für 1964 wieder mit ca. 5.800 DM festgestellt und der gesetzlichen Rücklage zugeführt. Das wachsende Investitionsvolumen veranlasst den Vorstand, sich für die Zukunft eine Kredithöchstgrenze von 25 Millionen Mark genehmigen zu lassen. Zum ersten Mal wird in dieser Mitgliederversammlung von möglichen Bauvorhaben in Neu-Isenburg und Höchst berichtet. Aus der Mieterschaft kommt die Anregung, das Bankeinzugsverfahren für die Mietzahlungen einzuführen.

Das Bauprojekt in Bergen-Enkheim steht im Mittelpunkt der Geschäftstätigkeit von 1964. Nachdem schon zu Beginn des Jahres die ersten Wohnungen im 1. Bauabschnitt bezogen werden konnten, geht es im zweiten Bauabschnitt so flott voran, dass schon für das Jahresende und den Januar 1965 weitere 60 Wohneinheiten (WE) und acht Garagen sowie 20 Stellplätze fertiggestellt werden können. Für alle diese Wohnungen gilt wegen der Förderung durch das Land Hessen ein Belegungsvorrecht des Regierungspräsidenten in Darmstadt. Das Jahr endet mit dem ersten Trauerfall im Vorstand: Kollege Gottwald verstirbt am 1. Dezember 1964.

Im Jahr 1965 steht erneut eine Neuregelung der Geschäftsverteilung im Vorstand sowie eine Neuregelung der Vergütungen an, da das Unternehmen Justizbau nun rasant wächst. In der 16. MV, die dieses Jahr schon Anfang Juli stattfindet, wird des Ende 1964 verstorbenen Vorstandsmitglieds Gottwald ehrend vom Aufsichtsratsvorsitzenden Meister gedacht und voller Respekt dessen langjähriges erfolgreiches Wirken für die Genossenschaft gewürdigt. Für die Genossenschaft insgesamt stellen sich aktuell durch äußere Ereignisse in der Wohnungswirtschaft neue Herausforderungen: Frankfurt wird in 1965 als ›weißer Kreis‹ in der Wohnungsbewirtschaftung eingestuft, was bedeutet, dass die Mieten nach dem 1. Wohnungsbaugesetz als Kostenmieten ausgewiesen werden müssen und sämtliche staatlichen Subventionen für die Berechnung entfallen. Nach diesem Gesetz sind aber nur einige Wohnungen aus dem genossenschaftlichen Bestand betroffen, sodass sich diese Maßgabe nur geringfügig auf die Genossenschaftsmitglieder auswirken wird. Die erneute Erhöhung der Kreditobergrenze um 5 Millionen auf nun 30 Millionen DM wird einstimmig von der Mitgliederversammlung genehmigt.

Das Jahr 1966 startet mit einer wichtigen Formalie zur besseren Bewältigung der nebenberuflichen Aufgaben durch die Vorstände und Aufsichtsratsmitglieder der Genossenschaft: in der ersten Sitzung des Aufsichtsrats wird am 7. Januar ein Jour Fixe für die Aufsichtsratssitzungen festgelegt, und zwar jeweils am ersten Freitag eines Monats, unabhängig ob man gemeinsam mit dem Vorstand tagt oder der Aufsichtsrat alleine. Die Frage, ob der Vorstand nach dem Tod von Herrn Gottwald weiterhin mit drei Vorstandsmitgliedern auskommt, wird bei der nächsten Wahl positiv entschieden und die Herren **Singer, Wößner und Zimmermann** bis dahin mit der Führungsaufgabe betraut.

Ab März beschäftigt die Gremien ein Thema, das Folge der inzwischen in die Jahre gekommenen Genossenschaft ist: die Sanierung der zuerst erstellten Bauten aus den unmittelbaren Anfängen der Bautätigkeit. Da die Bauerhaltung an verschiedenen Standorten gleichzeitig zutage tritt, kann der Vorstand den unmittelbar erforderlichen persönlichen und zeitnahen Kontrollarbeiten bei der Durchführung der Erhaltungsmaßnahmen nicht mehr nachkommen. Am sinnvollsten wäre ein Bauingenieur, der sich hauptberuflich darum kümmern kann. Der Vorstand soll sich um eine rasche Lösung kümmern. Im Einzelnen bleibt auch zu prüfen, ob man die Ladenmieter an den Renovierungskosten der Fassaden beteiligen soll und rechtlich kann.

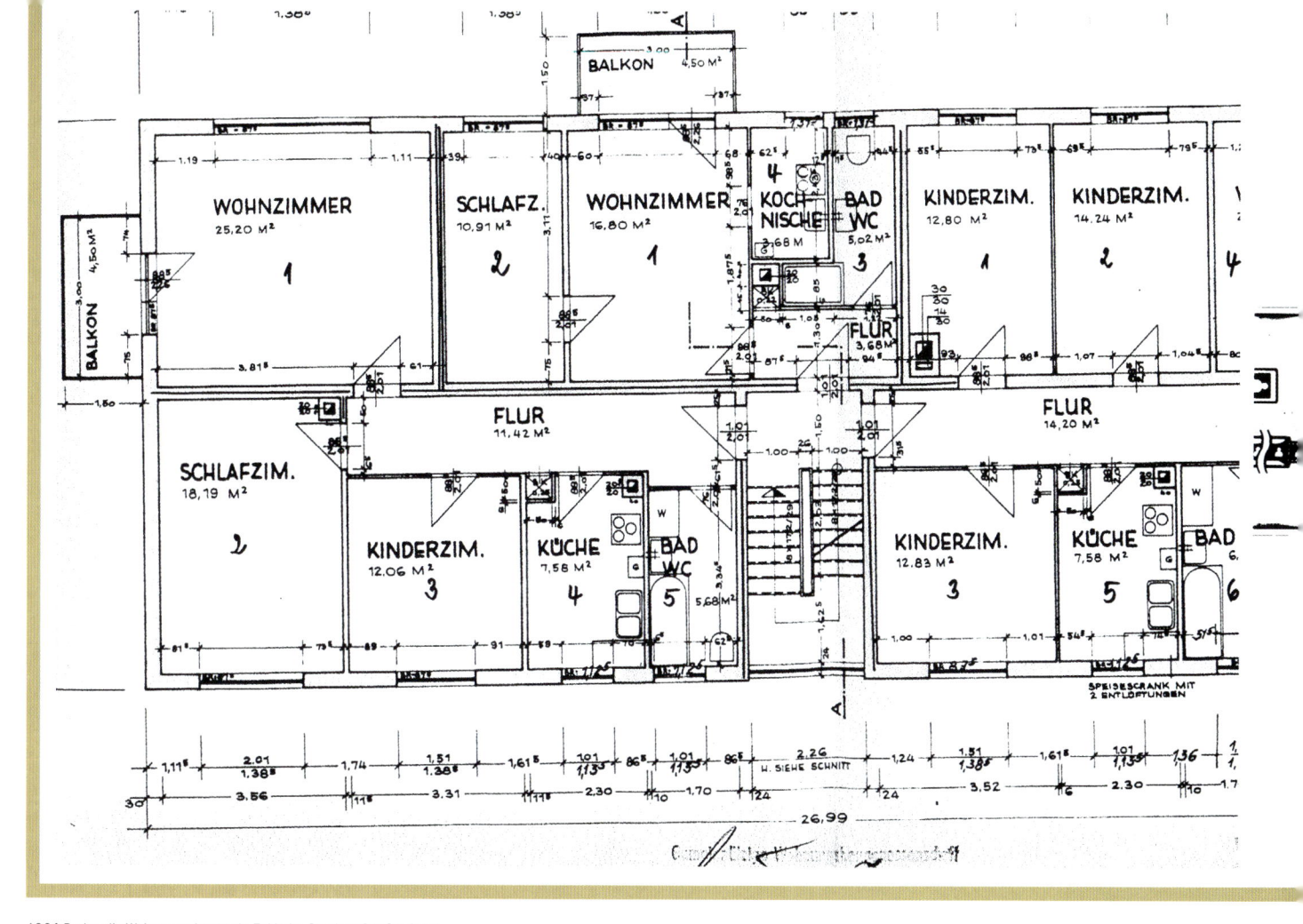

1964 Rationelle Wohnungsplanung in Enkheim Stettiner Straße: 3 WE

Da der Jahresabschluss für 1965 bereits Ende April vorliegt, kann die mittlerweile 17. Mitgliederversammlung routinemäßig mit allerdings relativ geringer Beteiligung von nur 42 stimmberechtigten Mitgliedern bereits am 10. Juni 1966 stattfinden. Alle Entscheidungen werden einstimmig getroffen.

In den nächsten Aufsichtsratssitzungen wird sowohl über die Zahlung von ergänzenden Pensionszuschüssen an die ausscheidenden Vorstandsmitglieder diskutiert als auch über die anstehende Forderung der Politik, die bisher mit 2 Prozent zurückgezahlten Lastenausgleichsdarlehen (LAG-Darlehen) künftig mit 4 Prozent Tilgung bedienen zu müssen. Im ersten Fall wird beschlossen, ergänzende Pensionszahlungen nur in besonderen Härtefällen zu zahlen. So genehmigt der Aufsichtsrat einstimmig, dem 1955 geborenen Sohn des verstorbenen Vorstandsmitglieds Gottwald bis zur Vollendung seines 18. Lebensjahrs eine freiwillige Zuwendung zur Erziehung und Berufsausbildung von 60 Mark monatlich zu gewähren. Begründet wird diese Entscheidung mit der 16-jährigen Mitarbeit von Herrn Gottwald in der Genossenschaft, die ihm nicht immer angemessen vergolten werden konnte. Da es sich beim Lastenausgleich um rechtliche Fragen handelt, wird diese Angelegenheit mit dem Verband Westdeutscher Wohnungsunternehmen besprochen. Eine interne Prüfung ergibt zudem, dass die erhöhte Rückzahlung der LAG-

Darlehen sich nicht auf die Mietberechnung auswirken wird und für die Genossenschaft durchaus tragbar ist. Dazu passt gut, dass die in der Oberen Kreuzäckerstraße Hausnummer 25 neu errichteten dreizehn Wohnungen vorwiegend von Justizvollzugsangestellten bezogen werden.

Im Laufe dieses Jahres muss sich der Aufsichtsrat erstmals mit einem verkehrstechnischen Problem befassen. Da man das in der privat eingerichteten Wilhelmshöher Straße 47 – 55 in Seckbach geltende absolute Fahrverbot aufheben will, berichtet Dr. Riese von den Verhandlungen mit dem Polizeipräsidenten Gerling. Die Polizei verlangt ein Gutachten, um die Voraussetzungen für eine Umwidmung in eine öffentlich-rechtliche Straße zu bestimmen. Nach der Akzeptanz müssen dann die inzwischen neu in die Straßenverkehrsordnung (STVO) aufgenommenen Verkehrsschilder aufgestellt werden. In diesen Besprechungen wird auch mehr und mehr über die zeitliche Belastung der einzelnen Mitglieder gesprochen, die große Zahl der und die Teilnahme an den Sitzungen bemängelt sowie die Zusammenarbeit mit dem Vorstand kritisch gesehen. Gleichzeitig wird anerkannt, dass zwischen 1960 und 1966 das Vermögen von 10 Millionen auf 20 Millionen Mark verdoppelt wurde. Da die

```
---------------------- Stammdaten -------------------------
         ----- Anschriften der Wirtschaftseinheit -----

Grund-WB  LKZ: ---    PLZ: 60435    Ort   : Frankfurt am Main
                                    Straße: Obere Kreuzäcker 25

WT 10     LKZ: ---    PLZ: 60435    Ort   : Frankfurt am Main
                                    Straße: Obere Kreuzäcker 25

WT 20     LKZ: ---    PLZ: 60435    Ort   : Frankfurt am Main
                                    Straße: Obere Kreuzäcker 25

              ----- Beschreibung der Gebäude -----

Grund-WB      1 Mehrfamilienhaus,    13 Wohnungen

             ----- Beschreibung der Wohnungen -----

Grund-WB  Bezugsfertigstellung    :   15.11.1966    Besetzungsrecht: -----
          Ausstattung nach II.BV  : - Bad oder Dusche
                                    - Sammelheizung
          Vermieter trägt Kosten für: - kleine Instandhaltungen

WT 10     Bezugsfertigstellung    :   15.11.1966    Besetzungsrecht: -----
          Ausstattung nach II.BV  : - Bad oder Dusche
                                    - Sammelheizung
          Vermieter trägt Kosten für: - kleine Instandhaltungen

          Die Wirtschaftseinheit enthält 12 Wohnungen mit einer Wohnfläche
          von insgesamt 840,40 qm, davon sind:
              4 Wohnungen zu    78,80 qm (   315,20 qm insgesamt) mit
                3 ganzen Zimmern
              4 Wohnungen zu    76,00 qm (   304,00 qm insgesamt) mit
                3 ganzen Zimmern
              4 Wohnungen zu    55,30 qm (   221,20 qm insgesamt) mit
                2 ganzen Zimmern

WT 20     Bezugsfertigstellung    :   15.11.1966    Besetzungsrecht: -----
          Ausstattung nach II.BV  : - Bad oder Dusche
                                    - Sammelheizung
          Vermieter trägt Kosten für: - kleine Instandhaltungen

          Die Wirtschaftseinheit enthält 1 Wohnungen mit einer Wohnfläche
          von insgesamt 57,60 qm, davon sind:
              1 Wohnung zu      57,60 qm (    57,60 qm insgesamt) mit
                2 ganzen Zimmern

                ----- Bewilligungsbescheide -----

Grund-WB  Behörde: Helaba
                               Datum: 01.05.1966    Nr.: 7202487034
WT 10     Behörde: Helaba
                               Datum: ----------    Nr.: 7202487034
```

Klare und transparente Berechnungsgrundlagen

Grundschulden aber nur von 9 Millionen auf 17 Millionen im gleichen Zeitraum gestiegen sind, zeigt sich hier besonders das sparsame und kostenbewusste Wirtschaften der ehrenamtlich Tätigen in der Genossenschaft der Justizangehörigen dieser Jahre. Die gestiegenen Erträge kommen allen Mitgliedern zugute und können als aktive Wertschöpfung dieser Herren gewertet werden. Da ist es verständlich, wenn zur 18. Mitgliederversammlung im Juli 1967 nur vierundzwanzig stimmberechtigte Mitglieder erscheinen, weil starkes Unwetter den Weg dorthin sehr erschwert hat. Die Genossenschaft der Justizangehörigen ist jetzt ein prosperierendes Unternehmen geworden.

Das Jahr 1967 macht weitere Erneuerungsarbeiten wie die Verstärkung der Stromanlagen und die damit einher gehende Möglichkeit, in die Wohnhäuser Fernseh-Gemeinschaftsantennenanlagen einzubauen, erforderlich. Die sich häufenden Instandhaltungsmaßnahmen stellen die Gremien vor neue Herausforderungen bei der Finanzierung dieser Anlagen ohne die Mieter, die ja gleichzeitig auch Eigentümer der Genossenschaft sind, zu stark zu belasten. Zum Jahresende beschäftigt man sich wieder mit den Plänen für ein Hochhaus in Enkheim, für das im Grundriss zwei Drei- und eine Vierzimmerwohnungen, aber auch eine kleine Einheit von nur eineinhalb Zimmer vorgesehen sind mit zwischen 43 und 88m² Grundflächen. Aber noch gibt es Schwierigkeiten mit einigen Grundstückseigentümern und der Gemeinde, die noch aus dem Weg zu räumen sind. Die Verhandlungen zur Arrondierung führen schließlich zu etlichen Verträgen zwischen einigen Grundstücksbesitzern in Enkheim, der Evangelischen Kirche und zu einem Tauschvertrag mit der Gemeinde Enkheim. Die notarielle Beurkundung zu allen Verträgen wird Anfang 1968 vom Notar Müller-Mamerow vorgenommen.

Im neuen Jahr beschäftigen sich die Gremien vor allem mit den Problemen der beiden geplanten Hochhäuser in Enkheim. Wegen der Kapazität der Heizungsanlagen darf das siebenstö-

20 Jahre Justizbau Frankfurt werden gefeiert, gewohnt bescheiden!

ckige nicht vor dem neunstöckige Hochhaus errichtet werden. Dieser naheliegende Zwang, beide Gebäude gleichzeitig zu bauen, zieht Fragen zur Finanzierung nach sich. Aber es kommt noch dicker: der Gemeindevorstand von Bergen-Enkheim besteht auf einer Konzeption für diese Häuser in Y-Typ-Bauweise. Diese Vorgabe ist ein weiterer Grund, über die Finanzierung intensiv zu beraten, da diese Variante gegenüber den bevorzugten Typen T oder H wesentlich teurer wird. Also werden zusammen mit dem Architekten Geiss der Genossenschaft über Alternativen in der Höhe nachgedacht. Im Mai steht die Stockwerkshöhe mit acht bzw. zehn Etagen fest. Die Finanzierungsentwürfe werden dem Regierungspräsidium vorgelegt. Bei geplanten Baukosten von 140 DM je Quadratmeter ergeben sich ein Volumen von insgesamt zwei Millionen DM und ein Mietpreis von 3,20 bis 4,00 DM.

Ein anderes Problem stellt sich vor allem auch in finanzieller Hinsicht mit der Umstellung von Strom auf Gas im Frankfurter Raum. Mindestens sechshundert Herde müssen über kurz oder lang in den Einbauküchen ausgetauscht werden. Dafür beschäftigt sich der Vorstand mit den günstigsten Angeboten auf dem Markt. Für die Lieferung von mehreren Hundert Oranier-Herden lag ein besonders günstiges Angebot vor und man erwägt, ob man die schon gleich kaufen und auf Halde lagern sollte, da die Umstellung in den einzelnen Objekten nur zeitversetzt erfolgen konnte.

Mitte Mai 1968 ist Herr Meister seit 20 Jahren im Aufsichtsrat und seit 19 Jahren Aufsichtsratsvorsitzender. In der gemeinsamen Sitzung vom 3. Mai 1968 wird dessen Jubiläum von Dr. Riese gewürdigt. Dies und die Tatsache des nun schon zwanzigjährigen Bestehens der Genossenschaft ist ein guter Anlass für eine Omnibusfahrt ins Grüne mit einem geselligen Beisammen im Anschluss. Dass hierbei die Damen der Herren von Vorstand und Aufsichtsrat dabei sind, soll auch eine Anerkennung für den Verzicht der Ehefrauen auf ihre oft ehrenamtlich mehr Zeit für die gemeinsame Sache als in den Familien verbringende Männer sein. Damit auch die tüchtigen Handwerker aus dem Angestelltenbereich berücksichtigt werden, findet im Tivoli in der Darmstädter Landstraße in der folgenden Woche ein Hausmeistertreffen statt.

Die guten Ergebnisse der Bautätigkeit und die beispielhaften Finanzierungen zu vorteilhaften Bedingungen haben zur Folge, dass sich diese einfache und transparente Möglichkeit zu Wohnraum zu gelangen nicht nur unter den Justizangehörigen sondern auch bei anderen in der öffentlichen Verwaltung Beschäftigten weit herum gesprochen hat - in ganz Hessen und den anliegenden Regionen von Bayern und Rheinland-Pfalz. Die hohe und stetig wachsende Mitgliederzahl verursacht steigenden Aufwand für die Mitgliederinformation. Deshalb wird beschlossen, die Einladungen zur Mitgliederversammlung mit den wichtigsten Eckdaten in einer Anzeige in einer Frankfurter Zeitung zu veröffentlichen. Die dafür erforderliche Satzungsänderung wird auf der folgenden Mitgliederversammlung im Juli 1968 aber nicht vollzogen, weil man eine noch sparsamere Methode gefunden hat, nämlich die Einladungen rechtzeitig mit einer Frist von mindestens zwei Wochen durch die Hausmeister in die Briefkästen der Mieter stecken zu lassen. Mit dieser Methode des Briefeinwurfs wurde auch schon für diese Mitgliederversammlung eingeladen, auf der aber nur 37 stimmberechtigte Mitglieder der Genossenschaft erscheinen. Das veranlasste den Genossen Kretschmann, Mieter in der Buchwaldstraße, zu der Anregung, die Mitgliederversammlungen künftig etwas attraktiver zu gestalten. Auf den Einwand gegen diesen gut gemeinten Vorschlag des Rechtsausschussmitglieds Seckel, stellt der Genosse Kretschmann klar, er wolle niemanden aus Vorstand und Aufsichtsrat angreifen, denn alle wüssten ja, **„dass unsere Genossenschaft die sparsamste in der Bundesrepublik ist!"** Das sorgte zwar im Vorstand ob der unerwarteten Widerrede für einige Verwirrung aber auch für Stolz, da dieses Mitglied Beschäftigter des Bundesrechnungshofs ist und in der Tat weiß, wovon er spricht. Mit dem schmunzelnden Zuspruch der Versammlung ist dieses Thema aber wieder weg vom Tisch – und es wird weiter zielstrebig gespart.

Im August sind die Vorbereitungen für das Bauprojekt >Leuchte< in Enkheim abgeschlossen und der Vorstand überzeugt sich bei einer Begehung des Grundstücks Anfang des Monats, dass die Baugrube bereits abgesteckt ist. Schon Anfang Dezember ist der sechste Stock errichtet und der Bau macht schnell Fortschritte. Im Ausblick auf die geplanten Flachdächer werden aber auch Schwierigkeiten vorhergesehen, auf die man sich rechtzeitig einstellen will. Der Vorstand ist ansonsten sehr zufrieden mit der Entwicklung der Tauschgeschäfte bei den Grundstücken mit der Gemeinde Bergen-Enkheim insgesamt.

Aber es gibt auch Probleme wie mit der öffentlichen Waschküche in der Buchwaldstraße sowie den Münzwaschmaschinen im Lettigkautweg zu lösen. Eine andere Herausforderung bietet die Entscheidungsfrage, ob man angesichts der von den Stadtwerken an die Einfamilienhausbesitzer ›Am Atzelberg‹ ergangenen Anfragen hinsichtlich einer Neuregelung der Trinkwasserversorgung in Frankfurt nun die Wasserversorgungsgemeinschaft zwischen Genossenschaft und Einfamilienhausbesitzern auflöst und auf eine neue Grundlage stellt. Mit zahlreichen ungeklärten Fällen beendet man das 21. Jahr des Bestehens.

Das neue Jahr beginnt dagegen mit einer ungeklärten Personalfrage. Da die Büroarbeit stetig steigt, müssen die beiden langjährigen Arbeitskräfte durch eine dritte Angestellte bei der Bewältigung der Verwaltung und Buchhaltung unterstützt werden. Eine Entscheidung wird aber vertagt. Auch hier zeigt sich der extreme Sparsinn bei Vorstand und Aufsichtsrat. So wird auch verständlich, warum im Februar 1969 mit dem Genossenschaftsmitglied Pleines, dem Inhaber eines Elektrofachgeschäfts, für die Dauer von zwei Jahren Rechtsgeschäfte zur kontinuierlichen Instandsetzung und Ausführung von Installationen in den Wohnungen bis zur Höhe von 150.000 DM beschlossen und vergeben werden.

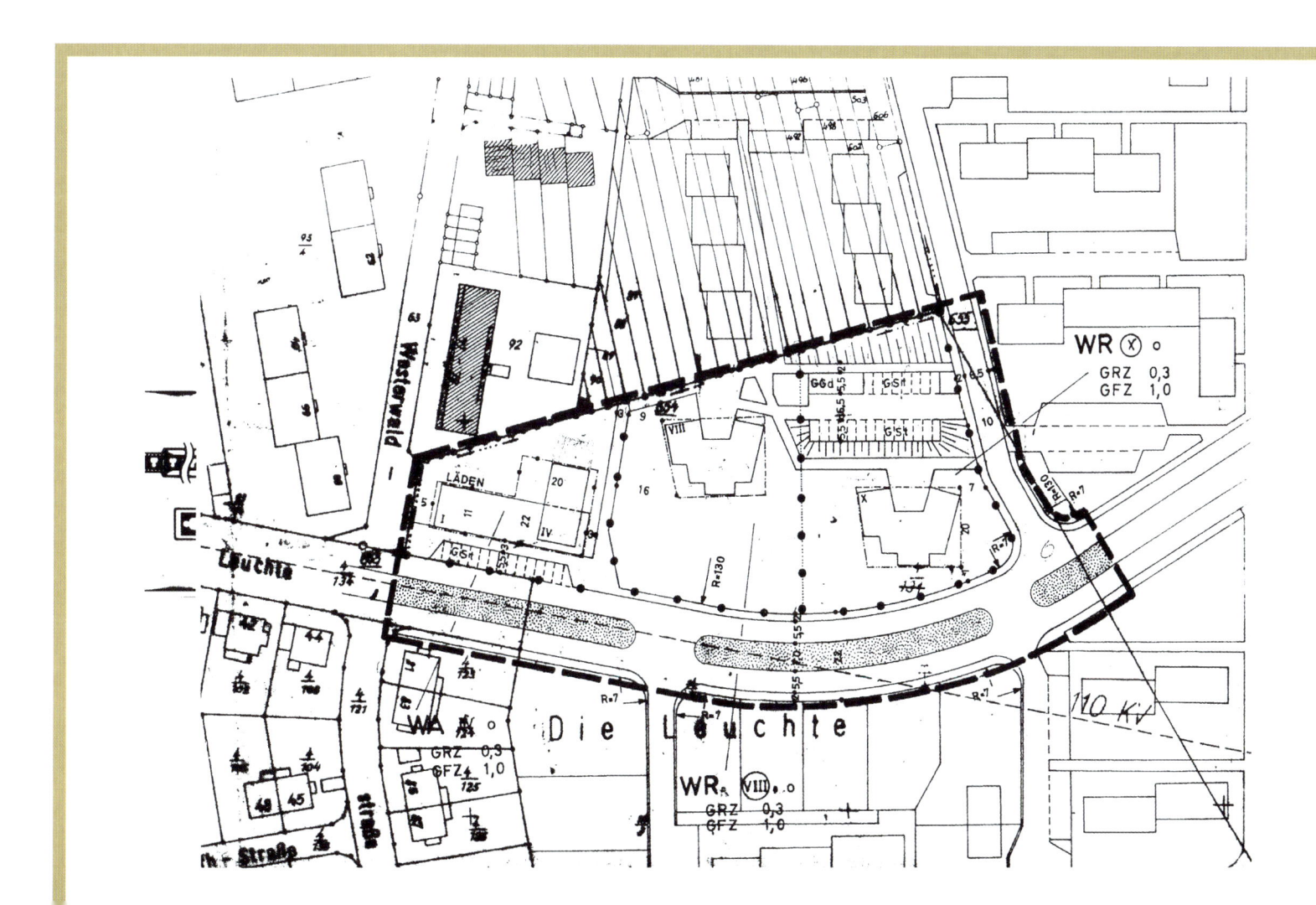

Förderung genehmigt, aber...

```
Der Regierungspräsident Darmstadt         (62) Wiesbaden, den  14. Mai  19 68
in Wiesbaden                                   Taunusstraße 21 · Telefon 3 90 55
Abwicklungsstelle Wiesbaden
III 3d(t)-5-Nr.324/68                      Sprechtage: Dienstag, Mittwoch, Donnerstag
                                                      von 8.30 — 11.30 Uhr
In der Antwort bitte vorstehendes
Geschäftszeichen u. Datum angeben

An die
Gemeinnützige Wohnungsbaugenos-          Gejuba Ffm.
senschaft der Justizangehörigen          16. MAI 1968
Frankfurt (Main) E.G.M.B.H.
                                         4/2    wo
6 Frankfurt (Main) - 7o
Lettigkautweg 35

Betr.: Wohnungsfürsorge für Landesbedienstete;
hier: Gewährung eines staatl.Arbeitgeberdarlehens für ~~Ihr~~
      Bauvorhaben in Bergen-Enkheim "Leuchte" ~~mit 32 WE~~
      I. Bauabschnitt mit 32 WE
Bezug: Ihr Schreiben vom 26.4.1968
Anl.: 1 Vordruck

Sehr geehrte Herren!

In Beantwortung Ihres o.a. Schreibens teile ich Ihnen mit,
daß ich die Förderung Ihres Bauvorhabens in Bergen-Enkheim,
"Leuchte" mit 32 WE in das Bauprogramm 1968 eingeplant habe.

Ich bitte, zu gegebener Zeit den kompletten Antrag einzurei-
chen.

Bei den 8 WE, die unter 50 m² Wohnfläche haben, kann mit
einer K-Hypothek von nur 4 000,- DM je WE gerechnet werden.
Hierdurch wird die Umstellung des von Ihnen vorgesehenen Fi-
nanzierungsplanes erforderlich.

Ich gebe deshalb in der Anlage den vorgelegten Antragsvordruck
nochmals zurück und bitte, bei der Änderung des Antrages fol-
gendes zu beachten:

    1. Förderungsbetrag je WE = höchstens 31 000,- DM
       staatl.AGD + K-Hypothek von 8 000,- bzw. 4 000,- DM
    2. Miete für die 1 ½ Zimmerwohnungen 4,- bis 4,2o DM/m²
       für die übrigen Wohnungen 3,2o DM/m² u. Monat.

                          Mit vorzüglicher Hochachtung
                                Im Auftrage
                                (Ruhl)
```

Im Juni erfolgt eine weitere Besichtigung des Bauprojekts ›Leuchte‹ in Enkheim. Der gute Gesamteindruck versetzt die Verantwortlichen in eine positive Stimmung und lässt sie ein weiteres Neubauprojekt in Preungesheim tatkräftig angehen, wo vierzig weitere Wohnungen im Erbbaurecht entstehen sollen. Im Mai 1969 steht eine Satzungsänderung auf der Agenda von Vorstand und Aufsichtsrat. Auf Anregung des Prüfungsverbandes soll der §13, I der Satzung durch einen zweiten Satz geändert werden, der der Genossenschaft mehr Flexibilität bei der Vermietung des wachsenden Bestands aber auch bei der Beschäftigung von neuem Personal ermöglicht. Der Satz lautet: ‚In besonderen vom Aufsichtsrat ausdrücklich genehmigten Fällen kann im Interesse der Genossenschaft eine Wohnung auch an Nichtmitglieder ohne Abschluss eines Dauernutzungsvertrags vermietet werden (vornehmlich Hausmeister)'. In diesem Zusammenhang beschließen die Gremien gemeinsam auch noch, dass gemäß § 27 der Satzung der Vorstand ermächtigt wird, bei Neuvergabe von Wohnungen die Anzahl der Genossenschaftsanteile zugrunde zu legen, die bei Neubauten Anwendung finden, wobei allerdings Alter und Ausstattung der Wohnungen jeweils zu berücksichtigen sind.

Die **20. Mitgliederversammlung** im Juli 1969 wird von 53 stimmberechtigten Mitgliedern besucht, denen Aufsichtsratschef Meister aus Zeitgründen (hier zeigt sich, dass man bemüht ist, Langeweile aus der MV zu nehmen) vorschlägt, nur die wesentlichen Ergebnisse des ausführlichen Jahresabschlusses zu verlesen. Obwohl die Bilanzsumme inzwischen auf 23 Millionen DM angestiegen ist, liegt der Gewinn im bisherigen Rahmen von knapp 8000 Mark. Die Satzungsänderung hinsichtlich der Vermietung auch an Nichtmitglieder wird mehrheitlich zugestimmt.

Das neue Jahr stellt die Gremien vor die Frage, ob man allen Inhabern von Genossenschaftswohnungen eine einheitliche, stark verkürzte Fassung der Hausordnung überlassen soll. Der Rechtsausschuss des Aufsichtsrats wird mit der Prüfung der juristischen Aspekte des Tatbestands beauftragt. Ein weiterer Prüfantrag wird an den Bauausschuss zur Abschätzung der Dringlichkeiten im für 1971/72 geplanten umfangreichen Arbeitsplan für die Instandsetzung geleitet. Im März werden die Vorstandsbezüge neu geregelt: ab 1. Januar 1970 sollen die Vorstände einheitlich pauschal 850 DM erhalten, und zwar mit 14 Zahlungen. Damit sind sämtliche Beteiligungen an Sitzungen sowie zusätzlichen Arbeiten im Zusammenhang mit den Bilanzabschlüssen und ähnlichen Aufgaben abgegolten.

Auf der **21. Mitgliederversammlung** begrüßt Herr Meister trotz einer gewachsenen Zahl an Genossen in diesem Jahr nur 39 stimmberechtigte Mitglieder. Wie im letzten Jahr werden die Regularien auf die wichtigsten Informationen beschränkt. Die Bilanzsumme ist erneut gestiegen, und zwar auf 24,6 Millionen Mark. Ein spezielles Problem vieler Bewohner betrifft die Nutzung der Rasenflächen für spielende Kinder. Da dieses Problem auch andere Vermieter betrifft, will man das Ergebnis eines Prozesses gegen die Neue Heimat in dieser Sache abwarten. Speziell zu diesem Problem wird deshalb ein Schreiben an die betroffenen Nutzungsberechtigten in Bergen-Enkheim verschickt

Dr. Riese: Lange Jahre im Aufsichtsrat und von 1975 – 1980 sein Vorsitzender trotz all seiner Verpflichtungen als Richter am Landgericht Frankfurt

(siehe im Anhang). Dem Thema widmet man im September 1970 eine Sitzung im Aufsichtsrat, die von Dr. Riese geleitet wird.

Weitere Probleme des Jahres zeigen sich nach der ersten Kündigung einer Angestellten - von Frau Müller nämlich im Oktober 1970 - zum einen in der Unterbesetzung im Bereich Buchhaltung und Verwaltung, sowie der Frage, ob man eine maschinelle Buchhaltung einsetzt oder die formalen Arbeiten an einen Partner außerhalb wie beispielsweise der Bau- und Bodenbank vergibt. Die Lösung des Problems wird auf das folgende Jahr vertagt. Aufgrund einer Bewerbung, wird mit Frau Johanna Neher

– bisher selbständige Buchhalterin - dann doch ein Dienstvertrag ab 2.1.1971 geschlossen, der die benötigte Entlastung für die Buchhalterin Weise bringen soll. Beachtlich gestiegen sind die Tarifgehälter: wegen einer Beschäftigung in mehr als 12 Berufsjahren stehen der neuen Mitarbeiterin nach dem Tarif V nun 14 Monatsgehälter von je 1.637 DM zu. Da nach einer Abschätzung auch für dieses Jahr mit einem befriedigenden Ergebnis zu rechnen ist, genehmigt sich der Aufsichtsrat ein persönliches Weihnachtsgeld von 300 Mark je Mitglied des Gremiums. Der Vorstand beschließt eine neue Vergütungsordnung für die Hausmeister ab Januar 1971.

In der vorletzten gemeinsamen Sitzung von Vorstand und Aufsichtsrat des Jahres 1970 werden Anfang Dezember Herr Singer für 20 Jahre und Herr Blum für 15 Jahre Mitgliedschaft im Aufsichtsrat geehrt. Das Jahr endet für die Gremien mit zwei wichtigen Entscheidungen: zum einen sieht man sich erstmals vor die Entscheidung gestellt, eine Ausnahmegenehmigung für den Bau einer Gas-Etagenheizung im Lettigkautweg zu genehmigen, weil zwei ältere Damen nicht mehr in der Lage sind, die Kohlen aus dem Keller in die Wohnung zu tragen; zum anderen genehmigt man, eine Bauvoranfrage zum Bau eines 12-geschossigen Wohnhauses an die Stadt Bergen-Enkheim, das Projekt Leuchte II, zu richten. - Die Etagenheizung wird mit der Maßgabe einer Mieterhöhung ab Betriebsbeginn genehmigt. Für das Projekt Leuchte II wird ein Vorvertrag zur Erstellung mit einer Pauschalsumme von 1,6 Millionen inklusive Mehrwertsteuer mit der Frankfurter Firma Richter und Schädel geschlossen.

Kurz und bündig: ein Auftrag über 1,6 Mio. zum Jahresende mit ein paar Zeilen. Das war so nur in der Justizbau möglich!

Prof. Seckel seit 1963 im AR, dann mehr als 20 Jahre im Vorstand vorbildlich aktiv bis Ende 1992

Mitte Januar 1971 steht die Wahl eines neuen Vorstands an. Da Herr Zimmermann seine Wiederwahl abgelehnt hat, werden Herr Singer und Herr Wößner wiedergewählt; neu hinzu kommt Herr **Seckel**. Um einen regulären Geschäftsbetrieb auch im Ehrenamt zu gewährleisten, erklärt sich Herr Singer bereit, die Geschäftsstelle im Lettigkautweg 35 täglich am Vormittag zu besuchen. Die beiden anderen Vorstände stehen dem Büropersonal – bestehend aus der Buchhalterin Neher und der Angestellten Bonnkirch, dem >Mädchen für Alles< - nach Absprache entweder nachmittags nach vier Uhr oder samstags einen halben Tag zur Verfügung. Von diesem kleinen Team werden damals bereits 847 Wohneinheiten verwaltet. Herr Wößner wird einstimmig zum Vorsitzenden des Vorstands gewählt. Die Wahlperiode für den neuen Vorstand beginnt am 1. Februar 1971.

Nach letzten Besprechungen zwischen dem Architekten Geiß und Mitgliedern des Bauausschusses werden die Fakten für das Projekt Leuchte II ermittelt: das zwölfgeschossige Gebäude soll laut Planung 48 Wohneinheiten und eine Hausmeisterwohnung haben, sowie Abstellräume im Erdgeschoss; anstelle der bisher benutzten Putzfassade soll eine Plattenfassade (im Gespräch ist Eternit) geprüft werden; laut Finanzierungsplan kann der Preis je Quadratmeter umbauten Raums voraussichtlich bei 175 DM und die Finanzierung bei 3,75 DM je Quadratmeter gehalten werden. Schließlich richtet sich die volle Konzentration auf die allgemeinen Kostensteigerungen im Baugewerbe, die man nicht mitmachen will und deshalb auf verbindlichen Verträgen besteht.

Da die Sitzungsgelder seit 1968 unverändert geblieben sind, wird in einem Beschluss von Vorstand und Aufsichtsrat eine Erhöhung auf 35 DM rückwirkend ab Jahresbeginn 1971 festgelegt. Begründet wird diese mit den gestiegenen Kosten bei einem Aufwand pro Sitzung von etwa drei bis fünf Stunden. Die ohnehin bescheidene Aufwandspauschale für den Aufsichtsratsvorsitzenden Meister wird rückwirkend zum Jahresbeginn 1971 auf 100 Mark beschlossen. Dennoch muss auch die Büroarbeit in Verwaltung und Mieterbetreuung kritisch gewürdigt werden, was schließlich doch zu einer Neueinstellung einer Stenokontoristin führt. Doch selbst mit drei angestellten Mitarbeitern bei einem ehrenamtlichen Vorstand ist der zu bewältigende Aufwand immens und man kann heute ermessen, was die drei Damen damals zusammen mit den drei Herren des Vorstands bewältigen mussten. Und sie waren erfolgreich!

In der Mitgliederversammlung im Juni 1971 werden die Regularien zügig abgehandelt und dem Vorstand insgesamt lobend Entlastung erteilt. Beachtenswert ist die erneut auf 26 Millionen DM gewachsene Bilanzsumme und einem auf mehr als achteinhalb Tausend DM gestiegenen Reingewinn, der wieder der Rücklage zugeführt wird. Die Nachwahl von Justizamtmann **Roser** und die Bestätigung der Herren Hielscher und Jordt als wiedergewählte Aufsichtsratsmitglieder gehen auch diesmal glatt über die Bühne. Abgelehnt wird dagegen nach einer heftigen Debatte über die Mindestzahl der Vorstandsmitglieder eine entsprechende Satzungsänderung des § 20, weil die erforderliche Mehrheit von zwei Dritteln der anwesenden Stimmen nicht erreicht wird. Zur Versöhnung dieser hitzigen Versammlung führt sodann die Dankesrede des Aufsichtsratsvorsitzenden Meister für das nach mehr als 20 Jahren ausscheidende Vorstandsmitglied Zimmermann mit großem Lob für die geleistete Gremienarbeit, die einhellig mit Beifall der anwesenden Genossen und Genossinnen bestätigt wird.

> **Doch selbst mit drei angestellten Mitarbeitern bei einem ehrenamtlichen Vorstand ist der zu bewältigende Aufwand immens und man kann heute ermessen, was die drei Damen damals zusammen mit den drei Herren des Vorstands bewältigen mussten. Und sie waren erfolgreich!**

In den verbleibenden Monaten des Jahres 1971 muss sich der Vorstand mit den beträchtlich gestiegenen Straßenreinigungs- und Müllabfuhrgebühren der Stadt Frankfurt und den daraus resultierenden neuen Umlagen – sprich Nebenkostenerhöhungen - für die Mieter der Wohnungen befassen. Dazu kommt aus Gründen der Verwaltungsvereinfachung eine Neugestaltung der Wasserabrechnung nach genutzten Quadratmetern je Wohnung, die den Vorstand über das Jahresende hinaus beschäftigt (siehe dazu die **Anlagen 02** - Umlegung des Wassergeldes vom 8.10.1971 und **03** - Abrechnung Wasser vom 20.10.71). Auch fordert der Bauausschuss für die Abnahme von Wohnungen, die einen Zeitaufwand von bis zu zwei Stunden bedeuten eine höhere Vergütung je Fall als acht Mark. Eine neue Personalie muss ebenfalls umgesetzt werden: ab 1. August 1971 wird Frau Marlies Kullmann als Verstärkung für die Verwaltung mit einem Werkvertrag eingestellt. Zudem wird für die Reinganumstraße ein Zuschuss für die Anschaffung von Gasherden gewährt, da nach einer Umstellung auf Erdgas die neu notwendig werden Gasherde nicht von der Genossenschaft gestellt werden, sondern im Eigentum der Mieter verbleiben und von denen auch angeschafft werden sollen. Letztendlich geht es zum Jahresende nach dem Ausscheiden von Frau Müller um die Frage des Einsatzes von Maschinen für die gesamte Finanzbuchhaltung und/oder nur die mechanische Mietbuchhaltung. Immerhin hat der Vorstand zunächst einmal neue elektrische Olivetti-Schreibmaschinen angeschafft. Eine abschließende Entscheidung für den maschinellen Buchhaltungseinsatz wird vertagt. In der letzten gemeinsamen Sitzung von Vorstand und Aufsichtsrat des Jahres 1971 wird die Vorstandsvergütung ab 1972 einstimmig auf 950 DM angehoben. Damit wird den stetig steigenden Kosten und der allgemeinen knappen Personallage Rechnung getragen.

In 1972 stehen umfangreiche Renovierungs- und Instandsetzungsarbeiten an: **die Treppenhäuser** in der Obere Kreuzäckerstraße 11 – 23, der Platenstraße 129, 133 und 137 sowie Eckenheimer Landstraße/Kurzröderstraße; **die Außenfens-**

ter in der Buchwaldstraße 35, 35a, 51-55 und in der Wilhelmshöher Straße II. und III. Bauabschnitt; **die Fassaden** der ältesten Gebäude in der Dielmann-/Steinhausenstraße in Sachsenhausen sowie im Lettigkautweg. Die Kosten belaufen sich bei den Außenfassaden auf 289.000 DM. Dazu kommen auch noch 31.800 DM für die Flachdacherneuerung in der Feldgerichtstraße. Das hat zur Folge, dass alle bis Ende 1965 bezugsfertigen Wohnungen mit einer Mietpreiserhöhung infolge der gestiegenen Umlagen zu rechnen haben (siehe Anlage 04 – Info an Nutzungsberechtigte vom 8.06.72).

Ein neuer Geschäftsverteilungsplan des Vorstands macht neue Bezugsregelungen notwendig: die Herren Wößner und Seckel erhalten 1.175 DM im Monat als Gehalt (14-mal zahlbar) und aufgrund seiner eingeschränkten Verfügbarkeit Herr Singer nur noch 500 DM Gehalt ab 1. März 1972. Personal- und Vergütungsfragen beschäftigen die Gremien auch weiterhin. Obschon Herr Gonzoreck auf eigenen Wunsch kurz vor seinem 10. Jubiläum im Aufsichtsrat ausscheidet, erhält er die Jubiläumsgratifikation von 300 DM. Da auch die ersten Hausmeister auf ein 10-jähriges Jubiläum zurückblicken können, wird die Jubiläumsgabe neu geordnet zwischen 150 DM für 10 Jahre und 250 DM für 20 Jahre Beschäftigung bei der Genossenschaft. Wegen Nachfolgestreitigkeiten im Vermietungsbereich soll das Formular (nach §§ 20 II) für die Nutzungsverträge überarbeitet und künftig auch sorgfältiger ausgefüllt werden. Herr Wößner wird für seine nun fünfzehn Jahre währende Mitarbeit geehrt.

An der diesjährigen Mitgliederversammlung nehmen am 30. Juni 1972 nur 29 Mitglieder teil. Da keine besonderen Themen außer den standardmäßigen Regularien wie die Abstimmung über die Verwendung des Reingewinns und die Genehmigung des Jahresabschlusses 1971 sowie die Entlastung der beiden Gremien anstehen, kann der Aufsichtsratsvorsitzende Meister diesen Umstand nur bedauern und für eine zügige Abwicklung sorgen. Bei den Personalien gibt es auch keine Überraschungen, da Herr Meister als Aufsichtsratschef einstimmig wiedergewählt wird und für die satzungsgemäß ausscheidenden AR-Mitglieder Dr. Schnitzerling und Gonzoreck,

Dr. Schnitzerling
Urgestein seit 1951 zuerst im Aufsichtsrat, später auch im Vorstand

der aus Altersgründen ganz ausscheidet, sodann zwei neue Mitglieder aus dem Genossenschaftskreis nachfolgend in den Aufsichtsrat gewählt werden können. Es sind dies erstmals Herr Regierungsrat **Thies** und der Elektro-Ingenieur **Woydich.**

Die konstituierende Sitzung des neuen Aufsichtsrats erfolgt Mitte Juli in einer gemeinsamen Sitzung von Vorstand und Aufsichtsrat. Da man die Kenntnisse von Dr. Schnitzerling solange als möglich nutzen will, wird ihm eine Funktion im Vorstand angeboten, die er für eine geringe Vergütung von 150 DM pro Monat übernimmt. Die Sitzungsgelder betragen für Aufsichtsratsmitglieder ab Juli 40 DM. Herr Wößner informiert über das Bauvorhaben in Frankfurt-Oberrad wo neben vier Wohnhäusern auch 16 Garagen errichtet werden können. Da man mit der Schreibkraft zufrieden ist und die Arbeitslast immer größer wird, will man Frau Schuchardt einen tariflichen Arbeitsvertrag geben. Da sich im kommenden

Carl Thies, Aufsichtsrats-und Vorstandsmitglied

Jahr das 25. Jubiläum der Genossenschaft ankündigt, beginnen die Gremien mit einem ersten Gedankenaustausch zur Gestaltung einer würdigen Gedenkfeier. Bis zum Jahresende ist man mit dem Projekt Leuchte II beschäftigt und hofft, dass die Handwerker termingerecht mit diesem Projekt einer höherwertigen Ausstattung auf modernem Stand der Technik fertig werden, damit bereits Ende November mit den ersten Einzügen in Etappen begonnen werden kann. Gelobt wird sowohl die handwerkliche Qualität wie zum Beispiel die der aus Marmor gefertigten Fensterbänke und der Edelstahlspülen in den Wohnungen als auch die Termintreue aller Beteiligten.

Zum Jahresende 1972 fallen noch einige zukunftsweisende Entscheidungen in den Gremien. Wohnungen, die nach dem II. Wohnungsbaugesetz bezuschusst worden sind, sollen bei Neuvermietung jeweils einen Anteil zu 160 DM mehr zahlen (betrifft alle Bauten ab Ginnheim, die also ab Mitte 1957 errichtet wurden). Begründet wird diese Entscheidung mit den Unzuträglichkeiten durch eine Verrechnung der Wohnungsbauprämien, die zum Teil erst 18 Monate nach Antragstellung ausgezahlt würden. Deshalb sollten die Mieter diese selbst geltend machen und so eine Entlastung für den zusätzlichen Geschäftsanteil erlangen. Die neue Regelung wird zum 1. Januar 1973 in Kraft gesetzt.

Das neue Jahr 1973 beginnt sodann mit unabwendbaren Personalien: Herr Singer legt zum Ende Januar nach 22 Jahren Tätigkeit für die Genossenschaft sein Vorstandsmandat nieder. Er bietet den Gremien aber an, gerne für gezielte Aufgaben zur Verfügung zu stehen. Zu seiner Nachfolge tritt Herr Dr. Schnitzerling an. In Düsseldorf stirbt der Baumeister Richter, an dessen Trauerfeier der Aufsichtsratsvorsitzende Meister teilnimmt. Zum 25-jährigen Jubiläum der Genossenschaft wird eine angemessene Feier mit einem Personenkreis von etwa fünfzig Personen geplant. Die Feier findet am 3. März 1973 im Hotel Waldeslust in Oberursel statt.

Das 25. Geschäftsjahr ist besonders günstig verlaufen und hat einen Jahresüberschuss von 159.000 DM gebracht. Davon werden der freien Rücklage 150 TDM und der gesetzlichen 8.884,37 DM zugeführt. Dazu geben alle 46 stimmberechtigten Mitglieder in der 24. Mitgliederversammlung am 24. August 1973 ihr Plazet. Herr Meister gibt bekannt, dass er nun seit der Gründung die Genossenschaft verantwortlich leitet und wird dafür hoch gelobt. Insbesondere macht dies aus dem Mitgliederkreis ein Herr Hofmann aus dem Lettigkautweg 35, der gleichzeitig allen Mitgliedern von Vorstand und Aufsichtsrat für die langjährige erfolgreiche Arbeit zum Segen der Genossenschaftsmitglieder seinen herzlichen Dank ausspricht, welcher vom Applaus der Versammlung noch lange geteilt und bestätigt wird. In der vorausgegangenen Wahl wurden ohne Gegenkandidaten die Herren Dr. Riese, Blum und Pusch wiedergewählt.

Zur Erleichterung der Buchhaltung werden ab Oktober die Nutzungsgebühren im Lastschriftverfahren von der EDV-

Treuhand eingezogen, die auch für die Mietenbuchhaltung verantwortlich ist. Das Jahr wird geprägt durch die umfangreiche Fortsetzung der Sanierungs- und Renovierungsarbeiten in der Dielmannstraße und der Steinhausenstraße, die bis Ende Oktober abgeschlossen sein sollen. Diese können aus den vorhandenen liquiden Mitteln gezahlt werden und wegen der korrekten Überwachung und Sparsamkeit der Finanzen insgesamt ist für das laufende Jahr wieder mit einem Überschuss zu rechnen. Deshalb plant man zum Erhalt der Gebäude - und damit einer Wertsicherung mit potentieller Wertsteigerung - eine Fortsetzung der Maßnahmen für das kommende Jahr bei anderen Objekten in der Größenordnung bis 700 TDM. - Die auf Antrag von Herrn Dr. Schnitzerling aufgebesserten Bezüge für den Vorstand sollen ab 1974 bei vierzehnmaliger Zahlung 1500 DM für die Herren Wößner und Seckel betragen und 750 DM für ihn selbst. Infolge der rapide steigenden Lebenshaltungskosten wird dieser Vorschlag jedoch durch eine realistische Neuregelung mit 1610 DM, resp. 850 DM für Dr. Schnitzerling vom Aufsichtsrat korrigiert und einstimmig so festgelegt.

Dann überschlagen sich erstmals die Ereignisse durch Einflüsse von außen. Wir erinnern uns: durch den Jom-Kippur-Krieg zwischen Israel und seinen Nachbarn kam es zu schweren Auswirkungen bei der Erdölförderung und damit seit Anfang November 1973 zum 1. Ölpreisschock. Um ganze 25% drosselten die arabischen Erdöl-Förderländer die Produktion - und wir Deutschen mussten wie viele Europäer auch in anderen Staaten damals die Einführung von Tempolimits und autofreie Sonntage hinnehmen.*

*Fn: *Da der Autor dieser Dokumentation genau mit Beginn der ersten Drosselung von 25% seinen dreißigsten Geburtstag am 17. Oktober 1973 feierte, kann er sich noch gut an diese Tage und Wochen erinnern; sein Glück: er und seine Frau hatten je ein Fahrzeug mit einer unterschiedlichen Endziffer auf dem Nummernschild ihrer Dienstfahrzeuge; so konnten sie doch an einigen Tagen bei eingeschränktem Fahrverbot wenigstens einen Pkw nutzen!*

> **Zur Erleichterung der Buchhaltung werden ab Oktober die Nutzungsgebühren im Lastschriftverfahren von der EDV-Treuhand eingezogen, die auch für die Mietenbuchhaltung verantwortlich ist.**

Nicht zu vergessen: In den Jahren 1973 bis 1980 verfünffachte sich der Rohölpreis, was eine verstärkte Investition der Politik in Atomkraftwerke bewirkte und den Ausbau der Kohlevergasung. Diese schwierigen Bedingungen und nicht absehbaren Entwicklungen der Energieversorgung zwangen auch die Gremien der Genossenschaft zum Jahresende zur Überlegung und Vorbereitung der Entscheidung, die Sammelheizungen auf Erdgas umzustellen. Herr Jordt will deshalb zu Beginn des neuen Jahres Angebote von den Maingaswerken einholen. Im Zusammenhang mit dieser Problematik soll auch die Höhe der Heizkostenvorschüsse durch die Mieter geprüft werden. Eine weitere Folge der Benzinpreiserhöhungen ist eine Anpassung der Fahrtkostenzuschüsse mit dem eigenen Pkw an die Vorstände, die dem nun steuerfreien Betrag der Finanzbehörde von 32 Pfennig je Kilometer angepasst werden. Die Aufsichtsratsmitglieder erhalten als Ausgleich für ihre Fahrtaufwendungen eine Pauschale von drei DM pro Monat. Das erfolgreiche 25. Jubiläumsjahr endet mit der Gewährung einer Weihnachtsgratifikation für die Aufsichtsratsmitglieder von 400 DM. Und die bemerkenswerte Meldung zum Jahresende 1973 ist die Neuaufnahme des 1930sten Mitglieds.

Das Jahr 1974 bringt weitere neue Regelungen: Die Telefonvergütung wird für alle Vorstandsmitglieder einheitlich auf 25 Mark festgelegt. Die fest angestellten Mitarbeiter werden nach Manteltarifvertrag bezahlt und die Wochenarbeitszeit beträgt 40 Stunden. Die monatliche Stundenzahl wird auf 170 Arbeitsstunden konkretisiert, sodass bei der Überstundenbezahlung jeweils 1/170tel angerechnet wird zuzüglich einem Zuschlag von 25 Prozent. Auch werden die Arbeiten am neuen Kontenrahmen für die Buchhaltung vorangetrieben. Herr Thies ist hier federführend tätig. Parallel dazu macht Herr Wößner für vierzehn Objekte die Wirtschaftlichkeitsberechnungen mit dem Ergebnis, dass bei einem großen Teil der Mieter die Nutzungsgebühren zum 1. Mai 1974 erhöht werden müssen. Dabei spielen zunehmend die steigenden öffentlichen Abgaben eine Rolle. Anfang 1974 wird auch - ohne vorliegende Kenntnisse über die Größenordnung - eine merkliche Erhöhung des Grundsteuermessbetrags durch die Stadt Frankfurt erwartet. Der Vorstand ist wachsam!

Zu Jahresbeginn wird ein weiteres Sanierungs- und Instandsetzungsprogramm eingeleitet, wobei neben der Fassaden-Erneuerung sowie den Anstrichen von Fenstern, Türen und Balkonen vor allem die Umstellung von neun Ölsammelheizungen auf Erdgas ins Gewicht fällt. Die Malerarbeiten durch die Firma Ochs führen schon im Februar zu Beanstandungen und müssen reklamiert werden. Auch gibt es erste Mängelanzeigen im Hochhaus in der Leuchte, wo die Mieter über eine schlechte Luft im Treppenhaus klagen. Hier muss die Entlüftungsanlage nachgebessert werden. Bei der Nachprüfung stellt sich heraus, dass die Firma Schäfter & Sohn offensichtlich einen Fehler bei der Verlegung der Entlüftungsleitungen gemacht hat. Es erfolgt der Auftrag zur Nachbesserung gemäß VOB. Auch das Aufstellen von Verbotsschildern in den Grünflächen, die missbräuchlich genutzt werden, beschäftigt den Vorstand erstmals. Und dann kündigt sich ganz unspekulativ das Ende einer Ära an: Herr Meister - seit nun 30 Jahren für die Genossenschaft tätig - erklärt, dass er aus Altersgründen nicht mehr für den Vorsitz des Aufsichtsrats kandidieren will. Wegen unvorhersehbarer Personalien kann er dies aber erst 1975 umsetzen.

Steigende Professionalität der Verwaltung zeigen weitere Änderungen wie bei der Berechnung der Gehälter für die zahlreichen Hausmeister: die bisher nach Aufwand geschätzten Vergütungen werden künftig nach Schlüsseln für wiederkehrende Tätigkeiten und Verantwortungsbereiche berechnet, die Herr Wößner erarbeitet hat und die mehr Objektivität gewährleisten und damit größere Gerechtigkeit für die Kollegen untereinander bringen sollen. Offene Fragen stellen sich bei der Neu-Vermietung des gekündigten Ladenlokals im Lettigkautweg 29; da die Räume für einen modernen Verkaufsladen zu klein sind, würde der Rückbau in eine vermietbare Wohnung zirka 36 TDM kosten. In einem Kompromiss mit der Schreinerei Helfrich kommt es zu einer künftigen Zusammenarbeit von Handwerker und Genossenschaft im Ausgleich für die Vermietung des ehemaligen Ladengeschäfts an einen von Helfrichs Mitarbeitern. Die Kooperation entwickelt sich erfolgreich, die Vermietung aber scheitert letztendlich aus heute nicht mehr nachvollziehbaren Gründen. Das Thema beschäftigt die Gremien bis weit in den Oktober des Jahres ohne wirklichen Erfolg.

Auf einem weiteren Feld entsteht akuter Handlungsbedarf: angesichts der gewachsenen Größenordnung an Verantwortung der Aufsichtsratsmitglieder für Finanzentscheidungen muss die Frage der Versicherung der einzelnen Aufsichtsratsmitglieder nach dem neuen Haftungsrecht auch gegenüber der Genossenschaft geklärt werden. Über die genossenschaftliche Treuhandgesellschaft werden Vorschläge eingeholt und tragfähige Regelungen getroffen, damit die ehrenamtliche Tätigkeit nicht zum Desaster für die aktiven Mitglieder von Vorstand und Aufsichtsrat werden kann. Schließlich will man wieder ein drittes Vorstandsmitglied einsetzen, das neben der Eignung für dieses anspruchsvolle Amt auch noch genügend Zeit mitbringt für diese Nebentätigkeit. So verwundert es nicht, dass wegen der aus gesundheitlichen Gründen eingeschränkten Verfügbarkeit von Herrn Wößner, beschlossen wird, Herrn Meister gemäß §4 der Geschäftsanweisung Vollmacht als Geschäftsführer zu erteilen. Konsequent verzichtet dieser für die Zeit seiner Bevollmächtigung auf seine Funktionen als Aufsichtsratsmitglied und lässt diese vorläufig ruhen, denn er ist der derzeit am besten Informierte in der Genossenschaft. Dr. Riese übernimmt kurzfristig als sein Stellvertreter kommissarisch den Aufsichtsratsvorsitz.

An folgendem Beispiel lässt sich zeigen, wie nahe Hoffnung und Scheitern der Erwartungen damals beieinander liegen: Herr Seckel erfährt, dass in Preungesheim zwei weitere Wohnblocks errichtet werden könnten, für die der Regierungspräsident je Wohneinheit 60 TDM zur Verfügung stellen will, allerdings gebunden an den Strafvollzug. Gerne wendet man sich dieser Alternative zu, da in Bergen-Enkheim derzeit keine Bebauung mehr möglich ist und die Bauplätze immer rarer werden. Aber schnell wird deutlich, dass man hier nicht zum Zuge kommen kann, da das Land Hessen beabsichtigt, schließlich doch in eigener Regie Dienstwohnungen zu bauen. So werden Hoffnungen enttäuscht!

25 Jahre nach Gründung der Genossenschaft haben die Herren des Vorstands und Aufsichtsrats ebenso wie die Damen in der Verwaltung ein volles Arbeitspensum zu erledigen, das auch von hauptamtlichen Kräften nicht besser hätte bewältigt werden können. Aber allen Beteiligten ist stets bewusst, dass man immerzu an der Grenze der Belastbarkeit agiert und keine unvorhergesehenen Ereignisse oder Ausfälle von Personen eintreten dürfen! Diese Probleme zeigen sich sehr deutlich Ende April bei der plötzlichen Erkrankung des amtierenden Vorsitzenden des Vorstands Wößner, der nach wenigen Wochen noch im Mai 1974 verstirbt, sowie bei der Versetzung von Vorstand Seckel nach Rotenburg/Fulda, der dennoch gegen Kostenerstattung für die Fahrtkosten sein Amt weiterhin zuverlässig ausüben will. Von Verbandsseite steht zudem eine neue Mustersatzung ins Haus, die den modernen Anforderungen an Bau- und Genossenschaftsrecht ebenso wie Genossenschaftsführung und Verwaltung gerecht werden soll – und die künftig auch in Frankfurt umzusetzen sein wird.

Die Folgen des personellen Engpasses zeigen sich deshalb ebenso wie das geringe Interesse seiner Mitglieder an der **25. Mitgliederversammlung vom 21. Juni 1974.** Auch diese wird nur von zirka 2,3 Prozent der genossenschaftlichen Mitglieder besucht, nämlich von genau wieder nur 43 Teilnehmern von mehr als 1900 Genossen insgesamt. Zur Erinnerung: die höchste Beteiligung gab es 1963 mit 65 stimmberechtigten Mitgliedern zur Feier des 15jährigen Bestehens der Genossenschaft! Diese werden diesmal erstmals seit mehr als zwanzig Jahren nicht vom bisherigen Aufsichtsratsvorsitzenden Meister, sondern seinem Stellvertreter Dr. Riese begrüßt. Die Bilanzsumme ist auf beachtliche 29 Millionen DM gestiegen und der Reingewinn beträgt 13 TDM. Alle formalen Abstimmungen laufen ohne Gegenreden zu den Vorschlägen des Versammlungsleiters ab und ermöglichen trotz des Verlesens der Regularien gemäß Genossenschaftsrecht eine zügig abgewickelte Veranstaltung, in der Vorstand und Aufsichtsrat einstimmig Entlastung erteilt wird. Die Herren Jordt und Roser werden erwartungsgemäß wiedergewählt und die Herren **Sander** und **Irle** kommen neu in den Aufsichtsrat – Herr Sander ersetzt dabei Herrn Hielscher; Herr Thies aber, der in den Vorstand berufen werden soll, legt zunächst sein Amt nieder mit dem Hinweis auf einen bevorstehenden Kuraufenthalt. Wichtige Kundgabe wird zum Schluss, dass es derzeit keine neuen Bauvorhaben gibt und für das vergangene und laufende Jahr die Instandhaltung der Gebäude zur Wahrung des Besitzstandes vorrangig war und ist.

Herren Obermann (AR und Vorstand) und Irle (Aufsichtsrat)

In der ersten gemeinsamen Sitzung der beiden Gremien im August wird die geplante Einsetzung eines neuen Vorstandsmitglieds wegen des Kuraufenthalts von Herrn Thies zurückgestellt und im Oktober sodann nachgeholt. Carl Thies erhält ab Oktober eine Vergütung von 700 DM monatlich mit vierzehn Zahlungen pro Jahr. Inzwischen sind die Bezüge von Dr. Schnitzerling für seine nebenamtliche Tätigkeit als Vorstand für die Genossenschaft auf 1.100 DM ab 1. Juli 1974 auf eigenen Antrag angehoben worden. Herr Meister gibt seine Vollmacht im Vorstand zum 3. Oktober 1974 zurück und übernimmt wieder den Vorsitz im Aufsichtsrat. Herrn Hielscher wird für seine 25 Jahre während Mitarbeit mit einer Jubiläumsprämie von 750 DM gedankt. Zur Kostensenkung wird im Vorstand diskutiert, ob die bisher angefallenen Überstunden in der Verwaltung abgebaut werden können, da nach einem Jahr Mietenbuchhaltung durch die EDV-Treuhand das Personal mit den laufenden Aufgaben innerhalb der tariflichen Zeiten auskommen sollte. Zum Jahresende wird bekannt gegeben, dass mit den Main-Gaswerken ein Wartungsvertrag für alle installierten Gasherde abgeschlossen wurde.

Zu Beginn des neuen Jahres 1975 stehen auch diese Themen im Mittelpunkt der Gremien: Welche Rechtsfragen sind bei der Umstellung von Gas auf mietereigene Elektroherde zu berücksichtigen und zu klären? Gleichzeitig stellen sich technische Fragen nach der möglichen Verstärkung von Steigleitungen in den Wohnblocks. So wird beschlossen, dass die Antragsteller selbst für die Kosten der verstärkten Leitungen vom Hauszähler zur Wohnungsabnahmestelle aufkommen müssen.

Positiv wird sodann zur Kenntnis genommen, dass die Bescheide über die Anhebung der Nutzungsentschädigung, die am 1. Januar 1975 in Kraft getreten sind, rechtzeitig im alten Jahr verschickt werden konnten, sodass die erwarteten Erhöhungen der Einnahmen der Genossenschaft auch pünktlich in Kraft treten können. Da sich das neue Vorstandsmitglied Thies gut in die Materie des Vorstands eingearbeitet hat und dazu sehr aktiv ist, wird seine Vergütung auf 1.250 DM erhöht. Doch schon kurz danach tritt Anfang März eine erneute Erkrankung bei ihm auf, die seine Aktivitäten stark beeinträchtigen und schließlich ganz zu seinem Ausfall führen. So muss seine Vergütung schon ab März ausgesetzt werden, wobei er aber bis zur Nachwahl eines neuen Vorstandsmitglieds im Vorstand verbleiben soll. Das endgültige Ausscheiden von Herrn Thies muss schon zu Anfang Juli 1975 wegen amtlich festgestellter Arbeitsunfähigkeit erfolgen. Zum Ausgleich seiner Fehlzeit wird die sofortige Einstellung einer stundenweisen Schreibkraft genehmigt.

Bei der Planung der Instandsetzungsarbeiten mit einem Etat von 300 TDM muss berücksichtigt werden, dass etliche normale Gasherde auf das neue Erdgas umgestellt werden müssen. In Vorbereitung der nächsten Mitgliederversammlung wird Herr **Obermann** als Nachrücker für den aus Altersgründen ausscheidenden langjährigen Aufsichtsratsvorsitzenden Meister vorgeschlagen. Herr Seckel konfrontiert den Aufsichtsrat mit einer Gebührennachforderung der Stadt Frankfurt für das Projekt in Preungesheim in Höhe von 48.000 DM, die bei fruchtlosem Einspruch zu zahlen sind; tatsächlich gelingt es ihm in nachfolgenden Gesprächen dies Schuld auf 14 TDM zu reduzieren. Positiv sind die Aussichten auf einen Überschuss für 1974 von mehr als 225 TDM. Das ist auch wichtig wegen des hohen Abschreibungsbedarfs für die Errichtung des Projekts Leuchte III in Höhe von 95 TDM. Dazu hofft man auf Zinssenkungen im 3. Quartal des Jahres 1975.

Herr Obermann
neu im Aufsichtsrat ab 1975

Die Mitgliederversammlung findet am 13.06.1975 wieder unter dem Vorsitz von Dr. Riese statt, der auch zum neuen AR-Chef gewählt wird. Er kann 41 stimmberechtigte Genossenschaftsmitglieder begrüßen. Die Bilanzsumme für 1974 hat sich nur unwesentlich von 29,4 auf 28,6 Millionen DM verringert; dafür ist aber der Reingewinn um das Zehnfache auf 135 TDM gestiegen, von denen 122 TDM der freien Rücklage zugeführt werden können. Nach unwidersprochener Abstimmung über die vom Aufsichtsrat der Versammlung vorgelegten Entscheidungsvorlagen stehen die Wahlen im Mittelpunkt dieser denkwürdigen Hauptversammlung. Nach der Würdigung der mehr als 25jährigen Tätigkeit des bisherigen Aufsichtsratsvorsitzenden Wilhelm Meister und dessen Verabschiedung in den Ruhestand durch seinen Stellvertreter, Herrn Dr. Riese, werden die Herren Woydich und Irle in ihren Ämtern bestätigt und Herr Obermann neu in den Aufsichtsrat gewählt. Schließlich werden die durch das neue Genossenschaftsgesetz erforderlichen Änderungen der eigenen Satzung einstimmig angenommen.

In der anschließenden konstituierenden Sitzung des neuen Aufsichtsrats wird Herr Dr. Riese zum neuen Vorsitzenden und Herr Irle als Stellvertreter gewählt. Herr Obermann wird dem Rechtsausschuss als Ersatz für Herrn Meister zugeordnet. Schon in der nächsten gemeinsamen Sitzung im Juli 1975 sieht sich das Gremium erstmals mit neuen Problemen aus dem Mieterbereich konfrontiert: in mehreren Fällen wird ein Nachlassen der Bereitschaft zur ordnungsgemäßen Durchführung der festgestellten Arbeiten zur Renovierung der Wohnungen gemäß Mietvertrag erkannt. Es bleibt nun Aufgabe der operativ tätigen Herren vom Vorstand, sich um diese Entwicklung zu kümmern und sie so rasch als möglich zu stoppen.

Vom Bauausschuss wird vermeldet, dass sich die Verhandlungen mit der Stadt Bergen-Enkheim hinsichtlich der anstehenden Tauschverträge für die erwünschten Baugrundstücke positiv entwickeln. Auch billigt der Aufsichtsrat die geplan-

Herren Kaiser, Schnitzerling, Klassert und Prof. Seckel (von links)

insgesamt 40 Stunden pro Woche in der Verwaltung gesenkt werden, wobei dienstags nur bis 14:00 Uhr gearbeitet wird, bei einer täglichen Pause von 30 Minuten in der Mittagszeit. Gleichzeitig wird beschlossen, die Gehälter und Vergütungen an die Aufsichtsratsmitglieder ab 1976 bargeldlos auf ein Konto zu überweisen, und zwar jeweils zum 15. des Monats. Davon ausgenommen sind nur direkte Auslagen der Hausmeister für Benzin, Reinigungsmittel und Gartengeräte, die gegen Vorlage der Quittung direkt erstattet werden. Interessant ist die Festlegung der totalen Gehaltssumme für den Vorstand von 56 TDM für das gesamte Jahr 1976, also circa 18 TDM pro Aktivem im Jahr.

ten Instandsetzungsarbeiten bei den Liegenschaften Buchwaldstraße 45-49, Lettigkautweg 35-37, Obere Kreuzäckerstraße 25 und Siebenbürgenstraße 13-15 in einer disponierten Größenordnung von 315 TDM. Zudem stehen noch in diesem Jahr Verhandlungen mit Herrn Stein vom Regierungspräsidium Darmstadt wegen der Höhe von Genossenschaftsanteilen bei neuen Bauvorhaben an.

Im Oktober definiert man schließlich die Aufgaben eines neuen dritten Vorstandsmitglieds wie folgt: Überwachung der Hausmeister sowie Bearbeitung, Kontrolle und Durchführung kleinerer Reparaturen. Ein Herr Obermann erklärt sich auf Nachfrage bereit, für das Amt zu kandidieren und wird bei einer Stimmenthaltung einstimmig gewählt und eingesetzt. Er erhält zunächst eine monatliche Vergütung von 500 DM und eine Weihnachtszuwendung von 400 Mark. Sein Gehalt wird ab Oktober auf 750 DM erhöht. Durch die Tätigkeit von Herrn Obermann können die Arbeitszeiten auf

Bis zum Jahresende wird deutlich, dass der Haushalt wieder einmal gut verwaltet wurde und die Betriebskosten realistisch und richtig angesetzt worden sind. Es ist mit einem Deckungsüberschuss von circa 25 TDM zu rechnen.

Herr Prof. Seckel steht zu Beginn des neuen Jahres als sehr aktives Mitglied und Primus inter Pares des Vorstands im Mittelpunkt, gilt aber nach Außen als führender Kopf des Vorstands. Er berichtet auf der ersten Sitzung in 1976 zunächst über die geplanten Renovierungsarbeiten für das laufende Jahr, für die mehr als 500 TDM zur Verfügung stehen, sowie über ein neues Projekt Leuchte III in Bergen-Enkheim, für das bereits die Bebauung mit 18 Wohneinheiten genehmigt und ein Mietpreis von 4,45 DM pro Quadratmeter realisiert werden kann. Bereits im Mai ist die Baugenehmigung erteilt und die Finanzierung gesichert. Aus dem Kreis des Aufsichtsrats wird anerkennend vorgeschlagen, ihn für weitere fünf Jahre als Vorstandsmitglied zu bestätigen. In dieser

Sitzung wird auch beschlossen, die Buchhaltung endlich von der Hand- auf Maschinenbuchhaltung umzustellen. Erfreulich ist weiterhin, dass die Berechnung der Wirtschaftlichkeit für das Projekt Leuchte I nur einen minimalen Fehlbetrag von 251 DM pro Jahr ergeben hat.

Zu beachten ist im laufenden Jahr, dass künftig für Heizungsreparaturen nur noch gezogene Rohre verwendet werden dürfen, besonders dort, wo bisher verschweißte eingebaut worden waren. Dies wurde besonders deutlich bei der notwendigen Reparatur der Heizung in der Ostpreußenstraße 13-15, die mit 15.000 DM unerwartet aufwändig wurde. Im April wird deshalb beschlossen, künftig nur Gas-Etagenheizungen einzubauen. Um den Zustand aller Wohnungen hinsichtlich der Heizungssituation zu erfahren, wird eine Besichtigung im Gesamtbestand vorgeschlagen.

Im März sieht man sich wegen der massiven Nachforderungen der städtischen Wasserwerke auch gezwungen, die Gebühr für den Frischwasserpreis um 25% anzuheben und die neuen Gebühren ab Mai 1976 einzuziehen (siehe dazu auch Anlage Nr. 08 – Brief zum Wasserbezug vom 22.03.76).

Da im Mai Frau Schuchardt kündigt, muss das Personalproblem zügig gelöst werden. Zu Beginn der ehrenamtlichen Tätigkeit haben die Herren von Vorstand und Aufsichtsrat in dieser Frage stets langen Atem gezeigt, doch nun, da die angefallene Arbeitslast immer drückender für die wenigen Festangestellten wird, sollte Herr Seckel schnell aktiv werden. Er muss im August aber schon wieder verkünden, dass zum 30. September 1976 auch die Buchhalterin Frau Neher gekündigt hat. Aber bereits zum 1.10.1976 kann Herr **Martynus** als neuer Buchhalter eingestellt werden.

Im Juni steht fest, dass die Kosten für die Renovierungsarbeiten unter den Ansätzen bleiben werden. In Bergen-Enkheim wird das angestrebte Tauschverfahren mit dem Birkenwäldchen erfolgreich durchgeführt.

Die **27. Mitgliederversammlung** am 11. Juni 1976 wird erstmals nicht von Herrn Meister, sondern erstmals von Dr. Riese als neuem Aufsichtsratschef geleitet. Er kann 28 stimmberechtigte Mitglieder begrüßen, die allen Vorschlägen der Versammlungsleitung ohne Gegenrede folgen. So werden die Regularien zügig abgehandelt und dem Antrag auf Zuführung des Reingewinns zur gesetzlichen Rücklage zugestimmt. Die Herren Dr. Riese und Pusch werden turnusmäßig bestätigt und für Herrn Blum, der bereits im März für seine 20jährige Tätigkeit im Aufsichtsgremium geehrt wurde, wird neu Herr **Klassert** (für den Prüfungsausschuss) und zusätzlich für Herrn Obermann, der in den Vorstand gewechselt war, ein Herr **Pfeifer** (für den Rechtsausschuss) einstimmig gewählt.

> **Bis zum Jahresende wird deutlich, dass der Haushalt wieder einmal gut verwaltet wurde und die Betriebskosten realistisch und richtig angesetzt worden sind. Es ist mit einem Deckungsüberschuss von circa 25 TDM zu rechnen.**

In der ersten gemeinsamen Sitzung der beiden Gremien wird das Sitzungsgeld auf 50 Mark, der Fahrtkostenzuschuss auf 5 Mark und die Aufwandsentschädigung für den Aufsichtsratsvorsitzenden auf 150 DM erhöht. Da der Arbeitsanfall von Herrn Seckel sehr stark gestiegen ist, werden seine Bezüge auf 14 x monatlich 2.350 DM und die für die Herren Dr. Schnitzerling und Obermann auf je 925 DM angehoben. Vor dem Hintergrund der Vergütung der Herren im Bauausschuss werden die auch in der Öffentlichkeit immer mehr in den Mittelpunkt rückenden Rechtsfragen zu diesem brisanten Thema offen erörtert. Dazu berichtet Dr. Riese von einem wichtigen Gespräch mit Dr. Mai vom Verband der Wohnungsbaugesellschaften. Der Rechtsausschuss kommt schließlich zum Ergebnis, dass die Mitglieder des Bauausschusses nicht als Angehörige des Baugewerbes im Sinne des § 19 Absatz 4 der Satzung in Verbindung mit § 4 WGG anzusehen sind. Das klärt ein eindeutiger Beschluss.

Im September wird das Problem der Renovierung der gesamten Fenster im Lettigkautweg, die in schlechtem Zustand und teilweise älter als 25 Jahre alt sind und noch aus der unmittelbaren Nachkriegszeit stammen, dringlich behandelt. Obwohl die bisher nicht dafür disponierten Kosten sich auf eine Größenordnung von 200.000 DM belaufen, findet der Bauausschuss genügend tragende Argumente, um die Gremien von der Notwendigkeit der Maßnahmen gerade jetzt zu überzeugen. Dabei spielt ein interessanter Kostenfaktor eine entscheidende Rolle, nämlich die Tatsache, dass die Gerüste von der geplanten Fassaden-Erneuerung ja noch stehen und der Aufwand einer neuerlichen Anmietung in naher Zukunft damit gespart werden kann. Die Fenster sollen in Serie gefertigt werden und sind komplett zu erneuern. Dabei denkt man auch an eine Wertverbesserung, die auf die Mieter umgelegt werden kann. Deshalb wird beschlossen, alle Wohnungen im Lettigkautweg und der Reinganumstraße mit doppelt verglasten Fenstern auszustatten.

Zum Jahresende können unbedeutendere Entscheidungen gefällt werden wie die Umgestaltung der Vorstandszimmer mit neuen Möbeln, da diese noch mit den Schreibtischen der Nachkriegsjahre ausgestattet sind. Auch die Weihnachtszuwendungen werden auf 500 DM erhöht, die seit 1973 bei 400 DM liegen. Schließlich kann positiv über den Baufortgang des Projekts Leuchte III (Haus-Nummern 56 und 58) berichtet und der voraussichtliche Bezugstermin für den 1. Mai 1977 festgeschrieben werden. Wie sich die von der Firma Richter & Schädel zu verantwortenden Fehler einer zu gering erstellten Breite der Eingangstüren darauf auswirkt, kann im Februar des Jahres noch niemand ahnen. Aber es geht alles gut und der Bezug kann Anfang Mai beginnen. Die beiden Wohnhäuser mit je neun Wohnungen und insgesamt 27 Abstellplätzen werden von durch den Regierungspräsidenten in Darmstadt vorgeschlagenen Mietern belegt. Dafür hat die Genossenschaft 1,2 Mio. DM an Wohnungsfürsorgedarlehen erhalten bei Gesamtkosten von etwa 1,9 Mio. DM.

Zu Beginn des neuen Jahres 1977 werden die Bezüge des Vorstands erneut angehoben, und zwar auf 2.491 Mark für den Vorstandsvorsitzenden Prof. Seckel und je 980,50 DM für die Herren Dr. Schnitzerling und Obermann.

Im März meldet der Bauausschuss, dass nur noch Restarbeiten im Lettigkautweg anstehen und der Gesamtaufwand wohl doch mit 400 TDM zu Buche schlagen wird. Dennoch werden nun die Arbeiten in der Reinganumstraße vorbereitet, die im Juli/August beginnen sollen, wenn die Vergabe bis April erfolgt. Es wird beschlossen, künftig regelmäßig etwa 25 Wohnungen mit Gas-Etagenheizung auszustatten.
Im Mai kann der Vorstand ein ausgezeichnetes Jahresergebnis für 1976 ankündigen. Vom Jahresüberschuss von mehr

> **Im September wird das Problem der Renovierung der gesamten Fenster im Lettigkautweg, die in schlechtem Zustand und teilweise älter als 25 Jahre alt sind und noch aus der unmittelbaren Nachkriegszeit stammen, dringlich behandelt.**

Herzlich willkommen im Kreis die Mitarbeiter –
das war der Kern 1979
Von links nach rechts: Buchhalter Herr Martynus,
Sekretärin Frau Frenkiel, Vorstandsmitglied Herr
Obermann, Kfm. Angestellte Frau Bonnkirch,
hauptamtl. Hausmeister Herr Raschke
(Frau Bonnkirch ist nun 20 Jahre dabei!)

als 415 TDM sollen 300 TDM zur Stärkung des Eigenkapitals und der Bauerneuerung zugeführt werden, während noch mehr als 73 TDM in die freie Rücklage gehen können und 10 Prozent in die gesetzliche Rücklage. Mitte 1977 beträgt der Wohnungsbestand 987 Wohneinheiten, die in einer ehrenamtlich geführten und kontrollierten Genossenschaft zu diesem Zeitpunkt von nur drei nebenamtlich tätigen Vorstandsmitgliedern geführt und verwaltet werden, von nur drei hauptamtlich beschäftigten Angestellten unterstützt (einem Buchhalter und zwei Büroangestellten). Allein diese kurze Statistik zeigt, welche Leistungen bis dahin erbracht wurden und wie groß bei den stets positiven Jahresergebnissen der persönliche Einsatz aller Mitwirkenden gewesen sein muss – und auch der Verzicht auf persönliche Vorteile.

Zur am 24. Juni 1977 stattfindenden **28. Mitgliederversammlung** kann Herr Dr. Riese sodann 22 stimmberechtigte Mitglieder begrüßen, die den üblichen Regularien folgen und den vorgetragenen Vorschlägen widerspruchslos zustimmen. Die Wiederwahl der drei Herren Jordt, Sander und Roser in den Aufsichtsrat erfolgt reibungslos und einstimmig, ebenso wie die Neuwahl von Herrn **Kaiser**, der dem auf eigenen Wunsch ausscheidenden Herrn Pfeifer nachfolgt.

In der konstituierenden Sitzung des neuen Aufsichtsrats wird Dr. Schnitzerling einstimmig wieder in den Vorstand gewählt, erhält aber wegen geringeren angekündigten Aufwands im laufenden Jahr ab 1. Juli 1977 nur noch eine Aufwandsentschädigung von 14 mal 660 DM. Da Herr Obermann im Gegenzug vermehrt in Anspruch genommen werden wird, werden dessen nebenamtliche Bezüge auf 14 mal 1.125 DM festgesetzt. Zum Oktober wird eine neue Mitarbeiterin, Frau **Ilona Frenkiel**, eingestellt.

Im August bestimmt das Thema Entlastung der Vorstände und künftige Gestaltung der Geschäftsführung die Gremien. Vom Aufsichtsrat wird der Vorstand ermächtigt, nach einer Verstärkung im professionellen Umfeld Ausschau zu halten. Es soll eine geeignete Person gefunden werden, die den Vorstand im laufenden operativen Geschäft tagtäglich unterstützt und vertreten kann. In diesem Zusammenhang wird auch überlegt, ob man aus Sicherheitsgründen das Büro mit Metall-Rollläden sichern soll.

Im Oktober 1977 werden die Austauscharbeiten der Fenster in der Reinganumstraße und die Renovierung dort abgeschlossen. Im Rückblick ergeben sich in der gemeinsamen Sitzung im November Fragen hinsichtlich der Aktivierung der erheblichen Kosten durch Umlage auf die Mieter. Dabei wird festgestellt, dass die gesamten Kosten als Wert verbessernd für die Mietobjekte anzusetzen sind und umgelegt werden sollen. Da man künftig regelmäßig mit der Instandsetzung der Bauten konfrontiert bleibt, bringt Herr Seckel für die mittelfristigen Instandsetzungsarbeiten die Rechnung ein, dass in den Mieten insgesamt nur ein Volumen von etwa 500 TDM eingepreist ist. Weil aber weit mehr Mittel gebraucht werden, muss entschieden werden, ob man dafür dann Fremdmittel aufnehmen will, die durch Umwandlung entstandener Eigentümer-Grundschulden abgesichert werden können. Mit diesen Fragen geht man ins neue Jahr und hofft auf plausible Antworten.

Mit Akribie erstellt von Prof. Seckel die Finanzplanung für 1979

Im Januar 1978 kann Dr. Riese über ein positives Abschlussgespräch mit Herrn Friedrich vom Prüfungsverband berichten, der die Beanstandung freie und damit einwandfreie Geschäftsführung der Vergangenheit bestätigt. Neue Probleme beschäftigen erstmals den Vorstand: in der Platenstraße und der Wilhelmshöher Straße werden von einigen Mietern Forderungen auf Mietminderung wegen des Straßenlärms gestellt. Zur Vermeidung von Verlusten bei den Einnahmen muss man sich mit Möglichkeiten zur Lärmminderung bzw. mit vor Lärm schützenden Maßnahmen bei tatsächlicher Wohnbeeinträchtigung in diesen Straßen befassen.

Erfreulich entwickeln sich die Zinsen: Im März 1978 senkt der Hauptkreditgeber, die Frankfurter Sparkasse von 1822, die Hypothekenzinsen um ein halbes Prozent. Für 386 damit finanzierte Wohnungen bedeutet das eine Minderung der Lasten um vier bis zwölf Pfennige pro Quadratmeter je Monat. In diesem Spektrum können somit die Mieten in den betroffenen Objekten gesenkt werden. Die aktuellen Hypothekenzinsen betragen jetzt 6% für die Genossenschaft. Die Finanzprognose des Vorstands lautet:

Erstmals wird ab März auch ein hauptamtlicher Hausmeister in den Leuchte-Objekten in Bergen-Enkheim eingesetzt, der aber schon nach wenigen Wochen wieder fristlos kündigt. Ob diese überraschende Kündigung mit der Besichtigung durch die Branddirektion und deren Auflagen und strikten Anforderungen für die Leuchte 49 und 51 zu tun hat, kann nicht mehr festgestellt werden. Ab Mai wird Herr Groh als nebenamtlicher Hausmeister eingestellt. Dazu kommt ein Vertrag mit der Gesellschaft für Haus- und Grundstücksverwaltung GHG in Neu-Isenburg über die Einrichtung eines ständigen Not- und Bereitschaftsdienstes bei Wasser-, Gas- und Heizungsnotfällen für den gesamten Bestand.

Im April 1978 steht das Jahresergebnis für 1977 fest: der Überschuss beträgt 230 TDM, von denen 75 TDM der freien Rücklage zugeführt werden. Mehr als 100 TDM davon gehen in die Bauerneuerungsrücklage. Inzwischen liegen siebzehn Bewerbungen für den Einbau einer Gas-Etagenheizung vor, die eventuell durch Bankdarlehen vorfinanziert werden müssen. Im Mai kommt ein Schreiben vom Verband Südwestdeutscher Wohnungsunternehmen (kurz: Prüfungsverband) mit Beanstandungen der Tätigkeit einiger Mitglieder des Aufsichtsrats. Es geht dabei eher um Petitessen mit starker rechtlicher Relevanz: statt ‚Wohnungsabnahme' durch den Bauausschuss des Aufsichtsrats sollte in dem entsprechenden Formular ‚Besichtigung' stehen, um unbeanstandet zu bleiben. Hier zeigt sich wie schwer die Trennung von operativen und Kontrolltätigkeiten sein kann, wenn alle Beteiligten sich in gleicher Weise für das gemeinsame Unternehmen engagieren.

Zur 29. Mitgliederversammlung am 23. Juni 1978 kann Dr. Riese 28 stimmberechtigte Mitglieder der Genossenschaft begrüßen, die den Regularien widerspruchslos folgen und den Vorlagen wiederum ihr uneingeschränktes Plazet geben. So geht die Wiederwahl der Herren Kaiser, Irle und Woydich nach turnusmäßigem Ausscheiden einstimmig über die Bühne. Es wird angekündigt, dass auf dem genossenschaftseigenen Gelände an der Leuchte ein weiteres Hochhaus mit sieben Geschossen entstehen könnte.

Im September werden die Gremien mit einem neuen Thema konfrontiert: Tierhaltung in den Hochhäusern der Genossenschaft. Nach den Nutzungsverträgen benötigen die Mieter stets die Zustimmung der Genossenschaft. Diese soll in Hochhäusern nur dann gegeben werden, wenn die unmittelbaren Nachbarn keine Einwände erheben. In den übrigen Miethäusern wird diese von der Zustimmung der Mietermehrheit abhängig gemacht.

Ein weiteres Thema kommt mit den neuen Möglichkeiten des Modernisierungs- und Energieeinsparungs-Gesetzes auf den Tisch. Dafür werden für achtzehn Liegenschaften Anträge gestellt mit einem Investitionsvolumen von etwa vier Millionen DM. Im Oktober 1978 konkretisieren sich auch die Pläne für das neue Wohnprojekt in der Leuchte: es sollen nun 43

Wohneinheiten in zwei Wohnblocks geschaffen werden mit einer Bausumme von zirka 3,25 Millionen DM. Davon wird mit Landesmitteln von 2,1 Mio. DM und Fremdmitteln von 650 TDM gerechnet. Das zu verwendende Eigenkapital wird mit zirka 500 TDM eingeschätzt. Um diese neue Aufgabe stemmen zu können, schlägt der Vorstand vor, in der nächsten Mitgliederversammlung die Kredithöchstgrenze auf eine Summe von 35 Millionen DM genehmigen zu lassen.

Im November 1978 wird nach ausführlicher Erörterung in den Gremien die ab 1978 geltende Aufwandsentschädigung für jedes Aufsichtsratmitglied auf 1.160 DM festgelegt, die in zwei Raten jeweils zum 1. Juni und 1. Dezember bargeldlos zu zahlen ist. Zum Jahresende stimmt der Aufsichtsrat einer vom Vorstandsvorsitzenden Prof. Seckel beantragten Vergütungserhöhung um 100 DM einstimmig zu, die er mit der automatischen Erhöhung der Versicherungspflichtgrenze und der damit erhöhten Abzüge für ihn selbst begründet. Mit der uneingeschränkten Zustimmung signalisiert der Aufsichtsrat Zufriedenheit mit der Arbeit des aktiven Vorstandsvorsitzenden und seines gesamten kleinen Teams.

Am Jahresanfang 1979 stehen nach Abschluss der Arbeiten in der Ulmenstraße die umfangreichen Sanierungsarbeiten in der Feldgerichtstraße 10 – 22 im Mittelpunkt, die nach vorläufigen Schätzungen einen Aufwand von zirka 500 TDM für die Renovierung von Dach, Antennen, Fassaden und Fenstern erforderlich machen. Zur Finanzierung soll angesichts der günstigen Hypothekenzinsen von sechs Prozent eine Nachbelastung der Eigentümer-Grundschulden herangezogen werden, die dann später als Wertverbesserung an die Nutzungsberechtigten weitergegeben werden kann. Die Belastung der einzelnen betroffenen Wohneinheiten wird mit 53 bis 57 Pfennig je Quadratmeter geschätzt.

Für die Fenstererneuerungen will man nun doch Holzfenster nehmen, da die Pflege dafür langfristig als leichter eingeschätzt wird als die für die noch relativ jung entwickelten Plastikfenster der neuen Generation. Dabei muss berücksichtigt werden, dass die kompletten Fenstererneuerungen innerhalb von zwei Jahren erfolgt sein müssen, um in den Genuss von Zuschüssen des Landes Hessen zu kommen, der mit mehr als 900 TDM beziffert wird. Deshalb müssen in den Jahren 1979 und 1980 in jeweils 350 Wohneinheiten die Fenster und Balkontüren erneuert werden. Damit steht nach dreißig Jahren die bisher größte Sanierungsaufgabe der Genossenschaft bevor. Die Gesamtkosten liegen bei 2,7 Mio. DM.

Als Generalunternehmer für dieses mit viel Kontrollaufgaben verbundene Großprojekt wird wieder die Firma Richter & Schädel beauftragt. Die Austauscharbeiten der Fenster werden von der Firma Hassler in Würges gemacht, die zur Absicherung vor etwaigen Beanstandungen eine Gewährleistungsbürgschaft von 95 TDM leistet. Hassler gewährt eine Garantie von fünf Jahren auf den Anstrich und sichert einen unaufgeforderten Kontrollgang nach drei Jahren zur Optimierung der Nachhaltigkeit dieser Sanierung zu. Mit dem Fenstereinbau soll auch ein Austausch der bisher hölzernen Haustüren verbunden werden, die durch 66 Stahltüren mit Zylinderschließanlagen ausgestattet sein sollen. Die dafür kalkulierten Kosten werden 300 TDM betragen. Im Mai vergewissern sich die Herren vom Bauausschuss vor Ort in der Fensterfabrik Hassler in Würges persönlich von der Qualität des eingesetzten Materials und der Produktionsmethoden.

Diese parallel zu den Neubauprojekten erfolgenden Arbeiten tangieren aber wenig die Aufmerksamkeit des Vorstands für das Projekt Leuchte III. Inzwischen liegt im Februar 1979 die Genehmigung für 15 Wohneinheiten vor sowie eine mündliche Zusage der HELABA an Herrn Seckel über die Bereitstellung von 2,1 Mio. DM. Hinzu kann eine 1. Hypothek der Frankfurter Sparkasse in Höhe von 800 TDM kommen, die mit 96% Auszahlung bei 6% Zinsen per anno erfolgen wird. Durch die Errichtung einer gemeinsamen Heizungsanlage für die beiden Wohnblocks sollen zudem 25 TDM eingespart werden. Bereits Anfang April liegt die Aushub-Genehmigung

Da leuchtet Die Leuchte im Sonnenschein 1980

für dieses Projekt vor – und der Startschuss kann gegeben werden. Den verhindert aber zunächst eine neue Problematik: nach der HBO müssen nämlich jetzt bei Neubauten von mehr als vier Geschossen Fahrstühle eingebaut werden. Dazu soll ein überdachter Kinderspielplatz kommen. Beide Auflagen machen Mehrkosten. Dennoch sind Vorstand und Aufsichtsrat optimistisch, dass dieses Projekt bei einer Auszahlung der Hypothek von 98 Prozent und Zinsen bis maximal 6,5 Prozent zu realisieren ist. Da sogar noch weiterer Platz für die Errichtung weiterer Bauten zu Verfügung steht, wird bereits an den nächsten Bau mit bis zu 30 Wohneinheiten gedacht. Auch dafür stehen bereits kalkulierbare Mittel zur Verfügung – dank der günstigen Entwicklung von Hypothekenzinsen und anderer Finanzierungskonditionen.

Im April 1979 befassen sich die Gremien ausführlich und vorausschauend mit der künftigen Personalsituation in Vorstand und Aufsichtsrat, da die meisten Herren in die Jahre gekommen sind. So muss Herr Prof. Seckel 22 Monate vor Ablauf seiner vertraglichen Bestellung zugeben, dass er heute noch keine Zusage auf eine Verlängerung geben kann. Auch Dr. Schnitzerling weist erneut drauf hin, dass er nur noch auf absehbare Zeit zur Verfügung steht. Er schlägt deshalb wieder einmal vor, sich um eine geeignete Nachwuchskraft zu bemühen, die man heranbilden und in sowohl technischen als auch rechtlichen Kenntnissen des Metiers fortbilden kann. Doch eine schnelle Lösung ist nicht verfügbar und das so für die Zukunft der Genossenschaft wichtige Thema einer Professionalisierung der Führung wird wieder einmal vertagt.

In der 30. Mitgliederversammlung am 29. Juni 1979 kann Herr Dr. Riese in seiner Funktion als Aufsichtsratsvorsitzender und Versammlungsleiter 27 stimmberechtigte Mitglieder begrüßen. Nach dem Geschäftsbericht gehen die Bauarbeiten beim Neubau in der Leuchte zügig voran, sodass man bereits einen nächsten Bauabschnitt mit weiteren 45 Wohneinheiten ins Auge fasst. Auch stehen den Planungen für ein neues Projekt in der Homburger Landstraße keine Hindernisse mehr im Wege, nachdem der Hessische Minister der Finanzen der Bestellung von Erbbaurechten zur Errichtung von Wohnungen für Landesbedienstete kürzlich erst zugestimmt hat. Geplant ist dort eine drei- bis viergeschossige Bebauung in einem Zeitraum von zehn Jahren; allerdings müssen zuvor die dort stehenden alten Gebäude abgerissen und entfernt werden. Erkennbare Zustimmung erfährt der Vorstand für die geplante Ankündigung, zehn Prozent der Kosten für die Fenstererneuerung nicht auf die Mieten umzulegen, sondern als Bestandszuwachs zu verbuchen. Die insgesamt erfreulichen Abschlussergebnisse für 1978 verliest Herr Seckel, der wieder einen Rekord-Reingewinn von fast 45 TDM vermelden kann. Den Regularien entsprechend wird die vorgeschlagene Verteilung sowohl in die gesetzliche wie freie Rücklage ohne Gegenrede zugestimmt. Das gilt auch für die fast schon routinemäßig beantragte Erhöhung der Kredithöchstgrenze um weitere 5 Millionen DM. Auch die Wiederwahl der Herren Pusch, Klassert und Dr. Riese in den Aufsichtsrat verläuft in diesem Sinne glatt. Das Vertrauen der Mitglieder der Genossenschaft in ihre Führungsgremien scheint so unendlich groß, dass sich damit neben der meist widerspruchslosen Zustimmung der Anwesenden zu allen Anträgen von Vorstand (Geschäftsführung) und Aufsichtsrat auf Mitgliederversammlungen auch die Abwesenheit einer großen Zahl der genossenschaftlichen Mitglieder bei diesen jährlichen Events erklären lässt, der einzigen Möglichkeit immerhin, um demokratisch über die Geschicke des eigenen Gemeinschaftsunternehmens zu entscheiden und an seiner Entwicklung mitzuwirken.

> **Es müssen in den Jahren 1979 und 1980 in jeweils 350 Wohneinheiten die Fenster und Balkontüren erneuert werden.** Damit steht nach dreißig Jahren die bisher größte Sanierungsaufgabe der Genossenschaft bevor. Die Gesamtkosten liegen bei 2,7 Mio. DM.

Absender: Mieter des Hauses Leuchte 51 in Bergen-Enkheim
bei der Gemeinnützigen Wohnungsbaugenossenschaft
der Justizangehörigen Frankfurt am Main

den 21.6.80

Sehr geehrte Mitglieder,

wir wollen uns als Mieter in unserer Genossenschaft an Sie persönlich wenden.

Der Aufsichtsrat hat uns mit Schreiben vom 5.Mai 80 zur Mitgliederversammlung eingeladen. In dieser haben wir Mitglieder u.a. ein Auskunftsrecht, das wir auch wahrnehmen sollten.

In den vergangenen Jahren mehrten sich die Klagen einzelner Mieter insbesondere über die Art des Vorstandes im Umgang mit uns, der Wohnraumvergabe, der Behandlung von berechtigten Wünschen bzgl. der Renovierung unserer Häuser (Treppenhäuser und Außenanlagen) usw. Besonders betroffen wurden fast alle beim Umbau der Fenster und den daraus resultierenden Mieterhöhungen.

Wir möchten auch auf Punkt 3 der Tagesordnung hinweisen. Danach hat die Mitgliederversammlung u.a. über die Verwendung des Reingewinns zu entscheiden. Nach § 37 unserer Satzung kann der Reingewinn als Dividende an die Mitglieder entsprechend der Geschäftsguthaben (Genossenschaftsanteile) verteilt werden.

Bei der Wahl von Aufsichtsratsmitgliedern (Punkt 7 der Tagesordnung) wollen wir drei Mitglieder unserer Wahl, die noch wirklich mit unseren Problemen konfrontiert sind, aufstellen. - Im vergangenen Jahr waren zur Mitgliederversammlung lediglich 14 (vierzehn !) Mitglieder (ohne Aufsichtsrat und Vorstand) von nahezu 1200 (!) Mitgliedern anwesend, so daß sich der Aufsichtsrat praktisch selber (wieder-)wählen mußte.

Kommen Sie also zur Mitgliederversammlung am Freitag, dem 27. Juni 1980, 18.30 Uhr ins Gerichtsgebäude A, Saal 102, I.Etage, Heiligkreuzgasse 34 hinter C & A an der Konstablerwache. Parkmöglichkeiten um das Gebäude und im 50 Meter entfernten Parkhaus.

Nur wenn wir unsere Rechte wahrnehmen, können wir unsere eigenen Interessen durchsetzen und langfristig etwas ändern !

Mit freundlichen Grüßen

Bis zum Jahresende beschäftigen die Gremien sich mit den weiteren Bebauungsplänen in der Leuchte in Bergen-Enkheim. Dafür ist auch ein Grundstückstausch mit der Stadt Frankfurt nötig, der vorbereitet wird und in einer Besichtigung des Baugrunds durch Vorstand und Aufsichtsrat am 5. Oktober 1979 konkretisiert wird. Auch kommt man bei der Planung des Bauvorhabens Homburger Landstraße voran. Der Vorstand wird ermächtigt, mit dem Land Hessen in Verhandlungen zu treten, die zirka 2.300 m² Baugrund in Preungesheim statt für eine Jahrespacht von 22.500 DM zur Hälfte ermäßigt zu bekommen. Beim Projekt Leuchte IV wird eine Nachfinanzierung erforderlich, da sich sowohl die Mehrwertsteuer als auch die Löhne zwischenzeitlich erhöht haben; dennoch steht dem Richtfest noch im November 1979 nichts mehr im Wege.

Die Umstellung von Ölzentralheizungen auf Erdgas kann in 1979 vollendet werden. Da die Renovierungsaktivitäten ebenso zunehmen wie mit steigender Mobilität der Mieter in den gewachsenen Wohnbereichen auch die Umzugshäufigkeit, wird eine Verstärkung zur Abnahme von Wohnungen und Renovierungsarbeiten sowie für die Klärung spontaner Belange der Mieter gewünscht. Ein gewisser Herrn Schumann wird als sog. ›Bauläufer‹ auch angesprochen, kann aber nicht gewonnen werden; schließlich übernimmt Herr Zerlik von der Firma Richter & Schädel, dem Bauträger-Partner, diese Funktion.

Aber auch die Bezüge-Regelung für die immer stärker eingebundenen Vorstände wird erneut zum Thema; die Herren wollen es dabei künftig möglich machen, dass die Gehälter bis zur Pflichtversicherungsgrenze angehoben werden dürfen. Konkret wird deshalb im Oktober 1979 rückwirkend ab 1. Juni 1979 festgelegt, dass Herr Seckel 14 mal 3.555 DM als Vorstandsvorsitzender und Herr Obermann 14 mal 1.320 DM erhält, während die Bezüge für Herrn Dr. Schnitzerling bei 700 DM bleiben sollen.

Im Oktober wird die Abrechnung für die erste Etappe der Fenster-Neueinbauten vorgelegt: 25.070 m² Fensterfläche wurden in 349 Wohneinheiten ersetzt. Die bereits in Angriff genommene 2. Etappe soll bis Jahresende weitere 515 Wohneinheiten mit einem Aufwand von 4 Millionen DM mit neuen Fenstern ausstatten. Hinzu kommt der Einbau mit neuen Haustüren für weitere 389 TDM.

Anfang 1980 sind die Arbeiten an den Fenstereinbauten der ersten und zweiten Etappe abgeschlossen. Die Kosten werden von Herrn Seckel mir zirka 5 Millionen DM beziffert; der Anteil an Eigenmitteln beträgt dafür 1,8 Mio. DM, die durch Umwandlung von Eigentümer-Grundschulden erbracht werden konnten. Die Herren der Genossenschaftsleitung sind mit der Qualität der Bauausführung zufrieden und erwarten für die Neubauten Leuchte IV (1. Bauabschnitt, Leuchte Nr. 55) bald den Rohbau-Abnahmeschein. Deshalb will Herr Seckel auch noch in diesem Jahr mit dem Folgebau, dem 2. Bauabschnitt Leuchte IV, mit den restlichen 44 Wohneinheiten beginnen. Da die verfügbaren Mittel aber nicht für beide Projekte zur gleichen Zeit ausreichen, muss das Projekt in Preungesheim noch warten und wird vorläufig zurückgestellt. Am 1. Juli 1980 kann Leuchte 55 bereits bezogen werden.

Die erwarteten Mieteinnahmen, die als Nutzungsentschädigung bezeichnet werden, schätzt Herr Seckel für das laufende Jahr auf zirka 4,4 Millionen DM. Bei dieser Finanzlage lässt sich das Modernisierungs- und Instandsetzungsprogramm guten Gewissens fortschreiben. Bereits im März 1980 liegen exakte Zahlen sowohl für 1979 als auch für das laufende Geschäftsjahr vor: einem Jahresüberschuss von 206 TDM und einer Vermögenssteigerung durch die Neubauten von 29,5 auf 34,8 Mio. DM stehen für 1980 nun doch zirka 4,6 Mio. DM erwarteter Mieteinnahmen gegenüber. Vom Jahresüberschuss 1979 sollen 70 TDM der freien Rücklage und 115 TDM der Bauerneuerungs-Rücklage zugeführt werden, wenn die Mitgliederversammlung so beschließen sollte.

Da die Baugenehmigung für die 44 neuen Wohnungen in der Leuchte (Projekt: Leuchte IV) Ende Februar erteilt wird, kann schon Mitte März die Grundsteinlegung erfolgen. Herr Seckel drückt offensichtlich aufs Tempo, da sich sein Engagement berufsbedingt immer größeren Hürden gegenüber sieht. Deshalb empfiehlt er auch, sich auf der kommenden Mitgliederversammlung eine Erhöhung der Kreditgrenze um weitere 5 Millionen genehmigen zu lassen. In die Vorbereitungen zur Jahreshauptversammlung platzen erstmals massive Vorbehalte zu den Fenster-Neueinbauten, vor allem in der Leuchte 51. In einem Schreiben wenden sich die Bewohner dieses Hauses mit einer von 29 Mietern unterschriebenen Petition direkt an alle Mitglieder der Genossenschaft und rufen zur aktiven Teilnahme an der bevorstehenden Mitgliederversammlung auf. Siehe auch den Mieterbrief des Hauses Leuchte 51 vom 21. Juni 1980. Ob sich das auf den Besuch der Mitgliederversammlung am 27. Juni 1980 auswirken wird und erstmals eine größere Anzahl als 10% der Genossenschaftsmitglieder teilnehmen wird? Man darf gespannt sein.

Der Brief wirkt! Das Mitwirkungsrecht wird offenbar erkannt und von einer Mehrheit von 148 stimmberechtigten Mitgliedern, die bisher undenkbar gewesen war, schließlich eine neuwertige demokratische Öffentlichkeit in der 31. Jahreshauptversammlung hergestellt. Nach Verlesung der Berichte von Vorstand und Aufsichtsrat gemäß der üblichen Regularien setzt nach dem Antrag vom Aufsichtsratsvorsitzenden Dr. Riese, den Reingewinn erneut der gesetzlichen Rücklage zuzuführen, eine lebhafte Diskussion unter Beteiligung von

> **Der Brief wirkt!**
> **Das Mitwirkungsrecht wird offenbar erkannt und von einer Mehrheit von 148 stimmberechtigten Mitgliedern, die bisher undenkbar gewesen war, schließlich eine neuwertige demokratische Öffentlichkeit in der 31. Jahreshauptversammlung hergestellt.**

mehreren Mitgliedern ein. Mehrheitlich wird der Wunsch nun massiv geäußert, der schon in früheren Mitgliederversammlungen zwar gestellt aber zu zaghaft gewesen ist und bisher immer wieder zurückgewiesen worden war, nämlich endlich eine von allen spürbare **Auszahlung einer Dividende** durchzuführen. Der Vorstand setzt sich ernsthaft – und offenbar gut vorbereitet – mit den Argumenten auseinander und erklärt, dass nur 4% eines Geschäftsanteils als Dividende (damals von 160,00 DM also 6,40 DM/Anteil) jährlich ausgezahlt werden kann, wenn ein Überschuss in Form eines Reingewinns entstanden ist. Und von diesem doch relativ geringen Betrag sind dann noch Körperschafts- und direkt ans Finanzamt Kapitalertragssteuer zu entrichten, die in der Regel gleich abgezogen werden. Dagegen gab es keinen Widerspruch, änderte aber auch nicht die Meinung der Antragsteller auf Auszahlung einer Dividende. So gelang der Durchbruch tatsächlich und Herr Prof. Seckel machte einen konstruktiven Vorschlag: die Zuweisung der geplanten 70 TDM zur freien Rücklage wird nicht durchgeführt, sodass sich dann ein Reingewinn von 90.556,20 DM für 1979 ergibt, von dem wie geplant 20.556,20 DM der gesetzlichen Rücklage zugeführt werden können und zur Dividendenausschüttung von 4 Prozent pro Geschäftsanteil an die Genossenschaftsmitglieder dann noch bis zu 70 TDM verfügbar bleiben.

Erstmals stimmen auch drei Mitglieder gegen die Erhöhung der Kredithöchstgrenze auf nun 45 Millionen DM, die aber dann doch mit der Mehrheit so beschlossen wird. Von Professor Gegenmantel kommt ein Widerspruch gegen eine sofortige Entlastung der Gremien. Er möchte erst die Prüfungsergebnisse des technischen Verbands abwarten. In einer echten Kampfabstimmung setzt sich dann jedoch eine Mehrheit durch: dem Vorstand wird mit 46 Gegenstimmen und dem Aufsichtsrat mit 30 Gegenstimmen doch noch Entlastung erteilt. Dann zeigt sich die kritische Stimmung jedoch auch bei den Neu- bzw. Nachwahlen von Aufsichtsratsmitgliedern. Von den drei turnusmäßig ausscheidenden AR-Mitgliedern Jordt, Roser und Sander fehlt Herr Sander. Das macht es dem Versammlungsleiter schwer, die Herren - wie verabredet - gemeinsam zur Wiederwahl vorzuschlagen. Da aus der Versammlung heraus neue Namen genannt werden, stehen sodann Richter Schwalbe, Dipl.-Ing. Prof. Gegenmantel, ein Finanzbeamter Vogel sowie Herr Jordt zur Wahl. In einer Einzelabstimmung werden die Kandidaten dann wie folgt gewählt: Herr Jordt 70 Stimmen, Herr Gegenmantel 80, Herr Sander 61 und Herr Vogel 68 Ja-Stimmen. Das bedeutet gemäß Mehrheitswahlrecht, dass dem neuen Aufsichtsrat die Herren **Gegenmantel**, **Jordt und Vogel** angehören. Nach einem Sitzungsmarathon von erstmals mehr als vier Stunden mit vielen Diskussionen kann Dr. Riese diese lebhafte Versammlung schließen. Ob sich von jetzt an das Engagement

Herr Klassert übernimmt!

für die eigenen Belange innerhalb der Genossenschaft verstärken wird, bleibt als offene Frage für viele der heutigen Teilnehmer und Beobachter der Entwicklung von nachhaltigem Interesse.

Das Echo der unruhigen 31. Mitgliederversammlung verhallt erst nach einigen Monaten, da zur **konstituierenden gemeinsamen Sitzung von Vorstand und neuem Aufsichtsrat erst für den 3. Oktober 1980** geladen wird. In dieser Sitzung werden die neuen Mitglieder des Aufsichtsrats über ihre Pflichten und Rechte aufgeklärt. Sodann stellt Herr Dr. Riese die Zusammensetzung nach Interessen und Kenntnissen zur Diskussion. Diese führt schließlich dazu, dass alle Fragen beantwortet werden können und abschließend ein geschlossenes Bild zur neuen Struktur des Aufsichtsrats entsteht und gebilligt wird. Ohne Gegenstimmen wird als **neuer Vorsitzender Herr Klassert** gewählt und Herr Irle als sein Stellvertreter; Schriftführer wird jetzt Dr. Riese und Herr Jordt dessen Stellvertreter. Dem Bauausschuss gehören die Herren Jordt, Pusch und Woydich an; Herr Gegenmantel gibt zu Protokoll, dass auch er für diesen Ausschuss Interesse zeigt. Dem Prüfungsausschuss gehören künftig die Herren Kaiser, Klassert und Herr Vogel als neues AR-Mitglied an. Bei der Wahl von Herrn Obermann, der bis 1976 dem Aufsichtsrat angehört hatte, zum neuen Vorstandsmitglied enthalten sich die Herren Gegenmantel und Vogel, weil dieser ihnen noch zu unbekannt sei. Der **neue ehrenamtliche Vorstand besteht von nun an aus den Herren Seckel** (Vorstandsvorsitzender), **Herrn Dr. Schnitzerling** und dem neuen Vorstand, **Herrn Obermann**. Ihnen wird von den Festangestellten Frau Bonnkirch und Frau Frenkiel in Büro und Verwaltung sowie Herrn Martynus als Buchhalter zugearbeitet, die insgesamt in sechs Räumen im Lettigkautweg 35 residieren und dort ihre Firmenzentrale JUSTIZBAU haben.

Schon im November kann Herr Seckel in der vorletzten gemeinsamen Sitzung von Vorstand und Aufsichtsrat berichten, dass die Auszahlung der Dividende wie mehrheitlich von der Mitgliederversammlung beschlossen ausgezahlt wurde. Im baulichen Bereich kann er zum geplanten Bauvorhaben in der Homburger Landstraße vortragen, dass nun eine Fläche von 10.201 m² im Erbbaurecht zur Verfügung steht, auf der 87 Wohnungen errichtet werden sollen. Da die Finanzierung voll gesichert ist, kann schon heute der Mietpreis mit 4,75 DM je Quadratmeter festgelegt werden. Für die Hausmeister wird eine Erhöhung der Weihnachtsgratifikation von 25 Prozent beschlossen, da diese im vergangenen Jahr keine Zusatzzahlung erhalten hatten.

Der neu konstituierte Prüfungsausschuss zeigt seinen Willen zur sinnvollen Erfüllung seiner Aufgaben durch eine ohne Vorankündigung spontan erfolgte Kassenprüfung am 10. Dezember 1980. Die Herren Kaiser, Vogel und Klassert stellen weder Differenzen im Bestand fest noch Fehler bei der Belegerfassung und Belegzuordnung. **In der Folge beschließt der Aufsichtsrat in seiner Dezembersitzung 1980 einstimmig, Herrn Prof. Seckel nach Ablauf seiner vertrag-**

lichen Laufzeit am 31.01.1981 für eine weitere Periode von fünf Jahren als Vorstandsmitglied zu bestätigen. Herr Seckel nimmt die formlose Wahl an und sieht sich in seiner Arbeit auch durch das Resultat des Prüfungsausschusses bestätigt, das keinerlei wesentliche Beanstandungen der Journale und Belege bis einschließlich Juli 1980 enthält. Das Jahr endet mit einer lange aufgeschobenen Entscheidung, nämlich die Gebühren für Straßenreinigung und Grundsteuer für das Garagengrundstück Obere Kreuzäckerstraße 11 nun zu übernehmen, da bei einem geringen Pachtzins von 40,10 DM im Jahr das Land Hessen nicht länger dafür einstehen sollte. Diese Entscheidung fällt allerdings vor dem Hintergrund der schon länger laufenden Verhandlungen mit dem Land Hessen über das geplante Bauvorhaben in der Homburger Landstraße und ist deshalb nicht ganz uneigennützig zu sehen. Nur eine kleine Hürde wird damit also weggeräumt, wobei die größere noch mit den Schwierigkeiten vor dem Abriss der alten Wohneinheiten zu bewältigen bleibt. Insbesondere müssen diese Häuser zunächst völlig geräumt werden. Da ist Geduld gefordert!

Das neue Geschäftsjahr beginnt mit einem Überblick durch Herrn Seckel über die geplanten Maßnahmen. Für neue Investitionen ist gemäß der >Erläuterungen zur Prognose 1981< vom 16. Januar 1981 der finanzielle Spielraum eng, sodass erst nach der Mitgliederversammlung zur Jahresmitte entschieden werden soll, in welchem Umfang die geplanten Maßnahmen umgesetzt werden können. Einen Spielraum stellen die Mieteinnahmen für Leuchte 57 und 63 dar, wenn diese im Mai 1981 tatsächlich bezogen werden können und ab Juni Mietzahlungen dafür zu erwarten sind. Dafür spricht die Tatsache, dass jetzt schon Zuweisungen an potentielle Mieter durch das Regierungspräsidium in Darmstadt vorliegen und der Baufortschritt im Limit liegt.

Das direkte Interesse an diesem Projekt wird dann am 13. März unterstrichen durch Abhaltung der nächsten gemeinsamen Sitzung von Vorstand und Aufsichtsrat im Baucontainer an der Leuchte 57. Zudem wird dort die Tiefgarage und die Heizungsanlage vor dem Haus Leuchte 53 besichtigt. Herr Klassert kann auf dieser externen Sitzung zur guten Stimmung durch Vortrag der Schlussbemerkungen aus dem Abschlussbericht der Verbandsprüfer beitragen: die Genossenschaft sei nicht nur vorbildlich geführt, sondern baue auch noch mit Abstand am preiswertesten im ganzen Prüfungsgebiet. Dazu passte dann auch der von Herrn Seckel vorgelegte Abschlussbericht für 1980 mit einem Jahresüberschuss von fast 163 TDM. In dieser positiven Stimmung trägt Herr Seckel sodann die fortgeschrittenen Projektpläne für die Homburger Landstraße vor. Da man die Miete auf 4,75 DM/m² festgelegt habe, dürften sich bei derzeitiger Planung die Baukosten nicht auf mehr als 10,1 Mio. DM belaufen, eine Höhe, die bisher weit über den üblichen jährlichen Investitionen liegt. Aber zusammen mit der Firma Richter & Schädel hofft man, unter Beibehaltung des bisherigen Baustandards das Projekt stemmen zu können. Der Aufsichtsrat stimmt diesem Plan zu und ermächtigt den Vorstand mit Richter und Schädel so zu verhandeln, dass die Bausumme von 10 Mio. DM möglichst nicht überschritten wird. Zur besseren Information der Mitglieder schlägt Herr Seckel zum Abschluss dieser außergewöhnlichen Sitzung im Bauwagen vor, diese künftig schon mit der Einladung zur Mitgliederversammlung mit einem ausführlichen Schreiben über die Ergebnisse des Vorjahres zu informieren, da somit der Geschäftsbericht kürzer gehalten werden könne. Die einstimmige Zustimmung ist ihm dafür gewiss.

Im April 1981 liegt der Abschlussbericht für 1980 geprüft und so gut wie unbeanstandet vor. Vom Jahresüberschuss sollen 80 TDM der Bauerneuerungszulage zugeführt werden. Das Projekt Leuchte IV liegt noch immer im Zeitrahmen. Mit Blick auf das Projekt Homburger Landstraße soll die Kredithöchstgrenze um weitere 10 Millionen DM erhöht werden. Mitglieder sollten sich durch Ehegatten auf der Mitgliederversammlung vertreten lassen können. Beschlüsse dazu stehen aber noch aus.

Anfang Juni wird die kommende Mitgliederversammlung vorbereitet. Die Herren Kaiser und Woydich sollen zur Wiederwahl vorgeschlagen werden, während Herr Irle nicht mehr antreten will. Die Stellungnahme von Vorstand und Aufsichtsrat zum Prüfungsbericht 1980 wird abgestimmt und abschließend gebilligt. Der steigende Zinsaufwand zwingt zur Erhöhung der Nutzungsentschädigungen; eine notwendige Maßnahme, die den Genossen auf der Mitgliederversammlung überzeugend vorzutragen sein wird. Zudem steht das Thema Fehlbelegungsabgabe auf der Agenda. Sollte es zu einer neuen Gesetzeslage kommen, ist zu überlegen, ob man nicht zweckmäßigerweise die öffentlichen Darlehen ablöst und damit die Wohnungsinhaber entlasten kann. Die Summe der sensiblen Themen lässt eine schwierige Mitgliederversammlung erwarten.

Die Mitgliederversammlung am 19. Juni 1981 wird von 123 stimmberechtigten Mitgliedern besucht, die von Herrn Klassert als neuem AR-Vorsitzendem begrüßt werden. Der Jahresabschluss mit einem Überschuss von 174 TDM bei einem aktiven Vermögen von mehr als 42 Millionen DM wird positiv aufgenommen. Das Thema Fehlbelegungsabgabe bleibt ohne Resonanz. Dagegen kommen zusätzliche Forderungen aus dem Mitgliederkreis nach Fassaden-Erneuerungen, Dachisolierungen und Umfeldverbesserung bei den Hauszugängen. Diese werden vom Vorstand zur Kenntnis genommen. Ohne Widerspruch werden der Jahresabschluss und die Zuführung von 10% des Jahresüberschusses in die gesetzliche Rücklage sowie die Berichte von Vorstand und Auf-

Richter Ehre
neu im AR ab 1982

sichtsrat genehmigt. Zum Widerspruch führt jedoch der Vorschlag, den Reingewinn der freien Rücklage zuzuführen. Prof. Gegenmantel stellt als einfaches Mitglied wie im Vorjahr erneut den Antrag auf Auszahlung einer Dividende von vier Prozent an die Genossenschaftsmitlieder. Sein Vortrag wird von Zwischenrufen gestört, die auf ein Ende des etwa zehnminütigen Redebeitrags drängen. Die von Herrn Blum vom Prüfungsausschuss vorgetragene Entgegnung, dass nur durch den langjährigen Verzicht auf eine Entnahme durch die Mitglieder die gute Finanzstruktur der Genossenschaft gründet, überzeugte die Mehrheit. Nach eingehender Diskussion dieses Themas stimmten 97 gegen diese Forderung bei 26 Stimmen dafür. Im Anschluss wurden Vorstand und Aufsichtsrat einstimmig entlastet. Bei zwei Gegenstimmen wurde der Antrag auf Erhöhung der Kreditgrenze um weitere 5 Millionen DM angenommen.

Zum nächsten Disput kommt es bei der Vorstellung der Kandidaten für den Aufsichtsrat. Zunächst wurde von der Versammlung ohne Gegenrede die erneute vertragliche Verpflichtung von Herrn Seckel und Herrn Obermann als Vorstände zur Kenntnis genommen. Gegen die Empfehlung der Gremien, die Herren Kaiser und Woydich wieder in den Aufsichtsrat und für den ausscheidenden Herrn Irle den Richter Günter Ehre zu wählen, schlägt Prof. Gegenmantel als neue Mitglieder Herrn Prof. Ludwig und Richter Schwalbe vor. Zusätzlich wird aus der Versammlung erstmals Herr Richter Radke vorgeschlagen. Die aufwendige Wahl mit Stimmzetteln bringt dann folgendes Ergebnis: Herr Kaiser 93 Stimmen, Herr Woydich 70 Stimmen, Herr Ehre 63 Stimmen, die gewählt sind, sowie die Herren Radke 50, Ludwig 36 und Schwalbe 34 Stimmen. Abschließend wird die Satzungsänderung § 29, Abs. 1, Satz 2 und 3 zur Abstimmung gestellt; ‚die schriftliche Übertragung von rechtsverbindlichen Stimmrechten auf Ehegatten, aber keine Möglichkeit zur Übertragung auf Dritte' wird einstimmig gebilligt.

In der konstituierenden Sitzung wird am 7. August 1981 Herr Kaiser anstelle von Dr. Riese zum stellvertretenden AR-Vorsitzenden gewählt sowie Herr Prof. Gegenmantel zum Schriftführer und Herr Vogel zu seinem Stellvertreter; Herr Klassert bleibt Aufsichtsratschef. In der anschließenden gemeinsamen Sitzung mit dem Vorstand informiert Herr Seckel über die kurzfristig notwendigen Maßnahmen wie den Fassaden-Anstrich in der Wilhelmshöher Straße; wenn dabei durch zusätzliche Maßnahmen eine Energieeinsparung von mindestens zehn Prozent erreicht werden kann, ist mit einem Zuschuss der Stadt von 25% der Gesamtkosten zu rechnen. Allerdings würde die erweiterte energetische Sanierung fast 400 TDM kosten, während für eine kleine Lösung mit einem Fassaden-Anstrich nur etwa 150 TDM zu rechnen sein wird. Zu bedenken ist aber auch die Wertverbesserung der Gebäude. Auch für den geplanten Einbau von Thermostat-Ventilen in allen zentralbeheizten Liegenschaften sollen bei der Stadt Zuschüsse beantragt werden. Schließlich wird festgestellt, dass die Räumung in der Homburger Landstraße nicht voran kommt und das Projekt quasi ruht. Ein anderer Besprechungspunkt betrifft die Arbeitssituation der Mitarbeiter in der Geschäftsstelle und der immer stärker anwachsende Aktenberg. Da im Lettigkautweg 35 im 1. Stock eine Zweizimmer-Wohnung frei geworden ist, könnte man dort die Büroräume um 48m² erweitern. Dem Ersuchen des Vorstands wird zugestimmt. - Ein letzter Punkt in dieser gemeinsamen Sitzung betrifft die Nachlese zur Mitgliederversammlung und dem offensichtlichen Gesprächsbedarf. Deshalb schlägt Herr Seckel vor, künftig in die Tagesordnung für Mitgliederversammlungen den Punkt VERSCHIEDENES aufzunehmen, um auf Fragen der Mitglieder nach dem offiziellen Teil ausreichend eingehen und deren Vorschläge erörtern zu können. Erstaunlich, dass es mehr als dreißig Jahre lang keinen konkreten Bedarf für diesen Tatbestand gegeben hat und niemand zuvor dieses demokratische Element einforderte.

In der Oktobersitzung der Gremien muss Herr Seckel mitteilen, dass die Stadt Frankfurt sich nicht an der Modernisierung mit Thermostat-Ventilen durch Zuschüsse beteiligen wird. Dagegen wird beschlossen, den Zuschuss zur energetischen Fassaden-Sanierung in der Wilhelmshöher Straße in Anspruch zu nehmen. Herr Woydich informiert über die aktuellen Vorschriften der grauen Post zu älteren Antennen-Anlagen: nach den neuen Fernmeldevorschriften werden besonders abgeschirmte Antennen-Steckdosen verlangt, die bis 1986 installiert sein müssen. Ein Einbau der geforderten Normen wird zunächst nur für die Projekte in Bergen-Enkheim Leuchte I, II und III für insgesamt 131 Wohnungen vorgesehen. Sodann stehen Ehrungen für langjährige Tätigkeiten im Dienste der Genossenschaft an: Herr Dr. Riese und Herr Jordt sind seit 25 Jahren und Herr Pusch nun 20 Jahre im Aufsichtsrat tätig.

In der letzten Sitzung des Jahres im Dezember 1981 kann Herr Seckel berichten, dass sämtliche Antennenanlagen in Bergen-Enkheim auf dem neuesten technischen Stand sind. Der Prüfungsausschuss kann vermelden, dass die Prüfung der aktuellen Unterlagen bereits bis November erfolgt ist, sodass bereits Anfang 1982 mit dem vorläufigen Jahresabschluss gerechnet werden kann. Neuigkeiten gibt es endlich über das Neubauprojekt in der Homburger Landstraße: nachdem der Hessische Minister des Inneren sein OK gegeben hat, kann nun nach endgültiger Räumung mit dem Aushub für den ersten Neubau begonnen werden. Bereits für den März 1983 rechnet man mit dem Bezug der ersten vier Häuser und bis Mai mit dem der restlichen vier Gebäude. Mit dem Gefühl in dieser Blockadesache endlich über die wichtigste Hürde gesprungen zu sein, geht man in den Jahreswechsel und das 35. Jahr des Bestehens der Genossenschaft der Justizangehörigen Frankfurt am Main.*

„
Prof. Gegenmantel stellt als einfaches Mitglied wie im Vorjahr erneut den Antrag auf Auszahlung einer Dividende von vier Prozent an die Genossenschaftsmitlieder.
Sein Vortrag wird von Zwischenrufen gestört, die auf ein Ende des etwa zehnminütigen Redebeitrags drängen.
„

Homburger Landstraße 125 - 129

Homburger Landstraße 125 - 129

Erst Ende Februar treffen sich die beiden Gremien zu ihrer ersten gemeinsamen Sitzung des Jahres 1982. Dadurch kann schon abschließend über die Verbandsprüfung berichtet werden, die in sehr erfreulichem Klima zwischen den Herren Dr. Dietrich und Dr. Wurzel vom Prüfungsverband sowie dem Vorstand der Genossenschaft stattfand. Besonders gelobt wurde die rege Bautätigkeit, die immer wieder kostengünstige Bauvergabe sowie die klare und stichhaltige Arbeit durch Herrn Martynus in der Buchhaltung. - Vom Bauausschuss ist zu erfahren, dass die Sanierungsarbeiten in der Wilhelmshöher Straße wegen der Hanglage und der dadurch verursachten Feuchtigkeit der Heizungsanlage einen erhöhten Aufwand erfordern, da neben den Fassaden auch die Regenfallrohre isoliert werden müssen. Herr Seckel kann aber bereits mit der Information aufwarten, dass von den geplanten Gesamtkosten von 399 TDM etwa 199 TDM als Wertverbesserung an die Mieter weitergegeben werden können, immerhin eine Erhöhung der Mieteinnahmen von sodann geschätzten 62 Pfennig je Quadratmeter pro Monat. Mit dieser Prognose wird der Vorstand ermächtigt, das Projekt in dieser Größenordnung zu realisieren. Die Kostentreue, die bisher wiederholt auch vom Prüfungsverband bestätigt wurde, zeigt sich auch an der Abrechnung der abschließenden Baukosten für die Leuchte 53 bis 61, die sich voll im geplanten Rahmen gehalten haben.

In der Buchwaldstraße haben sich neue Perspektiven ergeben, da die zwischen den Wohnhäusern liegende Ladenzeile abgerissen werden kann. An deren Stelle könnten bis zu 22 Wohnungen errichtet werden; der Aufsichtsrat stimmt dem Vorstand zu, sich näher mit diesen Planungen zu befassen. Im März wird das Gelände deshalb besichtigt und festgestellt, dass die vorhandene Ladenzeile das Stadtbild negativ prägt und durch die Errichtung von neuem Wohnraum auch die Lebensqualität des Viertels gehoben werden kann. Für die nur dreistöckig genehmigte Bebauung ist mit einem Finanzierungszuschuss von 2,5 Millionen durch die Stadt Frankfurt zu rechnen. Gleichzeitig kann man die ohnehin anfallenden Baumaßnahmen für eine Sanierung der Häuser Buchwaldstraße 39 und 41 nutzen und die noch ofenbeheizten Wohnungen an die zentrale Gasheizung mitanschließen.

Auch das **Neubaugelände in der Homburger Landstraße** wird eine Woche später besichtigt und der Rohbau vom Bauausschuss sachkundig für gut befunden. Mit der Firma Richter & Schädel wird bei dieser Gelegenheit vor Ort über die geplanten modernen Anlagen für Elektrotechnik, Heizung und Sanitär gesprochen. In der anschließenden Sitzung im Gustav-Radbruch-Haus erklärt Herr Dr. Riese, dass er sich trotz seines fortgeschrittenen Alters noch einmal zur Wiederwahl stellen will. Herr Seckel kann verkünden, dass durch die seit Mitte vorigen Jahres eingehenden zusätzlichen Mieteinnahmen aus den Leuchte-Projekten sich die Finanzpolster für neue Maßnahmen vermehrt haben. Zum Thema **Fehlbelegungsabgabe** schlägt er erneut vor, sich mit der Ablösung von den betreffenden Objekten zu befassen, da darin für alle Seiten ein Vorteil liege. Allerdings habe die genossenschaftliche Verwaltung mit der Durchführung der Abgabe gar nichts zu tun, da diese direkt vom Wohnungsamt bei den Behörden, die das Belegungsrecht ausüben, eingezogen würde. - Angesichts der Erwartung eines frühen Prüfungsberichts durch den Verband wird die nächste Mitgliederversammlung bereits für den 4. Juni geplant, da ein früher Ferienbeginn ansteht.

Obwohl – oder vielleicht gerade, weil - ‚Tag der Arbeit' ist, findet die nächste gemeinsame Sitzung der Gremien am 1. Mai 1982 zur Vorbereitung der Mitgliederversammlung statt. Am Anfang wird über den Abschluss eines Service- und Wartungsvertrags mit der GHG berichtet, die für 84 TDM einen Komplettservice für alle technischen Hausbereiche bereitstellt inklusive Störbeseitigung rund um die Uhr und bei freier Stellung sämtlicher Ersatzteile für Heizung, Elektrik und Sanitär. Der Tätigkeitsbericht von Herrn Seckel zum abgelaufenen Jahr 1981 stellt den Jahresüberschuss von fast 186 TDM in den Mittelpunkt. Davon sollen 90 TDM der Bauerneuerungsrücklage und 18.600 DM der gesetzlichen Rücklage zugeführt werden. Für die freie Rücklage werden zirka 77 TDM reserviert, da auch in diesem Jahr von den Mitgliedern wieder mit einem Antrag auf Dividendenausschüttung gerechnet wird. Mit dieser Planung geht man in die 33. Mitgliederversammlung.

Diese findet wie geplant am 4. Juni 1982 mit 67 stimmberechtigten Mitgliedern statt, von denen erstmals drei durch schriftliche Vollmacht von ihren Ehegatten vertreten werden. Nach Abhandlung der Regularien durch die Herren Klassert und Seckel werden sowohl der Jahresabschluss als auch die Berichte von Vorstand und Aufsichtsrat einstimmig genehmigt. Der vorgeschlagenen Verwendung des Gewinns wurde hinsichtlich der gesetzlichen Rücklage einstimmig und hinsichtlich der Bauerneuerungsrücklage mit fünf Gegenstimmen zugestimmt. Bei der Wahl gab es keine Überraschungen: die drei zur Wiederwahl vorgeschlagenen Aufsichtsratsmitglieder Dr. Riese, Pusch und Klassert wurden in einem Wahlgang wiedergewählt. Ein aus der Versammlung vorgeschlagener Herr Ludwig erhielt mit 24 Stimmen die geringste Stimmenzahl und blieb außen vor. Zur Überraschung des Vorstands blieb diesmal ein Antrag auf Dividendenausschüttung aus.

Eine Woche später findet die konstituierende Sitzung des Aufsichtsrats 1982/3 und die erste gemeinsame Sitzung nach der Mitgliederversammlung statt. An der Besetzung der Positionen ändert sich nichts gegenüber dem Vorjahr. Es wird jedoch festgestellt, dass Dr. Schnitzerling am 3. Juli 1982 aus dem Vorstand ausscheidet und deshalb Herr Ehre seine Nachfolge übernehmen soll. Dieser wird sodann als neues Vor-

Buchwaldstraße 53 + 55

standsmitglied bestätigt. Nach der Sommerpause stehen die gebündelten Maßnahmen in der Wilhelmshöher Straße zur Diskussion. Während einer Begehung hat man festgestellt, dass die energiesparenden Maßnahmen zu diversen Problemen geführt haben. Zusätzliche Verbesserungen im Umfeld der Häuser werden diskutiert wie z.B. das Pflanzen von Hecken, Anbringen von Zäunen und Optimierungen am Gemeinschaftsparkplatz. Auch werden Mängel beim Nachstreichen der Fenster gemeldet.

Mit großer Bestürzung wird die Meldung aufgenommen, dass der allseits geschätzte Buchhalter Martynus bei Freizeitarbeiten an seiner eigenen Baustelle tödlich verunglückt ist. Dadurch entstehen sofort Lücken bei den laufenden Buchhaltungsarbeiten. Ein neuer Buchhalter soll schnell eingestellt werden. Dieser wird zunächst auch mit Herrn **Furiath** gefunden, sodass bis Ende Oktober 1982 alle Rückstände im Buchungsbereich mit zum Teil erheblichen Überstunden aufgearbeitet werden können. In diesem Zusammenhang wird der

Buchwaldstraße 53 + 55

Vorstand ermächtigt, ein neues Buchungssystem (favorisiert wird ein Taylorix Computer System) im Wert von bis zu 16 TDM anzuschaffen. Der Test verschiedener Systeme führt dann jedoch zu einem vorläufigen Verzicht zum EDV-Erwerb, da man die Systeme noch nicht für ausgereift hält und zuwarten will, bis Buchhalter und Vorstand von der Leistungsfähigkeit einer Datenverarbeitungsanlage als technische Arbeitshilfe im Verhältnis zur Investition (Preis-Leistung!) überzeugt sind.

Im Oktober konkretisieren sich Planungen zur Ausdehnung der Bautätigkeiten auf Weiterstadt bei Darmstadt. Durch die Anzahlung eines Drittels des Kaufpreises kann der Kauf eines Neubaugeländes gesichert werden. Dies wird möglich durch ein Darlehen der Frankfurter Sparkasse von 1822, die dafür keine Sicherheiten verlangt und keine besonderen Auflagen damit verknüpft. Die geografische Ausdehnung des Geschäftsbereiches von Frankfurt/Rhein-Main auf den Bezirk Hessen macht eine Satzungsänderung in § 2, Abs. 4 erforderlich, die der nächsten Mitgliederversammlung vorgelegt werden soll. Die beim Regierungspräsidenten in Darmstadt beantragte Ausdehnung des Geschäftsbereichs wird zum Jahresbeginn 1983 zügig genehmigt.

Das Geschäftsjahr 1982 wird mit einem gemeinsamen Arbeitsessen beschlossen, bei dem auf die Erfolge des abgelaufenen Jahres verwiesen wird und ein Dank an die einzelnen Mitglieder von Vorstand und Aufsichtsrat geht. Ausführlich wird dabei die unermüdliche Arbeit der beiden Damen in der Geschäftsstelle und deren erfolgreiche Tätigkeit erwähnt. Auch Herrn Woydich wird für seine zehnjährige Tätigkeit gedankt. Man beschließt, den Bonus für die Hausmeister als Weihnachtsgratifikation um zehn Prozent zu erhöhen. Abschließend berichtet der Prüfungsausschuss über die bis zum November durchgeführten Prüfungen mit einem rundum positiven Ergebnis für den Vorstand und damit die Genossenschaft. Dazu passt die dann später erfolgte beanstandungsfreie Kassenprüfung zum 30.12.1982 perfekt.

Das Jahr 1983 startet mit Berichten zur energetischen Sanierung und den bei diversen Objekten aufgetretenen Änderungen und Verbesserungen, aber zum Teil auch Schwierigkeiten mit den Dienstleistern. Der Bauausschuss ist entsprechend stark damit beschäftigt, sowohl die Übereinstimmung der geplanten mit der realisierten Farbgestaltung in Preungesheim zu sichern als auch sich für eine neuartige verbesserte Dämmung der Dachflächen in der Eckenheimer Landstraße überzeugen zu lassen. Da nun von Herrn Seckel auch weitere neue Dämmungen bei anderen Objekten ins Spiel gebracht werden, kommt die Zusage über einen Zuschuss von 65 TDM vom Land Hessen sehr gelegen.

Im Februar berichtet Herr Seckel, dass man sich vom Buchhalter Furiath innerhalb der Probezeit getrennt und zum 21. März 1983 mit Herrn **Nees** einen neuen Mitarbeiter für das

Prof. Seckel im Gespräch

Buchhaltungswesen gefunden hat. Da sich Frau Bonnkirch sowohl um die Einarbeitung von Herrn Furiath gekümmert hat als auch zunächst Herr Nees bei dessen Start unterstützen muss, wird zu deren eigener Entlastung im Verwaltungsbereich eine zusätzliche Halbtagskraft eingestellt.

Im April beginnen die Prüfungen für den Jahresabschluss des vergangenen Jahres. Es wird mit einem Jahresüberschuss von etwa 312 TDM gerechnet, von denen vorab zehn Prozent in die gesetzliche Rücklage fließen. 190 TDM sollen der Bauerneuerungs-Rücklage und der Rest der Mitgliederversammlung zur Ausschüttung oder Zuführung zur freien Rücklage zur Abstimmung überlassen werden. Für das Projekt Buchwaldstraße III in Bornheim wird von der Stadt als Erbbaugeber für die Grundstücke die erste Baugenehmigung erteilt, die jedoch mit einigen Änderungen in der Bauplanung verbunden ist. Vorgesehen ist die Vermietung an Polizeibedienstete in den Häusern Buchwaldstraße 37 und 43; dafür steht eine Finanzierung von 3 Mio. DM bereit. Auch für das sich in der Planungsphase befindliche Projekt Weiterstadt wird eine Finanzierung zugesagt. Letztlich steht immer noch das Thema Fehlbelegungsabgabe im Raum und der Druck, dass durch eine mögliche Anhebung der öffentlichen Darlehenszinsen auch über einige Mietanhebungen zu entscheiden sein wird.

> **Eine kleine Verbesserung im Sozialbereich ergibt sich für die fünf Beschäftigten in der Verwaltung mit der Möglichkeit, den Mittagstisch einer Kantine der Stadt Frankfurt zu nutzen;** der Aufsichtsrat stimmt dem Antrag der Geschäftsführung zu, an 4 Wochentagen einen täglichen Verpflegungszuschuss von 2,00 DM pro Mitarbeiter dafür zu gewähren.

Im Mai des Jahres 1983 zeigen sich noch immer Probleme in der Buchhaltung, weil die jeweiligen Stelleninhaber sich doch nicht so schnell in das bestehende Buchungssystem einarbeiten konnten wie erwartet. Deshalb bringen sich die Herren des Prüfungsausschusses intensiv in eine umfangreiche Überprüfung der Unterlagen des vergangenen Jahres ein und schaffen es tatsächlich, Unregelmäßigkeiten auszumerzen und für die externe Prüfung einen positiven Ausgang zu sichern. Erfreulich wird vermeldet, dass die ersten Wohnungen in der Homburger Landstraße im März bezogen wurden, auch wenn die Außenanlagen noch nicht vollständig fertiggestellt sind. Da seit Jahren die Aufwandsentschädigung für die Aufsichtsratsmitglieder nicht erhöht worden ist, muss sie nun der allgemeinen Preisentwicklung angepasst und um zirka 10 Prozent auf 750 DM pro Halbjahr angehoben werden. Der bevorstehenden Mitgliederversammlung will man vorschlagen, den Jahresüberschuss der freien Rücklage zuzuführen.

Die **34. Mitgliederversammlung** findet am 24. Juni 1983 problemfrei ohne unerwartete Ereignisse statt. Der Aufsichtsratsvorsitzende Klassert kann 50 stimmberechtigte Mitglieder und bis auf Herrn Ehre, der 1982 vom Aufsichtsrat

Alle: Kurzröderstraße 1-9

in den Vorstand wechselte, den gesamten Vorstand und Aufsichtsrat begrüßen. Weder zu den Berichten von Vorstand und Aufsichtsrat zum abgelaufenen Jahr 1982 noch zu den Wahlvorschlägen und der Verwendung des Jahresüberschusses gibt es Einwände. Die Entlastung von Vorstand und Aufsichtsrat ist somit ebenso nur noch eine Formalie wie die die Wiederwahl der Herren Gegenmantel, Vogel und Jordt in den Aufsichtsrat. Für den in den Vorstand gewechselten Herrn Ehre wird erstmals Herr Richter **Radke** in den Aufsichtsrat gewählt. Der neue Aufsichtsrat besteht nun aus den Herren Klassert (Vorsitz), Dr. Riese, Kaiser, Jordt, Pusch, Woydich, Gegenmantel und Radke. Die vorgeschlagene Satzungsänderung zur Erweiterung des Geschäftsbezirks nun auf Darmstadt, bei gleichzeitiger Beschränkung auf das Land Hessen insgesamt, wird ausführlich diskutiert und schließlich einstimmig so beschlossen.

In der ersten gemeinsamen Sitzung des neuen Aufsichtsrats mit dem Vorstand im August berichtet Herr Seckel über den nun bevorstehenden Baubeginn des Projekts Buchwaldstraße III zum 1. September und eine geplante Fertigstellung zum 1. Oktober 1984. Weiterhin müssen sich die Gremien mit einem Streitfall zwischen der Genossenschaft und der Stadt Frankfurt befassen: die Stadtverwaltung will keinen Ersatz für das Gelände in Bergen-Enkheim leisten, da man dafür bereits früher ermäßigte Erschließungskosten gewährt habe. Der Vorstand hat offiziell Widerspruch gegen diesen Bescheid eingelegt und geht von einem Streitwert von 700 TDM aus. - Dass ein Räumungsprozess gewonnen und eine Halbjahresbilanz erstellt wurde, die ergab, dass nach Zahlung aller derzeit offenen Baukosten noch ein Guthaben von 400 TDM verbleibt, sind positive Ankündigungen des Vorstands. Auch die erfolgreiche Beendigung der Probezeit des neuen Buchalters Nees und der Wunsch, diesen fest anzustellen, werden zustimmend aufgenommen.

Im November 1983 wird die Baustelle in der Buchwaldstraße besichtigt. Deutlich sind die nicht aus den städtischen Plänen ersichtlichen Felsen im Boden zu erkennen, die zu erheblichen Schwierigkeiten bei der Fundamentierung des rechten Gebäudeteils geführt haben. Im linken Teil ist bereits mit den Kellerwänden begonnen worden. - Ein Problem beim Parken stellt sich durch die zunehmenden Kraftfahrzeuge der Anwohner im Lettigkautweg. Da es keine größeren Erschwernisse gibt, zusätzlich neue Garagen zu errichten, wird die Planung von sieben bis acht weiteren Garagen genehmigt. Weder der Erbbaugeber hat Einwände, noch stellen sich Finanzierungsprobleme dagegen. - Ein neues Bauprojekt wird in Preungesheim, Homburger Landstraße vorgestellt. Dort befinden sich weitere zirka 4000 m² , die derzeit noch mit kleineren abbruchreifen Häusern bebaut sind. Auf diesem Gelände könnten etwa 27 Wohnungen für Polizei- und Strafvollzugsbedienstete errichtet und das Grundstück im Erbbaurecht von der Stadt Frankfurt erworben werden. Bei einem Bauvolumen von etwa 3,5 Mio. DM könnten die Mittel dazu vom Land Hessen und der Stadt Frankfurt aufgebracht werden, die immer noch nach Wohnraum suchen und gerne mit der Genossenschaft für Justizbau zusammenarbeiten. Der Aufsichtsrat ermächtigt deshalb den Vorstand, die Verhandlungen in dieser Sache zielstrebig besonders auch zum Erbbaurecht zu führen. - Die nächste Baustelle in Weiterstadt wurde genehmigt. Dort können nach dem nun erfolgten Kauf des Grundstücks jetzt 42 Wohnungen, vier Dachwohnungen und zwölf Appartements errichtet werden. Vom Bauaufwand von zirka 10 Millionen wird mit einem Darlehen des HMI in Höhe von acht Millionen DM gerechnet. Der Bau soll parallel zur geplanten Neuerrichtung der Strafvollzugsanstalt DA-Weiterstadt erfolgen. Eine Belegung unabhängig von dieser Fertigstellung erfolgt jedoch durch den RP in Darmstadt. Auch diese zukunftsträchtigen Aktivitäten des Vorstands werden zustimmend vom Aufsichtsrat zur Kenntnis genommen. Angesichts der wachsenden Verwaltungsaufgaben (verwaltet werden jetzt 1152 Wohnungen und mehr als 100 weitere sind in Planung) wird deshalb auch ohne Diskussion die Einstellung einer weiteren weiblichen Hilfskraft genehmigt. Herr Seckel kann von zusätzlich im Gebiet Leuchte von Ber-

Westpreußenstraße 1, Straßenseite

Stettiner Straße 38, Hauszugang

gen-Enkheim verfügbaren Grundstücken aus einem Tausch mit der Stadt in einer Größe von zirka 3600 m² berichten, die aber noch nicht baureif sind.

In der letzten gemeinsamen Sitzung des Jahres werden die im November bereits gefassten Beschlüsse umgesetzt. Fräulein Hauptmann wird als neu eingestellte Bürokraft bestätigt. Die Vergütung der Hausmeister und Hauswarte bleibt im kommenden Jahr auf unverändertem Niveau. Die Bauplanung in Weiterstadt muss vorläufig gestoppt werden, da die vom Land Hessen zugesagten 8 Millionen DM noch nicht geflossen sind, weil der Landeshaushalt in Wiesbaden noch strittig von den Parteien diskutiert wird und deshalb noch nicht beschlossen ist. Abschließend legt Herr Seckel den Wirtschaftsplan für 1984 vor, aus dem hervorgeht, dass das Projekt Buchwaldstraße III komplett finanziert ist und mit einem Jahresüberschuss von 125 TDM gerechnet wird. Trotz der nicht kalkulierbaren kurzfristigen Rückschläge kann auf ein erfolgreiches 35. Jahr des Bestehens zurückgeblickt werden.

Das Jahr 1984 stellt den Aufsichtsrat vor eine neue Grundsatzentscheidung: Da Herr Seckel als ehrenamtlicher Vor-

Schlesierstraße 18, Gartenseite

standvorsitzender die Pensionsgrenze als Beamter erreicht, muss entschieden werden, ob er mit einem neuen Vertrag als hauptamtlicher Vorstand ausgestattet werden kann. Dazu sind neben rechtlichen auch persönliche Entscheidungen zu treffen. In jedem Fall wünschen die Herren sich Herrn Professor Seckel als Vorsitzenden der Geschäftsführung zu erhalten, da man mit seiner außergewöhnlichen Durchsetzungskraft, seinen Fachkenntnissen und seinem unermüdlichen Einsatz für die gemeinsame Sache mehr als zufrieden ist. Ihm ist auch zu großen Teilen zu verdanken, dass alle rechtlichen Probleme bisher sachkundig gelöst werden konnten. Da seine derzeitige Bestellung in zwei Jahren ausläuft, will man ihm einen neuen Vertrag für fünf Jahre anbieten. Dazu müssen aber zunächst das Beamtenrecht und die Gesetze zum Gesellschaftsrecht geprüft werden.

In der ersten gemeinsamen Sitzung der beiden Gremien Anfang Februar geht aus dem vorgelegten Entwurf für den Jahresabschluss 1983 hervor, dass mit einem Überschuss von erstmals mehr als 1,1 Mio. DM zu rechnen ist. Zu den einzelnen Projekten berichtet Herr Seckel: für die Buchwaldstraße sind von den Gesamtkosten von etwa 3,2 Mio. DM nur zirka

484 TDM aus Eigenmitteln zu leisten, was kein Problem ist; in der Homburger Landstraße können räumlich anschließend an die gerade fertig gestellten Häuser 125 – 139 noch drei weitere Bauten errichtet werden mit 27 zusätzlichen Wohnungen, wenn die in einem Altbau noch ansässige Anstaltsärztin bald umgesetzt und das Gelände dann komplett geräumt werden kann; obwohl die in Weiterstadt geplante Vollzugsanstalt zunächst nicht gebaut wird, können die dort vorgesehenen 56 Wohnungen, die dann vom Regierungspräsidenten in Darmstadt an Landesbedienstete vergeben werden, bei einem Eigenanteil von etwa 1,5 Mio. DM für den Bauaufwand doch errichtet werden, – allerdings soll der Bauauftrag erst vergeben werden, wenn der Bewilligungsbescheid für die zugesagten 8,1 Mio. DM vom Land Hessen von der Landestreuhandstelle vorliegt. Auch in 1984 sollen Fassaden erneuert werden, und zwar in der Feldgerichtstraße, der Eckenheimer Landstraße und der Kurzröderstraße; dabei soll zuvor geprüft werden, ob das mit einer Wärmedämmung verbunden werden und der hohe Aufwand dafür dann den Mietern zugemutet werden kann. - Eine kleine Verbesserung im Sozialbereich ergibt sich für die fünf Beschäftigten in der Verwaltung mit der Möglichkeit, den Mittagstisch einer Kantine der Stadt Frankfurt zu nutzen; der Aufsichtsrat stimmt dem Antrag der Geschäftsführung zu, an 4 Wochentagen einen täglichen Verpflegungszuschuss von 2,00 DM pro Mitarbeiter dafür zu gewähren. - Mit Befriedigung und Bestätigung für die Wirkung der energetischen Maßnahmen wird zur Kenntnis genommen, dass die Heizkosten trotz gestiegener Energiepreise im vergangenen Jahr leicht zurückgegangen sind. Um die Kosten dafür noch besser kontrollieren zu können, wird beschlossen, die Erfassung des Gas-, Wasser- und Stromverbrauchs künftig alle zwei Monate zu buchen.

Stettiner Straße 36-38, Balkonseite

Stettiner Straße 16-18, Blick in den Garten

Im April findet anlässlich eines Besuchs der Baustelle in Weiterstadt die nächste gemeinsame Sitzung statt. Vorstand und Aufsichtsrat können sich dabei im Beisein des Bürgermeisters von Weiterstadt, der auf die gesunde Finanzlage und günstige Infrastruktur verweist, einen umfassenden Eindruck über die gute Wohnlage des künftigen Wohnviertels verschaffen. Man stimmt in der Beurteilung überein, dass eine Nichterrichtung der geplanten U-Haftanstalt in Weiterstadt durch das Land Hessen einen nicht wieder gut zu machenden Vertrauensbruch darstellen würde. - In der anschließenden Sitzung wird in vorübergehender Abwesenheit von Herrn Seckel über dessen Wiederwahl und Vertragsgestaltung diskutiert und sodann beschlossen, ihn ab 1. Februar 1986 für die Dauer von weiteren fünf Jahren zu verpflichten. Als wichtige pragmatische Argumente werden die bis zu seinem vertraglichen Ausscheiden noch nicht beendeten Bauvorhaben in der Buchwaldstraße, der Homburger Landstraße und in Weiterstadt genannt, für die er als unverzichtbar gehalten wird. Herr Seckel nimmt die Wahl an und berichtet über den bereits fertig gestellten Entwurf des Jahresabschlusses 1983. Die Bilanz weist einen netto Jahresüberschuss von 711.452 DM aus, der der Bauerneuerungsrücklage zugeführt werden sollte. Über den Reingewinn von 134 TDM solle die Mitgliederversammlung beschließen. - Da in den nächsten Jahren mit einem Abbau der Zinsvergünstigungen zu rechnen sein wird, erscheint es sinnvoll, die dann um bis zu einer Mark je Quadratmeter steigenden Mieten möglichst bald an die gesetzliche Mietobergrenze heranzuführen. - Abschließend wird auf dieser erstmals außerhalb von Frankfurt stattfindenden gemeinsamen Gremien-Sitzung des verstorbenen ehemaligen langjährigen Vorstandsvorsitzenden Zimmermann gedacht und dessen Verdienste eingehend gewürdigt.

Im Mai trägt Herr Seckel den Gremien den Geschäftsbericht des Vorstands in geänderter Form vor. Er will der Mitgliederversammlung eine Anhebung der Kredithöchstgrenze von 45 auf 60 Millionen DM vorschlagen. Angesichts des wachsenden Wohnbestands wird die Umstellung der Buchhaltung auf Datenverarbeitung immer zwingender. Herr Seckel schlägt eine Auslagerung zu einer externen Datenverarbeitungsfirma vor, die auch von anderen Wohnungsbauunternehmen genutzt wird. Dadurch könne der Buchhalter eingespart werden. Der Aufsichtsrat stimmt deshalb vorab einer Entlassung von Herrn Nees zu. - Vom Aufsichtsrat kommt die Empfehlung, Frau Zimmermann, die Witwe des ehemaligen Vorsitzenden, darauf hinzuweisen, dass ein Eintritt in den mit ihrem Mann bestehenden Nutzungsvertrag nur möglich ist, wenn sie die Mieteinheit auch weiterhin selbst nutzen wird.

Am 29. Juni 1984 kann der Aufsichtsratsvorsitzende Klassert zur **35. Mitgliederversammlung** 51 stimmberechtigte Mitglieder begrüßen. Die Regularien werden ohne Widerspruch und Nachfragen durchgeführt und die Berichte einstimmig genehmigt. Bei der Vorlage zur Verwendung des Reingewinns von 134 TDM wird vom Mitglied Weber die Auszahlung einer Dividende beantragt. Ihm wird vom Mitglied Wagner mit dem Argument widersprochen, dass der Reingewinn zur Verbesserung der allgemeinen Wohnqualität der gesetzlichen Rücklage zugeführt werden sollte. Die Versammlung entscheidet sich sodann bei drei Gegenstimmen für den Gegenantrag Wagner und beschließt, der gesetzlichen Rücklage 84.547 DM und der Bauerneuerungsrücklage 49.474 DM zuzuführen. Anschließend wird bei getrennter Abstimmung sowohl dem Vorstand als auch dem Aufsichtsrat einstimmig Entlastung erteilt. Ohne Einrede wird auch die Anhebung der Kredithöchstgrenze auf 60 Mio. DM beschlossen. Die satzungsmäßig ausscheidenden Aufsichtsratsmitglieder Radke, Kaiser und Woydich werden ohne Gegenstimmen wiedergewählt. Zum Ende der Veranstaltung macht unter dem neuen Punkt VERSCHIEDENES das Mitglied Maas den Vorschlag, an alle Mitglieder die Zeitschrift ‚Das Dach' zu verteilen; ein Beschluss dazu wird nicht getroffen.

Im September 1984 hat sich der neue Aufsichtsrat konstituiert und mit großem Interesse den Bericht das Bauausschusses über dessen Begehungen der Gebäude mit Sanierungsarbeiten entgegen genommen und die Kunde über die Zufriedenheit mit den Arbeitsausführungen der Firma Hassler. Auch die Ankündigung des am 28. September bevorstehenden Einzugstermins für die 22 Wohnungen in den Neubauten Buchwaldstraße 37 und 43 wird positiv aufgenommen. 16 Wohnungen sollen von Polizeibeamten bezogen werden, die restlichen will die Stadt vermitteln. Besonders positiv wird bemerkt, dass die Baukosten bereits jetzt in voller Höhe beglichen sind. Somit beträgt der Wohnungsbestand am 1. August 1984 genau 1139 Wohnungen, der ab 28. September um 22 weitere Wohneinheiten und in Weiterstadt um 56 zusätzlich entstehende Wohnungen erweitert werden wird, sobald der Bewilligungsbescheid vorliegt. Vorausschauend kommen sodann noch die 27 Wohnungen des Anschlussbaus in der Homburger Landstraße für die Strafvollzugs- und Justizbediensteten hinzu, für die ebenfalls kurzfristig der Bewilligungsbescheid der Helaba über 3,7 Mio. DM aussteht – bei einem Eigenanteil für das Projekt von 686 TDM, die als Reserve vorhanden sind. Nach Fertigstellung all dieser Baumaßnahmen wird **die Justizbau Frankfurt zur drittgrößten unabhängigen Wohnungsbaugenossenschaft im Süddeutschen Raum** mit insgesamt 1244 Wohnungen auf einer Gesamtwohnfläche von etwa 87.000 m².

Fürwahr ein stolzes Ergebnis, das ausschließlich in ehrenamtlicher Verantwortung von außergewöhnlich engagierten Herren mit Unterstützung der Verwaltungsmitarbeiterinnen und Mitarbeiter erreicht werden konnte. Wäre man nicht so bescheiden, sollte es zu diesem Zeitpunkt ausreichend Gründe zum Feiern geben. Im Interesse der gemeinsamen Sache aber konzentrieren sich die Gremien auf die laufenden Aufgaben und Selbstverpflichtungen. Dazu gehört, dass der Tauschvertrag an der Leuchte in Enkheim erfolgreich mit der Stadt zu Ende gebracht und durch ein Umlegungsverfahren in Weiterstadt für einen Kaufpreis von 1,5 Mio. DM eine Grundstücksfläche von 4.788 m² erworben wird. Auch wird die erfreuliche Mitteilung aufgenommen, dass die Fehlbelegungsabgabe wahrscheinlich nicht mehr kommt, da die Ein-

> **Die Justizbau Frankfurt wird zur drittgrößten unabhängigen Wohnungsbaugenossenschaft im Süddeutschen Raum mit insgesamt 1244 Wohnungen auf einer Gesamtwohnfläche von etwa 87.000 m².**

führung eines Zinssatzes von nun acht Prozent diese Diskussion erledigen wird.

Zudem diskutiert das neue Gremium den Antrag aus der Mitgliederversammlung, die Zeitschrift ‚Das Dach' an alle Mitglieder zu verteilen; man kommt zum Entschluss, das nicht zu tun, da dies mindestens 5.000 DM pro Jahr kosten wird. Stattdessen will man das eingesparte Geld, das auch durch den Verzicht auf Dividendenausschüttung vermehrt wird, für den weiteren Einbau von Zentralheizungen in den ganz früh errichteten Wohnungen verwenden. Auch diskutiert man wieder einmal – diesmal aber sehr konkret mit Anschaffungsabsicht - über die Einführung einer Datenverarbeitungsanlage, die als immer wichtiger betrachtet wird, da zwar wieder eine neue Schreibkraft in der Verwaltung eingestellt werden konnte, die Arbeitsmenge aber mit den steigenden Vermietungen immer umfangreicher und komplizierter

Weiterstadt - Dresdner Straße Giebelseite

Weiterstadt - Am Ohlenbach 77

Weiterstadt - Am Stein 18

Weiterstadt - Westring 102, Westseite

Weiterstadt - Weimarer Straße 2a Giebel

> **In den letzten Wochen wurde eine neue Elektronische Verarbeitungsanlage installiert und das Personal befindet sich in aktivem Training-on-the-Job. Allerdings werden die hoch gesteckten Erwartungen, die gesamte Buchhaltung ab 1. Januar 1985 darüber abzuwickeln durch Frau Bonnkirch gedämpft.**

wird und diese Anschaffung nun nicht mehr aufgeschoben werden kann, schließlich agiert man Mitte der achtziger Jahre, kurz nach dem Markteintritt der ersten Personal Computer und nur wenige Jahre vor Einführung von Internet und Mobiltelefonie wie vor dreißig Jahren.

Die nächste gemeinsame Sitzung findet am 7.12.1984 wieder in Weiterstadt statt, wo man sich von Herrn Busch von der bauausführenden Firma Richter & Schädel über den Fortschritt informieren lässt. Man erwartet keine Schwierigkeiten. Der Vorstand soll versuchen, sofern die Finanzierung sichergestellt werden kann, das Grundstück zwischen den beiden Baustellen in Weiterstadt zu erwerben. - Die Herren vom Bauausschuss berichten dann, dass die Fenstererneuerung in Eckenheim erfolgreich abgenommen wurde und Mieter und Vermieter mit den Arbeiten der Firma Hassler rundum zufrieden sind. - Endlich konnten die Altbauten in der Homburger Landstraße abgerissen werden; die Kosten von 45 TDM dafür werden in laufenden Kosten für den Neubau aufgenommen. Obwohl der Bauschein noch auf sich warten lässt, werden die Baukosten einschließlich einer Parkpalette schlüsselfertig 4,175.000 DM betragen; das garantiert eine Finanzierungszusage des hessischen Innenministers in Wiesbaden, der das Projekt für seine Beamten komplett als Arbeitgeber finanziert. - In den letzten Wochen wurde eine neue Elektronische Verarbeitungsanlage installiert und das Personal befindet sich in aktivem Training-on-the-Job. Allerdings werden die hoch gesteckten Erwartungen, die gesamte Buchhaltung ab 1. Januar 1985 darüber abzuwickeln durch Frau Bonnkirch gedämpft. Sie informiert, dass die erheblichen Datenmengen zur Grunderfassung aller Mitglieder, Wohneinheiten und technischen Daten nur mit externer Unterstützung mindestens ein Jahr dauern wird. Die Moderne hält Einzug in die Genossenschaft und scheint unaufhaltsam – auch wenn neue Kostenarten entstehen.

Am 1. Februar **1985** treffen sich die Herren zur ersten gemeinsamen Sitzung im neuen Jahr. Die Herren vom Bauausschuss berichten, dass sie sich in der letzten Januarwoche mit der Firma Richter & Schädel wegen der Ausstattungsmerkmale des ersten Bauabschnitts in Weiterstadt abgesprochen haben. Das zwischen den Bauten liegende Grundstück konnte mit einem Nachlass von 90 TDM für 660 TDM gekauft werden. Zusätzliche Sparmöglichkeiten ergeben sich aus der Tatsache, dass bei einer unmittelbaren Baufortsetzung auf diesem Grundstück, die Baugeräte und Baumaschinen nur auf kurzem Weg von der aktiven Baustelle umgesetzt werden müssen, was in der Kalkulation noch mit separaten Logistik-Kosten kalkuliert worden ist. Der forcierte Baufortgang ist auch deshalb realistisch, weil die Gemeinde Weiterstadt vertraglich zehn Wohnungen im Neubau belegen kann und daran auch ein offensichtlich großes Interesse besteht. Ein Blick auf die Liquidität zeigt vor dem Hintergrund aller akuten Maßnahmen ein ausgeglichenes Bild. Auch ein aktuelles Badewannensanierungs-System wird vorgestellt, mit dem künftig Renovierungen einzelner Wohnungen effektiv und langfristig haltbarer durchgeführt werden sollen. - Für das Bauvorhaben in der Homburger Landstraße liegt nun die Darlehenszusage der Hessischen Landesbank (HeLaBa) vor; mit der Baugenehmigung zum Starten dieses anspruchsvollen Großprojekts rechnet man innerhalb der kommenden zwei Wochen.

Das Thema Finanzen ist der folgende Schwerpunkt der Diskussion: die Kosten der Verwaltung konnten von 585 TDM auf 495 TDM gesenkt werden. Der erste Jahresabschluss mit der neuen EDV-Anlage ist in Arbeit und soll vorgelegt werden, sobald die Heizkosten komplett verrechnet sind. Die Betriebskosten haben sich jetzt auf 1,6 Mio. DM eingependelt und garantieren bei einer Zinsbelastung für alle Darlehen von 1.778.000 DM für das abgelaufene Jahr einen erheblichen Jahresüberschuss von mehr als 1,1 Mio. DM. Angesichts dieser guten Finanzlage will man schon früh über die Verwendung des Reingewinns verhandeln. Da man sich auf Begehren zur Ausschüttung von Dividenden einstellt, die bei dem 4%-Limit der Einlagenhöhe bei etwa 8.440 Anteilen doch nur zirka 54 TDM ausmachen würde, sollen die hohen Kosten für diesen Aufwand gegengerechnet werden, um in der bevorstehenden Jahreshauptversammlung ausreichend Argumente dagegen vorbringen zu können; zu erwähnen ist dabei auch der relativ hohe Aufwand für jeden einzelnen Anteilseigner die Kapitalertragssteuern an das Finanzamt abzuführen. Allen Beteiligten ist klar, dass für diesen Betrag in erheblichem Umfang neue Spielgeräte aufgestellt werden könnten. Man ist also durchaus mit guten Argumenten für die nächste Mitgliederversammlung ausgestattet, um im Interesse der Genossenschaft den Gemeinsinn wieder einmal massiv vor den Eigennutz zu stellen.

Des Weiteren beschäftigt ein technisches Problem die Gremien: Es könnten und sollten mehr Etagenheizungen installiert werden, aber auf eine diesbezügliche Umfrage gab es nur geringe Resonanz, was an den Kosten der Maßnahme liegen könnte. Eine geänderte Kostenverteilung sollte hier ein Umdenken hervorbringen, wird gehofft. Deshalb soll dem Mieter angeboten werden, dass er den Einbau selbst bezahlen kann oder über eine 50%-Aufteilung mit der Genossenschaft, die dann wiederum statt einer Mieterhöhung den Erwerb eines neuen Genossenschaftsanteils als Ausgleich anrechnen würde. - Abschließend berichtet Vorstandschef Seckel über die bevorstehende Aufgabe seiner Wohnung bei der Genossenschaft; er wird in ein eigenes Haus einziehen, das aber weiter entfernt von Frankfurt weg liegt und es ihm nicht erlauben wird, den engen Kontakt zu Mitarbeitern und Partnern im Aufsichtsrat fortzusetzen. Deshalb benötigt er ein Arbeitszimmer im Eigenheim, für das er eine angemessene Mieterstattung erwartet. Die Herren nehmen diese Nachricht mit in ihren Alltag und werden bei Gelegenheit ihren Entschluss dazu verkünden.

Die nächste gemeinsame Sitzung von Vorstand und Aufsichtsrat findet in **Weiterstadt** statt, und zwar zunächst auf der Baustelle. Herr Busch von der Firma Richter & Schädel erläutert den Baufortschritt. Der große Gebäudekomplex fügt sich nach dem Empfinden Aller gut in die Umgebung ein. Man ist zufrieden mit den 56 im Rohbau fertigen Wohnungen und dem Baufortschritt insgesamt. Das zum Verkauf stehende Nachbargrundstück wird besichtigt. Herr **Bürgermeister Hahn** informiert über die Infrastruktur der Ortsteile und der Vorstandsvorsitzende Seckel zeigt sich im Namen der Genossenschaft sehr erfreut über die solide Entwicklung der Geschäftsbeziehung zur Gemeinde Weiterstadt. Diese wird durch ein gemeinsames Abendessen mit dem Bürgermeister gefestigt; danach wird die Agenda der Sitzung dann jedoch ohne den Bürgermeister fortgesetzt mit dem Geschäftsbericht 1984, den Herr Seckel vorträgt. Er kann mit einem Rekordüberschuss von 1,1 Mio. DM aufwarten, von denen 450 TDM für die

Dielmannstraße 5 - Gartenansicht

Sonderabschreibungen der erneuerten Fenster verwendet werden sollen. Damit ergibt sich noch ein um 50 TDM höherer Jahres-Nettoüberschuss gegenüber dem Vorjahr von 613 TDM. Im Vergleich zum Vorjahr hat sich auch das Anlagevermögen um 3,3 Mio. DM. erhöht, während die Einnahmen aus Vermietung und der Hausbewirtschaftung auf 6,6 Mio. DM gewachsen sind. Das positive Ergebnis zeigt sich auch mit Blick auf den Saldo auf dem laufenden Konto zum Jahresende mit einem Guthaben von mehr als 1 Mio. DM. Bei dieser geballten Meldung von Positiva kann die Zustimmung zum Geschäftsbericht und Jahresabschluss nur einstimmig sein. Dazu passt die Meldung über den Prüfungsbericht des Verbands, der eine zufriedenstellende Finanzlage, ausreichend Reserven und kein erkennbares Risiko der Genossenschaft bestätigt hat. In der abschließenden Berichterstattung kann Herr Seckel über das Projekt in der Homburger Landstraße mitteilen, dass die Baugenehmigung für die 28 Wohnungen nun vorliegt und mit dem Baubeginn jetzt zügig für den Herbst geplant werden kann. - Im letzten Punkt dieser Sitzung teilt der Aufsichtsrat Herrn Seckel mit, dass sein Antrag auf Mietzuschuss positiv entschieden wurde und er für die Dauer seiner Tätigkeit monatlich eine Miete von 400 DM erhalten wird.

Dielmannstraße 6 - Straßenfront und Zugang Hof

Ende Mai wird in der letzten Sitzung vor einer denkwürdigen Mitgliederversammlung von den Herren des Bauausschusses berichtet, dass man sich davon überzeugt hat, dass die Garantie für die Fassaden-Farbanstriche von sieben Jahren eine realistische Zeitspanne beinhaltet und nach Inaugenscheinnahme die Gebäude bis zum nächsten Wiederanstrich in gutem Zustand verbleiben werden. Nachdem man sich wegen der Anschaffung und Einführung der EDV-Anlage vom Buchhalter getrennt hat, wird über den Antrag von Frau Bonnkirch zu einer Gehaltsanhebung verhandelt und beschlossen, ihr diese nach Ermessen des Vorstands zu gewähren mit der Bedingung, dass die EDV voll einsatzfähig ist und genutzt wird. Auch die mögliche Anhebung der Aufwandsentschädigung für die Vorstandsmitglieder wird diskutiert, da diese seit 1979 nicht mehr geändert worden ist, eine Entscheidung aber vertagt. Herr Obermann soll eine Vertragsverlängerung für weitere fünf Jahre bekommen, wenn sein Vertrag am 3. Oktober 1985 ausläuft. Schließlich erfolgt ein Gedankenaustausch über die Chancen einer Bautätigkeit unter den geänderten Bedingungen einer Verringerung der öffentlichen Zuschüsse, die schon absehbar ist.

In der **36. Mitgliederversammlung am 28. Juni 1985** kündigen sich Veränderungen im Ablauf und bei der Beteiligung der Mitglieder an fast allen anstehenden Entscheidungen an. Verkörpert wird diese Veränderung mit starken Widerspruchstendenzen durch einen Herrn **Maas**, der sich erstmals deutlich zu Wort meldet. Er tut dies nachdem der amtierende Aufsichtsratschef in diesem Jahr 66 stimmberechtigte Mitglieder begrüßt und Herr Seckel seinen Bericht mit all den positiven Zahlen für das vergangene Jahr vorgetragen hat. Mit insgesamt drei Rügen meldet er sich anschließend direkt zu Wort und kritisiert erstens, dass der Vorwegabzug der Bauerneuerungsrücklage nicht den gesetzlichen Vorschriften gemäß den Paragrafen 33f. Genossenschaftsgesetz entspricht und verweist dabei auf den Kommentar Meyer-Meulenburg; zweitens rügt er die fehlende dritte Unterschrift des Vorstands auf dem Protokoll der letztjährigen Mitgliederversammlung; drittens sei im Ladungsschreiben zur letzten Mitgliederversammlung die Ankündigung der geplanten Satzungsänderung §2, Absatz 4 nicht korrekt, denn dort müsse es statt ‚Geschäftsbetrieb' unbedingt ‚Geschäftsbereich' heißen. Die Folge dieser Äußerungen ist eine angeregte, fast hitzige Diskussion, in der sich auch andere Mitglieder Luft machen. *Angesichts der sehr guten Zahlen und herausragenden Gesamtsituation der Genossenschaft kann man als Außenstehender diese Tendenz zur handfesten aber auch sachlichen Kritik, die in allen Punkten gerechtfertigt erscheint, mit zwei Motiven erklären: erstens will man seine demokratischen Rechte jetzt, nachdem der Aufbau dreißig Jahre nach dem Wiederanfang nun erfolgreich geschafft und gefestigt ist, intensiver und direkter wahrnehmen; zweitens sind viele Mitglieder unzufrieden mit der ununterbrochenen jährlichen Reinvestition der Mittel, wo sie doch lieber eine Dividendenzahlung sehen und empfangen würden, gerade wenn und weil es der Genossenschaft wirtschaftlich so gut geht.*

Aus der Versammlung wird nun vorgeschlagen, die Bilanz jährlich allen Mitgliedern zur Verfügung zu stellen. Der Aufsichtsratsvorsitzende Klassert bemerkt dazu, dass man wegen der relativ hohen Kosten der umfangreichen Bilanzbücher darauf bisher verzichtet habe. Im Übrigen stehe es aber jedem Mitglied frei, in der Geschäftsstelle auch die umfangreichen Erläuterungen einzusehen und sich ausgiebig mit den Bilanzunterlagen zu befassen. Nach dem Verlesen des Berichts des Aufsichtsrats stellt ein Mitglied erstmals entschieden einen Geschäftsordnungsantrag mit dem Ziel, die Abstimmung über die Genehmigung von Jahresabschluss, Geschäftsbericht und des Berichts des Aufsichtsrats in einer Abstimmung durchzuführen. Dazu erwidert der Versammlungsleiter, dass eine Änderung der Tagesordnung (TO) nicht mehr möglich sei und man sowohl TO Punkt 4 als auch TOP 5 hintereinander abhandeln müsse. Daraufhin stellt ein anderes Mitglied den Antrag auf geheime Abstimmung mit Stimmzettel, der abgelehnt wird. Der Jahresabschluss wird mit nur 31 Ja- bei 16 Nein-Stimmen, der Geschäftsbericht des Vorstands mit 29 Ja- bei 18-Nein-Stimmen, der Bericht des Aufsichtsrats mit 24-Ja- bei 14-Nein-Stimmen genehmigt. *Eine Quote von weniger als 50% in allen Abstimmungen klingt wie eine Niederlage und Ohrfeige für die unmittelbar Verantwortlichen, die sich vor allem in ehrenamtlicher Arbeit meist selbstlos um das Wohl der Genossenschaft gekümmert haben.* **Nun tritt Herr Maas erneut auf und beantragt die satzungsgemäße Ausschüttung einer Dividende von 4% auf den Geschäftsanteil.** Jetzt empfehlen mehrere Redner von Vorstand und Aufsichtsrat davon abzusehen, da man die Mittel besser der Bauerneuerungsrücklage zuführen sollte. Ferner wird auf den Beschluss der letztjährigen Versammlung verwiesen, Vorschläge an den Vorstand für den Einbau von neuen Spielgeräten, zum Einbau von Etagenheizungen etc. zu machen. Das seien wesentlich sinnvollere Verwendungen der durch eisernes Sparen erwirtschafteten Überschüsse. Die Argumente überzeugen schließlich die große Mehrheit und man beschließt einstimmig, den Jahresüberschuss in Höhe von 61.327,25 DM der gesetzlichen Rücklage und den verbleibenden Restbetrag von 56.662,84 DM der Bauerneuerungsrücklage zuzuführen. Vor der anschließenden Wahl berichtet der Aufsichtsratsvorsitzende Klassert über das positiv verlaufene Abschlussgespräch mit dem Prüfungsverband vom 26.

April 1985. Der Vorstand wird sodann mit 33 Ja- bei 22 Nein-Stimmen klar und der Aufsichtsrat mit nur 25 Ja- und 23 Nein-Stimmen knapp entlastet. Die Differenz zu der Zahl aller Anwesenden Wahlberechtigten sind Enthaltungen, die bei Neu-Mitgliedern berechtigt, bei anderen eher als vorsichtige Unentschiedenheit oder aber auch als Denkzettel gewertet werden können.

Dann erfolgt ein wahrer Wahlmarathon unter der Wahlleitung von Herrn Kaiser. Vom Aufsichtsrat werden die turnusmäßig ausscheidenden Aufsichtsratsmitglieder Pusch, Dr. Riese und Klassert zur Wiederwahl gemäß des Gremienbeschlusses vorgeschlagen, und alle drei erklären ihre Bereitschaft zur Übernahme eines neuen Mandats. Aus der Versammlung heraus werden sodann die Herren Ehm, Maas, Sann, Professor Döhler und Professor Blau vorgeschlagen. Nachdem bereits sechs Mitglieder die Versammlung verlassen haben, werden nun 60 Stimmzettel ausgegeben. Das Ergebnis des ersten Wahlgangs bringt eine Überraschung, da **nur ein Kandidat von den acht angetretenen eine Mehrheit von mehr als 50% der Wahlberechtigten**, also mindestens 31 Stimmen auf sich vereinigen kann, nämlich der die vergangene Diskussion stark beeinflussende **Herr Maas mit 32** Stimmen. Nun erfolgt ein zweiter Wahlgang mit nur noch 56 Stimmberechtigten, nachdem vier weitere den Saal verlassen haben. Kein Kandidat erreicht jetzt die erforderliche Stimmenzahl von mindestens 29 Stimmen. **Herr Sann und Professor Blau ziehen ihre Kandidatur zurück.** Im dritten Wahlgang werden nur noch 55 Stimmzettel ausgegeben für nur noch fünf Kandidaten, von denen wieder niemand die Mehrheit von mindestens 28 Stimmen erhält. **Nun erklärt Herr Dr. Riese seinen Verzicht.** Im vierten Wahlgang werden 54 Stimmen abgegeben, aber niemand erreicht wieder von den nun nur noch vier Kandidaten die Mehrheit von immer noch 28 Stimmen. **Aus der Versammlung heraus wird beantragt, die geheime Wahl zugunsten einer offenen Abstimmung aufzugeben.** Dem wird zugestimmt und die verbliebenen 51 Mitglieder stimmen über jeden Kandidaten einzeln ab. Herr Klassert erreicht 29 Stimmen und Prof. Döhler als Neu-Kandidat 26 Stimmen. Endlich liegt das komplette Gesamtergebnis der erstmals so zeitaufwändigen Wahl vor: die Herren Maas, Klassert und Professor Döhler nehmen die Wahl zum neuen Aufsichtsrat an.

> **Eine Quote von weniger als 50% in allen Abstimmungen klingt wie eine Niederlage und Ohrfeige für die unmittelbar Verantwortlichen, die sich vor allem in ehrenamtlicher Arbeit meist selbstlos um das Wohl der Genossenschaft gekümmert haben.**

Steinhausenstraße 4-6 - Straßenfront

Abschließend kommt noch ein Thema aufs Tapet, das ein bisheriges Versäumnis beleuchtet: da bisher bei allen vorangegangenen Mitgliederversammlungen keine namentlichen Anwesenheitslisten geführt wurden, sagen Vorstand und Aufsichtsrat auf Empfehlung aus dem Mitgliederkreis zu, dies künftig zu ändern und jedem Mitglied auf Wunsch in der Geschäftsstelle eine Protokollabschrift und Teilnehmerliste verfügbar zu machen. Die Versammlung wird erst kurz nach Mitternacht nach einer spannenden Mammutsitzung, in der erstmals sehr ausführlich die demokratischen Rechte der Genossen wahrgenommen worden waren, offiziell geschlossen. Eine denkwürdige Erfahrung für alle Beteiligten!

In der konstituierenden Sitzung des Aufsichtsrats wird am 5. Juli 1985 Herr Klassert wieder zum Aufsichtsratsvorsitzenden gewählt, diesmal mit zwei Enthaltungen, und Herr Kaiser als sein Stellvertreter mit einer Enthaltung. Herr Gegenmantel wird ohne Einschränkung und Herr Vogel mit einer

Treppenabgang zur Steinhausenstraße 6+4 - Gartenseite

Enthaltung wieder zu Schriftführern gewählt. Im Anschluss an die von allen angenommene Wahl werden die Termine ausgetauscht, an denen die einzelnen Herren im bevorstehenden Amtsjahr verfügbar sind. Somit kann von beiden Gremien sinnvoll geplant werden. In der anschließenden durch den Vorstand erweiterten gemeinsamen Sitzung beschäftigt man sich zunächst mit den vorliegenden Protokollen 2/85 und 3/85. Im TOP 5 des dritten Protokolls wurde Herr Obermann für weitere fünf Jahre als Vorstandsmitglied bestimmt; er nimmt heute die Wahl und die Vertragsverlängerung dankend an. Bezüglich der Neubauten in der Homburger Landstraße regt Herr Seckel an, innerhalb der Genossenschaft eine Umfrage abzuhalten über das Interesse an einer zweistöckigen Bauweise von Eigentums-Reihenhäusern mit Erbbaurecht. Die Herren vertagen die Entscheidung dazu, weil sie sich vorrangig mit der Situation in Weiterstadt beschäftigen. So stimmt man dem Bau weiterer 28 Wohnungen in Weiterstadt zu, nachdem im April 1986 die in Bau befindlichen 56 ersten Wohnungen bezogen werden können. Dazu passt die Meldung, dass die kürzlich eingegangene Bewilligung des Landes für den 2. Bauabschnitt nun vorliegt und durch die bereits gezahlten Erschließungskosten und die geplanten Pkw-Abstellplätze der Eigenanteil der Genossenschaft als erbracht gelten kann und mit keinen weiteren Belastungen mehr zu rechnen ist. Herr Seckel betont aber, dass das Grundstück mit 5.500 m² unter Vorbehalt nach § 326 BGB erworben wurde bei Anschaffungskosten von nur 1,4 Mio. DM, zu denen allerdings noch die 220 TDM an Erschließungskosten hinzuzurechnen sind. Dazu regt Herr Jordt an, nun zügig mit dem Rohbau zu beginnen und die Dacherrichtung bis zum Winter zu schaffen, damit dann der Bau bis zum Frühjahr austrocknen kann. Dies erfolgt vor allem vor dem Hintergrund der Verabschiedung des Landeshaushalts 1985/86 der Hessischen Landesregierung, die den Bau der Haftanstalt Weiterstadt auf der grünen Wiese erst möglich machte. Für die Jahre 1987/88 werden dort 280 Bedienstete erwartet, von denen die meisten eine Wohnung in Nähe des Arbeitsplatzes suchen. Um dafür alle Kapazitäten zu nutzen, müssten noch zahlreiche weitere Wohnungen gebaut werden. Dafür aber hat die Stadt Weiterstadt keine geeigneten Grundstücke mehr. Wie man aber aus dem Rathaus erfahren konnte, werden auf dem Wege des Umlegungsverfahrens auf dem Gelände einer alten Gärtnerei demnächst zirka 5.000 Quadratmeter frei, die mit 1,6 Mio. DM auf dem Immobilienmarkt angeboten werden. Herr Seckel kann bereits vorrechnen, dass dieser Preis zu hoch ist, wenn man eine Miete von 5,25/m² realisieren will. Maximal 1,532 Mio. DM dürfen nach dieser Rechnung gezahlt werden. Darüber soll mit Bürgermeister Hahn verhandelt werden. - Der Aufsichtsrat stimmt einer EDV-Gehaltszulage für Frau Bonnkirch rückwirkend zum 1. April 1985 zu, solange diese die EDV-Anlage bedient. Geplant ist durch sie die Vorbereitung, Durchführung und Überwachung der Bank-Einzugsverfahren für die Mieten; das soll spätestens ab Januar 1986 eingeführt sein. Auch die Vorstandsgehälter und die Sätze der Aufwandsentschädigung für den Vorstand werden diskutiert und wie folgt neu vorgeschla-

> **Ohne Diskussion wird der Anschaffung eines Kleintransporters zum Anschaffungspreis von zirka 11 TDM zugestimmt und positiv zur Kenntnis genommen, dass eine weitere Halbtagskraft zur Entlastung der Verwaltungsmitarbeiter eingestellt werden wird.**

gen: für Herrn Ehre ein Zuschlag von 200 DM, Herrn Obermann von 300 DM und Herrn Seckel von 600 DM; mit einer Stimmenthaltung wird diese Erhöhung akzeptiert.

Im Rahmen einer Besichtigung findet die nächste gemeinsame Sitzung am 30. August 1985 in Weiterstadt statt. Herr Maas bittet künftig um den Versand einer Tagesordnung mit den Einladungen zur Aufsichtsratssitzung. Herr Seckel trägt den Statusbericht zum ersten Halbjahr 1985 vor und erläutert, dass man wieder mit einem Überschuss von mehr als einer Million DM rechnen kann und dass sich das Anlagevermögen um zirka 3,9 Mio. DM erhöht hat. Sodann befasst man sich mit den neuen Richtlinien für die Vergabe von Wohnungen für Landesbedienstete, die vom Hessischen Minister des Inneren angeordnet worden sind. Zum Glück ist die Genossenschaft davon nur minimal betroffen, da sie nur auf die Wohnungen zutreffen, die nicht zugleich mit öffentlichen Mitteln im sozialen Wohnungsbau gefördert worden sind. Dazu kommt, dass mit Erlass vom 12.06.1985 die Wohnungsbaurichtlinien geändert wurden. Danach werden die als öffentliche Mittel gemäß Abschnitt 39b gewährten Aufwendungszuschüsse von der Wohnberechtigung der Mieter abhängig gemacht, die eine bestimmte Einkommensgrenze nicht übersteigen dürfen, und die alle fünf Jahre das Einkommen nachweisen müssen. Im Zentrum steht dann die Diskussion um die weiteren energiesparenden und durch Fassaden-Erneuerung wertverbessernden Renovierungsmaßnahmen in den Liegenschaften Feldgerichtstraße 10-22, Platenstraße 125-137, Eckenheimer Landstraße/Kurzröderstraße, Obere Kreuzäckerstraße, Bergen-Enkheim I, II und III sowie die Georg-Treser-Straße im Stadtteil Oberrad. Die Herren wollen aber nur zustimmen, wenn hierfür mit Zuschüssen des Landes zu rechnen ist. Der Gesamtaufwand wird nach den eingeholten Kostenvoranschlägen mit 3,63 Mio. DM beziffert für die insgesamt 474 Wohneinheiten, also im Schnitt ein Renovierungsaufwand pro Wohnung von 7.658 DM. Da der Vorstand bereits am 26. August 1985 einen Landeszuschuss in Höhe von 25% beantragt hat, müssten bei Bewilligung von den dann insgesamt 2,722 Mio. DM einzusetzender Eigenmitteln noch 1,7 Mio. DM wegen der Wertverbesserung auf die Mieten umgelegt werden. Schon im Oktober liegt der Bewilligungsbescheid mit der Bedingung vom Regierungspräsidenten (RP) aus Darmstadt vor, dass mehr als die Hälfte der Mieter in den betroffenen Liegenschaften dem Vorhaben zustimmen müssen. Nachdem als Erste 34 Mieter von 56 (60 %) in der Feldgerichtstraße zugestimmt haben, werden die Arbeiten dort unverzüglich testweise vergeben. Die anderen Objekte sollen bei erfolgreicher Sanierung und Akzeptanz der Mieterhöhung durch die Wohnungsinhaber sukzessive in den folgenden drei Jahren in Angriff genommen werden. Bis zum Jahresende haben mehr als 50 Prozent der Mieter ihre schriftliche Zustimmung gegeben und ein weiterer Antrag auf Bewilligung eines 25%-Zuschusses ist an den Regierungspräsidenten unterwegs.

In der vorletzten Sitzung des aktuellen Geschäftsjahres wird vom Bauausschuss vorgetragen, dass künftig statt Kiefernholz-Fenster beständigere Merantiholz-Fenster eingebaut werden sollen, die ohne großen Preisunterschied beschafft werden können. Mit zwei weiteren allgemeinen Themen setzt sich das gemeinsame Gremium dann erstmals auseinander: 1. Offensichtlich ist vielen Mietern nicht mehr bewusst, dass die Miete vor einigen Jahren um 50 Pfennig pro Quadratmeter gesenkt wurde, damit Kleinreparaturen selbst veranlasst und getragen werden können; Aufträge zur Reparatur können nur noch bei Gefahr im Verzuge durch die Geschäftsstelle veranlasst werden. Das sollte man den Mitgliedern der Genossenschaft schnell kommunizieren. 2. Es liegt der Antrag einer 40-jährigen Tochter eines verstorbenen Mitglieds vor, die Wohnung auch nach dessen Tod weiter bewohnen zu dürfen; nach Anhörung der Argumente des Vorstands entscheidet der Aufsichtsrat die Ablehnung des Antrags wegen der genossenschaftlichen Satzung.

Zum Jahresende werden die vom Vorstand bereits vorab erhöhten Weihnachtsgratifikationen der Hausmeister um drei Prozent seit 1983 nachträglich gebilligt. - Ein heikles Thema muss aber noch behandelt werden: In einem Gerichtsprozess wurden Interna aus Vorstands- und Aufsichtsratssitzungen (Einzelheiten sind nicht mehr zu validieren!) preisgegeben, was gegen die Verschwiegenheitsverpflichtung von Aufsichtsratsmitgliedern verstößt; deshalb wird präventiv noch einmal betont, dass die Geschäftsordnung in jedem Fall einzuhalten ist und über die gesamte ehrenamtliche Tätigkeit Verschwiegenheit zu wahren ist. Auch wurde der Wunsch geäußert, gelegentlich Sitzungen nur im Aufsichtsrat ohne den Vorstand abzuhalten, besonders vor Mitgliederversammlungen, da der Vorstand in keinem Fall Vorschläge für den Aufsichtsrat machen darf; schließlich soll er den Vorstand und seine Arbeit ja kontrollieren und setzt die Vorstände nicht nur ins Amt ein, sondern soll auch alle seine Verträge gegenzeichnen. Herr Klassert kündigt abschließend an, dass im nächsten Jahresbericht die Zahlen verständlicher dargestellt und erläutert werden. Schließlich sei das zu Ende gehende Jahr buchungstechnisch das Beste seit Gründung!

Im neuen Jahr 1986 steht zu Beginn der Bericht über die Kassenprüfung, die Kassenlage und die wirtschaftliche Situation insgesamt im Mittelpunkt. Dabei werden auch die Bemerkungen zur Prüfung durch den Verband der Südwestdeutschen Wohnungsbauunternehmen einzeln erörtert und gemeinsame Stellungnahmen verfasst. Zum Ultimo 1985 betrug der Bankbestand 1,254.352,71 DM. Dabei ist zu berücksichtigen, dass die Zahlungen für die Errichtung der schlüsselfertigen 56 ersten Wohnungen in Weiterstadt bereits komplett geleistet worden sind und keine weitere Belastung für den Haushalt 1986 dafür mehr ansteht. Nach einer vorläufigen Berechnung betrug der Verwaltungsaufwand pro Wohneinheit 318 DM bei einer Aufwendung von 381.665 DM für die Instandsetzung. Für alle Liegenschaften wurde von der Landesregierung die Genehmigung für die energetische Wärmedämmung erteilt. Auch für das neueste Projekt Weiterstadt III hat die Stadt Weiterstadt ihren Verzicht gegenüber der Genossenschaft erklärt, falls der Verkäufer die von der Genossenschaft bereits geleisteten Erschließungskosten nicht zahlen sollte. Ein rundum positiver Ausblick auf das gerade begonnene 37. aktive Geschäftsjahr der Justizbau.

Mitte März 1986 treffen sich die beiden Gremien wieder in Weiterstadt, um die Baustellen in der Weimarer Straße und der Dresdner Straße im Ortsteil Braunshardt zu besichtigen. Es sind freundliche und im Rahmen der Möglichkeiten großzügig geschnittene Wohnungen entstanden, die den aktuellen Ansprüchen an Ausstattungsmerkmalen vollauf entsprechen. In der anschließenden Besprechung mit Bürgermeister Hahn wird deutlich, dass es unterschiedliche Auffassungen über die Zukunftspläne gibt. Da die Genossenschaft das Ge-

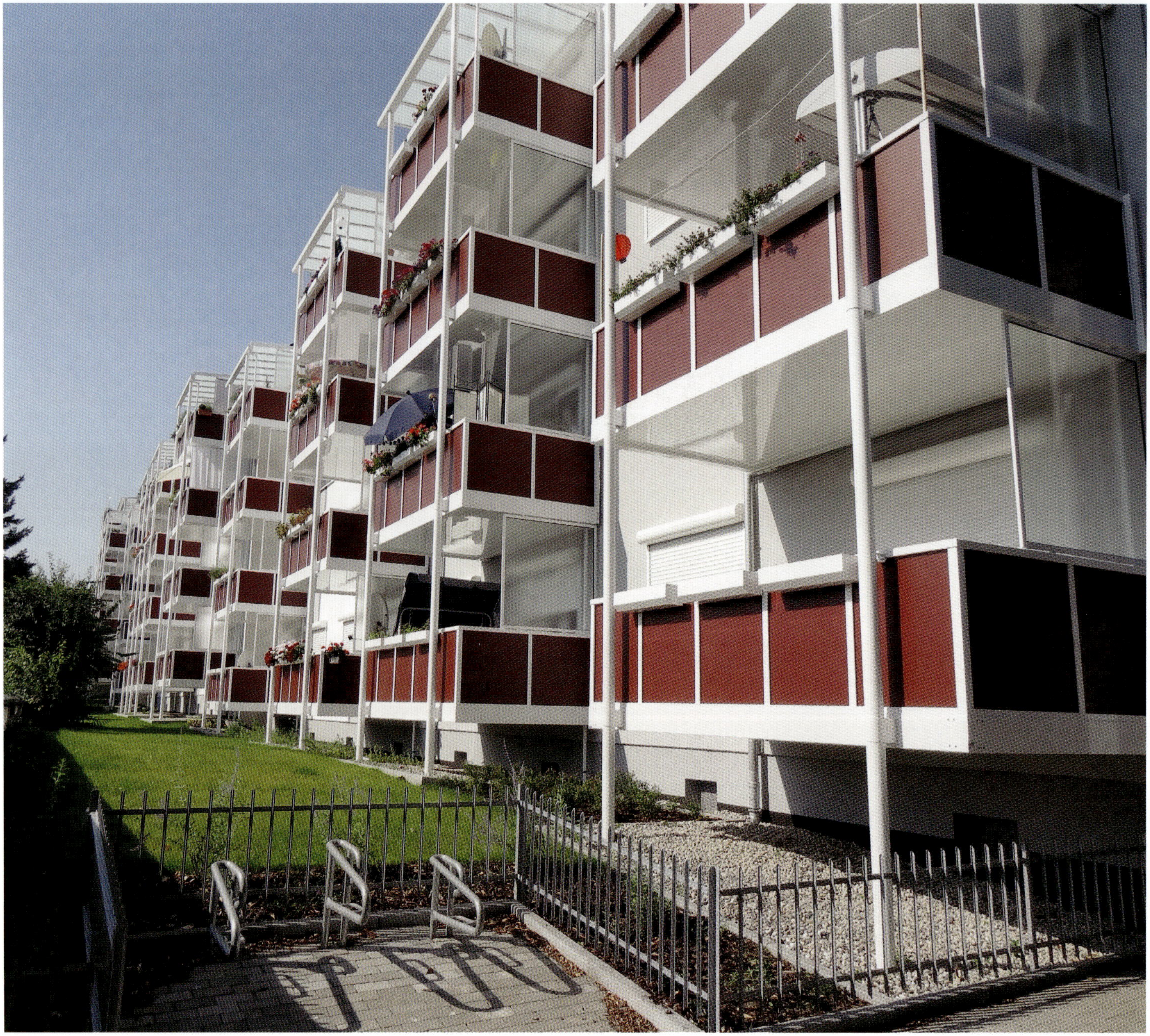

Linke Seite: Lettigkautweg 17-25 mit Garagenanlage
Lettigkautweg 17, Giebel+DG+Einfahrt Garagen

lände Am Stein erworben hat, möchte sie auch gerne dort bauen und legt einen geänderten die vorgegebenen Verhältnisse voll ausnutzenden Bebauungsplan vor. Herr Hahn macht darauf aufmerksam, dass in Zukunft in Weiterstadt und Umgebung kein Bauland mehr verfügbar gemacht werden kann, außer dem jetzt mit zirka 4000 m² zur Verfügung stehenden Gelände an der Berliner Straße, für das sich die Gemeinde mit 35 TDM je Wohnung an der Finanzierung beteiligen würde. Im Zuge der anschließenden internen Diskussion stellt der Vorstandsvorsitzende Seckel die grundsätzliche Frage, wie die Genossenschaft es denn künftig mit dem Bauen neuer Objekte handhaben wolle – und ob sie sich in Weiterstadt überhaupt noch einmal engagieren solle. Alle finanziellen Möglichkeiten werden durchgerechnet und auch Weiterstadt III Am Stein kalkuliert. Bei der derzeitigen guten Liquidität wären auch bei Realisierung dieses anspruchsvollen Objekts in Weiterstadt noch zirka 975 TDM für Modernisierungs- und energiesparende Maßnahmen vorhanden. Und der Aufsichtsrat stimmt dem Projekt Am Stein tatsächlich mit 7 zu 1 Stimme zu. Es wird bei Fortsetzung der bislang perfekten Planungen mit einem Baubeginn in 1987 gerechnet. Nach einer abschließenden Bewertung der finanziellen Eckdaten der Genossenschaft mit einem Überschuss aus 1985 von wieder mehr als einer Million DM und einem Aktivvermögen von mehr als 67 Millionen DM will man in diesem Jahr der Mitgliederversammlung eine Dividendenzahlung zusagen. Ohne Diskussion wird der Anschaffung eines Kleintransporters zum Anschaffungspreis von zirka 11 TDM zugestimmt und positiv zur Kenntnis genommen, dass eine weitere Halbtagskraft zur Entlastung der Verwaltungsmitarbeiter eingestellt werden wird. Zum Ende der richtungweisenden Sitzung in Weiterstadt spricht Herr Seckel das Problem seiner Nachfolge an. Da er zum 31.03.1987 aus dem aktiven Justizdienst ausscheiden wird, sollte bereits von jetzt an über eine Lösung nachgedacht werden, wenn seiner Einschätzung nach kein hauptamtlicher Geschäftsführer (Vorstandsvorsitzender) wegen der hohen Kosten in Frage kommen könne. Er selbst stehe aber als gewählter Vorstand bis zum Januar 1991 bei voller Vertragserfüllung zur Verfügung, sodass noch vier Jahre Zeit sei, einen geeigneten Nachfolger aufzubauen und einzuarbeiten.

Anfang Juni 1986 müssen sich die Gremien mit Schimmelbildung in einigen Wohnungen befassen. Herr Jordt vom Bauausschuss erklärt, dass in den betroffenen Wohnungen im Bereich der Fensterleibungen unerwartet Sporenausbildungen eingetreten sind, die sich aus bautechnischen Gründen nicht so einfach beheben lassen. Empfohlen wird eine Verfliesung. Ein anderer Reklamationsfall betrifft die Doppelabbuchungen von Mieten durch die Frankfurter Sparkasse von 1822. Herr Seckel berichtet dazu, dass die Betroffenen neben einem Entschuldigungsschreiben durch die Bank eine Vergütung von 2,00 DM erhalten. Da das Abbuchungsverfahren erst neu eingeführt worden ist, will der Vorstand die Ergebnisse und seine Folgen in den kommenden drei Monaten intensiv beobachten. Erfreulich sind dagegen die Mitteilungen, dass die Einweisungsverfügungen des Regierungspräsidenten für die in Kürze zu beziehenden Wohnungen in Weiterstadt nahezu abgeschlossen sind und die Vorteile der EDV-Anlage immer sichtbarer und spürbar werden, da der 1. Quartalsabschluss des Jahres bereits am 2. April vorgelegen hat. Für den nach mehr als 30 Jahren Tätigkeit aus dem Aufsichtsrat ausscheidenden Herrn Jordt erklärt der im Vorjahr abgewählte Herr Pusch seine erneute Kandidatur als dessen Nachfolger.

Die 37. Mitgliederversammlung findet am 20. Juni 1986 statt. Herr Klassert kann als Aufsichtsratsvorsitzender dazu 79 stimmberechtigte Mitglieder begrüßen, die bestätigen, dass die Ladung frist- und termingerecht erfolgt ist. Nach der Abwicklung der Regularien ohne besondere Vorkommnisse und Einwände werden die Berichte von Vorstand und Aufsichtsrat einstimmig genehmigt. Einstimmig wird auch der Zuweisung von 104 TDM zur gesetzlichen Rücklage und mit 17 Gegenstimmen der Ausschüttung der höchst zulässigen Dividende zugestimmt. Die Zuweisung von 846 TDM zur Bauerneuerungsrücklage wird ebenso bestätigt wie mit fünf Gegenstimmen die beantragte Erhöhung der Kredithöchstgrenze um 10 Millionen DM. Bei der Entlastung der Gremien gibt es kleine Widersprüche, da geheime Abstimmung beantragt wird. Der Vorstand muss sodann sieben und der Aufsichtsrat elf Nein-Stimmen hinnehmen. In der anschließenden Aussprache kritisiert Frau Rieger, dass die Neubauten in Weiterstadt zu Lasten anstehender Altbausanierungen geht, was von Herrn Seckel als völlig unzutreffend zurückgewiesen wird. Dagegen erklärt er, dass in absehbarer Zeit durch das Fehlen geeigneter Grundstücke auch keine weiteren Bauvorhaben anstehen; das Projekt Weiterstadt III Am Stein soll vorerst das letzte sein. Von Herrn Finger wird dann noch vorgetragen, dass sich nach der Beendigung der Treppenhaussanierung auch im Haus Obere Kreuzäckerstraße 27 Pilzansammlungen zeigen. Bei Aufruf der Wahl von drei Mitgliedern zum Aufsichtsrat werden Herr Gegenmantel und Herr Vogel zur Wiederwahl, Herr Pusch als Nachfolger für Herrn Jordt sowie Herr Ehm als neuer Kandidat aus der Mitte der Versammlung vorgeschlagen. Von den bei Wahlaufruf noch anwesenden 72 Mitgliedern mit Stimmrecht werden Herr Ehm mit 19, Herr Gegenmantel mit 59, Herr Pusch mit 60 und Herr Vogel mit 61 Stimmen gewählt. Die drei Gewählten Vogel, Pusch und Gegenmantel nehmen die Wahl an und bedanken sich für das Vertrauen. Als der Aufsichtsratschef in diesem Jahr die Mitgliederversammlung beendet, war diese um neunzig Minuten kürzer als im Vorjahr.

In der konstituierenden Sitzung des Aufsichtsrats werden Ende August 1986 die Ämter verteilt: Herr Klassert bleibt Vorsitzender und Herr Kaiser sein Stellvertreter, zum neuen Schriftführer wird Herr Maas und Prof. Dr. Döhler zu dessen Stellvertreter gewählt. Dem neuen Bauausschuss gehören die Herren Dr. Döhler, Gegenmantel, Pusch und Woydich an, dem Prüfungsausschuss die Herren Klassert, Kaiser und Vogel sowie dem Rechtsausschuss die Herren Kaiser, Maas und Radke. Schon zwei Monate später steht die Genossenschaft kurz vor dem 111ten Bezug einer neuen Wohnung in 1986, und zwar in der Dresdner Straße 1 und 1a in Weiterstadt. In seiner letzten gemeinsamen Sitzung des Jahres legt der Vorstand dar, dass durch die erheblichen Neubezüge des Jahres und bisher 71 Wohnungswechsel, einhergehend mit neuen und erst kürzlich erlassenen Vergaberichtlinien des Landes, aber auch durch die seit Jahren laufenden energetischen Wärmedämmarbeiten sich der Verwaltungsaufwand erheblich und spürbar für die Mitarbeiter erhöht hat. So musste eine weitere Halbtagskraft kurzfristig eingestellt werden, damit die laufenden Verwaltungsarbeiten bewältigt werden können. Die aktuellen energetischen Dämmarbeiten und Modernisierungsmaßnahmen kosten zirka 2,5 Mio. DM, von denen auf die Genossenschaft immerhin noch 879 TDM fallen. Positiv sind dann allerdings die Effekte für die Mietneuberechnungen, die langfristig für erhöhte Rückflüsse in die genossenschaftliche Kasse sorgen. Deshalb soll das Sanierungsprogramm auch konsequent fortgesetzt werden.

In der letzten gemeinsamen Sitzung stehen die letzten Arbeiten für die beiden Projekte Weiterstadt II und III zur Diskussion. Vor dem mittleren Haus in der Weimarer Straße gibt es einen schmalen Geländestreifen, der der Stadt Weiterstadt und gehört und laut Beschluss im Juni abgekauft werden sollte. Die Verhandlungen führten schließlich dazu, dass die Gemeinde ihn voraussichtlich zu einem Erinnerungswert abge-

> **Anfang Juni 1986 müssen sich die Gremien mit Schimmelbildung in einigen Wohnungen befassen.** Herr Jordt vom Bauausschuss erklärt, dass in den betroffenen Wohnungen im Bereich der Fensterleibungen unerwartet Sporenausbildungen eingetreten sind, die sich aus bautechnischen Gründen nicht so einfach beheben lassen.

ben wird, damit die Genossenschaft darauf dann Parkplätze errichten kann. Der Bebauungsplan für Weiterstadt III mit den geplanten 54 Wohnungen in der bisher üblichen Ausstattung sowie mit einer Tiefgarage ist noch nicht rechtskräftig, obwohl die Bereitstellung der Landesmittel bereits bestätigt wurde. Dennoch beauftragt der Aufsichtsrat den Vorstand nun mit der Stellung des Bauantrags, damit diesem die Unbedenklichkeitsbescheinigung erteilt wird und die bereits im Rahmen des Jahreshaushalts zur Verfügung gestellten Gelder nicht unnötigerweise wieder zurückfließen. Für 1987 soll die Renovierung verschiedener Treppenhäuser in Angriff genommen werden sowie bei etlichen Wohnungen auch noch

Links: Reinganumstraße Balkone Gartenseite
Unten: Reinganumstraße 15 -17-19 - Straßenfront

Fensteranstriche erfolgen. Um das finanzieren zu können, soll ein im Besitz der Genossenschaft befindliches Grundstück in Weiterstadt zu einem angemessenen Preis verkauft werden. Schließlich werden die Aufgaben der Hausmeister besprochen und deren Aufgabenbereiche neu festgelegt. Der Teilbereich Gartenpflege soll künftig durch eine externe Fachfirma betreut werden. Der Aufsichtsrat ermächtigt den Vorstand, dafür Angebote einzuholen.

Das neue Jahr 1987 beginnt mit einer Grundsatzdiskussion zu diversen Themen. Da in der Öffentlichkeit seit geraumer Zeit über das Wohnungsgemeinnützigkeitsrecht disputiert wird, stellt der Vorstand fest, dass keine Änderung der Gemeinnützigkeit für die Genossenschaft geplant ist. Zum Thema Heizkostenabrechnung werden neue Urteile zur Rechtsprechung zitiert und das genossenschaftsinterne Vorgehen bei den Abrechnungen erläutert. Es wird festgehalten, dass reklamierte Montage- oder Ablesefehler vom Mieter zu beweisen sind. Zum Thema Kabelanschluss sollen demnächst konkrete Zahlen für entsprechend geplante Investitionen vorgelegt werden. Schließlich kann der Vorstand den Bewilligungsbescheid der Hessischen Landesbank über 8,6 Mio. DM für das Bauvorhaben Weiterstadt III vorlegen. Diese sollen behindertengerecht erstellt werden.

Im April werden die bereits fertiggestellten und vermieteten Bauten von Vorstand und Aufsichtsrat gemeinsam besichtigt. In einer anschließenden Sitzung beschließt der Aufsichtsrat ohne Vorstand über die Erhöhung der Bezüge von Herrn Seckel als Vorstandschef und bestellt Herrn Ehre für weitere fünf Jahre zum Vorstand. Anschließend gibt die Vorstellung der Bilanz für 1986 ausreichend Anlass zur Freude und voller Zustimmung: es wird mit einem Jahresüberschuss von mehr als 1,4 Mio. DM gerechnet und der Jahreshauptversammlung kann wieder die Ausschüttung einer Dividende vorgeschlagen werden. Im Mai kann dann die endgültige Bilanz verkündet werden: bei einer Bilanzsumme von 80.131.680,95 DM beträgt der Jahresüberschuss exakt 1.143.023,39 DM, was einer Rendite von 1,4% entspricht. Da gibt es keine Diskussionen über die Verwendung, die mit 10% in die gesetzliche Rücklage und einer Dividende wie im Vorjahr bei gleichzeitiger Aufstockung der Bauerneuerungsrücklage um 972.527,22 DM nun fast schon zur Gewohnheit wird. Da kann man es sich

Reinganumstraße - Blick vom Balkon Haus 17

auch leisten, von nun an eine Kurzfassung der erfolgreichen Leistungsbilanz des Vorjahres der Einladung zur nächsten Mitgliederversammlung beizulegen.

Diese findet am 12. Juni 1987 mit genau fünfzig stimmberechtigten Mitgliedern statt. Unter exakter Auslegung des § 29, Absatz 1 der Satzung werden erstmals drei vorgelegte Vertretungsvollmachten nicht anerkannt, da sie nicht von Familienmitgliedern der gemeldeten Genossen vorgelegt werden, sondern vertretungsweise von anderen Mitgliedern der Genossenschaft. Zu den üblichen Regularien gibt es keine Rückfragen, sodass eine einstimmige Beschlussfassung erfolgt. Le-

> **Ende Oktober sind die EDV-Probleme in der Buchhaltung noch immer nicht zufriedenstellend gelöst, sodass beschlossen wird, einen erfahrenen branchenkundigen EDV-Berater zu Rate zu ziehen.**

diglich bei der Dividendenabstimmung kommt aus der Versammlung die Bitte, der Vorstand möge einen Sammelantrag zur Befreiung von der Zahlung zur Körperschaftssteuer an das Finanzamt richten. Nachdem dieser zugestimmt hat, erfolgt eine einstimmige Entlastung von Vorstand und Aufsichtsrat für das vergangene Jahr. Bei den Wahlen stellen sich die turnusmäßig ausscheidenden Herren Kaiser, Radke und Woydich der Wiederwahl; neu wird ein Herr Finger für den Aufsichtsrat vorgeschlagen, der jedoch die wenigsten Stimmen (12 von 50) erhält und deshalb nicht zum Zuge kommt.

Im Juli trifft sich der Aufsichtsrat zu seiner konstituierenden Sitzung und beschließt, dass alle neun Mitglieder ihre Funktionen beibehalten wie zuvor. Da Herr Obermann vom Vorstand erkrankt ist, soll Herr Kaiser bis spätestens zum 30. September 1987 seine Vertretung im Vorstand übernehmen. Angesichts der stetig steigenden Aufgaben und wachsenden Ansprüche an eine professionelle Unternehmensverwaltung wird das Thema der Einstellung eines hauptamtlichen Vorstandsmitglieds mit Handlungsvollmacht und späterer Prokura erneut auf die Tagesordnung gebracht und soll in der nächsten Sitzung zentrales Thema sein. Aber wieder einmal bleibt es in dieser Frage bei Absichtserklärungen und da Herr Obermann ab Mitte September wieder seine Geschäfte aufnehmen kann, verläuft sich diese Thematik vorerst im Sande des Alltagsbetriebs. Stattdessen ermächtigt man Herrn Seckel, ein 603 m² großes Grundstück in Weiterstadt bei einem Erlös von mindestens 165.000 DM verkaufen zu dürfen, was schon im nächsten Monat für 180.900 DM realisiert wird. Ein markanter aber wenig erfreulicher Punkt wurde die Behandlung von Genehmigungen zur Hundehaltung in den Genossenschaftswohnungen, die man grundsätzlich bejahte, wenn die Mehrheit der Mieter eines Objekts keine gravierenden Einwände hätten. Damit wurde das Problem auf die Seite der Verwaltung gewälzt, die im Einzelfall zu entscheiden hat. Ende Oktober findet in Weiterstadt-Braunshardt eine Besichtigung der Baustelle statt. In der dort anschließenden gemeinsamen Sitzung wird Herr Maas zum Schriftführer gewählt. Und da Herr Obermann wieder erkrankt ist, rückt nun das Thema ‚hauptamtlicher Vorstand' doch wieder ins Zentrum der Überlegungen. Der neue leitende Mitarbeiter sollte aus der Wohnungswirtschaft kommen, zumindest aber Erfahrungen mit der EDV und dem Bilanzwesen haben. Der Vorstand wird beauftragt, bis zum März des kommenden Jahres ein Konzept dazu aus eigener Sicht vorzulegen, damit der Aufsichtsrat dann ganz konkret anhand des Anforderungsprofils diskutieren und entscheiden kann. Er erhält auch die Genehmigung, bei steigender Belastung in der Verwaltung, eine Vollzeitkraft zusätzlich dort einzustellen.

Da Herr Kaiser dienstlich verhindert ist, wird Herr Radke nun an seiner Stelle als Stellvertreter des Aufsichtsratsvorsitzenden gewählt. Die Herren der beiden Gremien diskutieren sodann Fragen der Wärmedämmung und die beabsichtigte Geltendmachung von 2% Umlage-Ausfallwagnis in der Nebenkostenabrechnung sowie zur größeren Gerechtigkeit beim Wasserverbrauch über den Einbau von Wasseruhren für jeden Mieter. In der letzten Sitzung des Jahres wird dann Ende November 1987 auch über den Stand der Anfragen wegen des Kabelfernsehens gesprochen, für das zahlreiche Mieter mit einer Ablehnung von Zusatzkosten reagiert haben. Schließlich wird den Vorschlägen zur Zahlung von Weihnachtsgratifikationen zugestimmt.

Zu Beginn des Jahres **1988** liegen zwei Vertragsmuster zum Kabelanschluss von der Firma AKF zur Diskussion vor. Deren Geschäftsführer Grünert erläutert den beiden Gremien persönlich die technischen Möglichkeiten und Unterschiede. Obwohl auch bei einer zweiten Umfrage keine eindeutige Mehrheit für den Kabelanschluss unter den Mietern erreicht wurde, will der Vorstand künftigen Mietern die Möglichkeit dazu anbieten und muss deshalb die technischen Voraussetzungen schaffen. Deshalb soll ein Kabelanbieter gesucht werden, der einzelnen Nutzungsberechtigten den Empfang individuell ermöglicht. Gleichzeitig soll der Betreiber bereit sein, auf die rechtlichen Vorstellungen der Justizbau einzugehen.

Ende März 1988 wird der Startschuss für die Suche nach einem hauptamtlichen Vorstand gegeben. Mithilfe einer Annonce in der FAZ will man die besten Bewerber suchen. Und bereits Mitte Juni, noch vor der Mitgliederversammlung, liegen bereits 12 Bewerbungen vor, die aber zunächst gründlich geprüft werden sollen. Gleichzeitig sieht sich der Vorstand zur Berechnung der Mieten vor ein akutes Problem gestellt, das durch die Politik in Wiesbaden verursacht wurde. Nachdem das Kabinett Wallmann eine Änderung der Beihilfeverordnung für Beamte und Landesbeschäftigte des Landes Hessen (BVO) beschlossen hat, müssen voraussichtlich bis zum 31. Mai 1988 gemäß § 10 des Gesetzes zur Sicherung der Zweckbestimmung von Sozialwohnungen (WoBindG – hier: Einseitige Mieterhöhung) den betroffenen Nutzungsberechtigten eine unaufschiebbare Mietanhebung bekannt gegeben werden, will man nicht auf künftige kostendeckende Mieten verzichten. Vom Neubauprojekt Weiterstadt III kann der Vorstand vermelden, dass von den 54 angebotenen Wohnungen bereits 45 in der Mitte März 1988 vergeben sind.

Im Mai müssen sich die Gremien mit einem grundsätzlichen Problem befassen, das wohl zum einen von der inzwischen stattlichen Größe des Wohnungsbauunternehmens Justizbau Frankfurt herrührt, zum anderen aber auch von der Unterbesetzung in der Verwaltung: es werden Wohnungen ohne Mitteilung geräumt, wohin die Nutzungsberechtigten nun verzogen sind und wie sie in Zukunft erreichbar bleiben. Es knirscht aber auch sonst im anscheinend so soliden Gebälk der Genossenschaft. Vom Prüfungsverband liegt noch immer nicht der Abschlussbericht über die Prüfung 1986 vor und der Jahresabschluss 1987 kann wegen verschiedener bisher nicht zufrieden stellender Testläufe mit der neuen EDV-Software so nicht akzeptiert werden. Schließlich liegt Mitte Juni 1988 aber der Abschlussbericht des Vorstands für 1987 vor, während man noch immer auf den abschließenden Prüfbericht 1986 vom VSW, dem Verband Südwestdeutscher Wohnungsbauunternehmen, wartet. Um die Kontinuität im Vorstand bis zur Einstellung eines hauptamtlichen Vorstands zu sichern, beschließt der Aufsichtsrat noch vor der MV, Herrn Ehre für weitere fünf Jahre als Vorstandsmitglied zu bestellen, und zwar ab 4. Juli 1988.

In der **39. Mitgliederversammlung** kann Herr Klassert als Vorsitzender des Aufsichtsrats 66 stimmberechtigte Mitglieder und einen Vertreter mit Vollmacht seiner Ehefrau begrüßen. Nach den üblichen Regularien stellt der Vorstandsvorsitzende fest, dass man wieder auf ein erfolgreiches Jahr zurückblicken kann und trägt die Zahlen vor. Bei einer erneut gestiegenen Bilanzsumme auf nun 87.829.761,60 DM beträgt der Jahresüberschuss 713.257,22 DM. Den Vorschlägen, die höchstmögliche Dividende auszuschütten und nach Rückstellung von 10% in die gesetzliche Rücklage den Restüberschuss von 576 TDM der Bauerneuerungsrücklage zuzuführen wird ohne Gegenstimmen voll zugestimmt. Und nachdem der Vorstand sich wieder bereit erklärt, einen

Gartenfront

Buchwaldstraße Nr. 31 + 33, Straßenfront

Sammelantrag zur Befreiung einer Zahlung zur Körperschafts- und Kapitalertragssteuer wie im Vorjahr durchzuführen, erfolgt eine einstimmige Entlastung von Vorstand und Aufsichtsrat für 1987. Da die Herren Klassert, Dr. Döhler und Maas turnusgemäß aus dem Aufsichtsrat ausscheiden, sich aber zur Wiederwahl gestellt haben, übernimmt Herr Kaiser die Versammlungsleitung für die anstehenden Wahlen. Und wieder wird Herr Finger als neuer Kandidat für das Aufsichtsgremium vorgeschlagen und stellt sich der Mitgliederversammlung vor. Aber wie im Vorjahr auch erhält er die wenigsten Stimmen, sodass die drei Herren vom alten Aufsichtsrat auch dem neuen wieder angehören werden, Herr Klassert nach wie vor als Vorsitzender des Gremiums.

In der konstituierenden Sitzung des Aufsichtsrats am 1. Juli 1988 wird beschlossen, dass die einzelnen Aufsichtsratsmitglieder die bisherigen Funktionen unverändert beibehalten. Da der Bericht über die gesetzliche Prüfung von 1987 durch den VSW vom 7. Juni 1988 nun vorliegt, wird gemeinsam mit dem Vorstand ein Antwortkatalog für die vorliegende Beanstandungsliste erstellt. Mit Genugtuung wird die Meldung des Vorstands zur Kenntnis genommen, dass sämtliche 54 Wohnungen in Weiterstadt-Braunshardt (Weiterstadt III) mit den Hausnummern Am Stein 10, 12, 14, 16, 18 und 20 bezogen wurden. Im September befasst man sich mit der in der Öffentlichkeit diskutierten Steuerreform und ihrer Auswirkungen auf die Genossenschaft. Vom Vorstand wird zur Diskussion gestellt, dass man sich ganz konkret mit der Erhöhung der Verwaltungs- und Instandhaltungskostenpauschale befassen muss, entsprechend der rechtzeitig verschickten Mieterhöhungserklärung vom 24. Mai 1988.

Ende Oktober sind die EDV-Probleme in der Buchhaltung noch immer nicht zufriedenstellend gelöst, sodass beschlossen wird, einen erfahrenen branchenkundigen EDV-Berater zu Rate zu ziehen. Am 2. November

Buchwaldstraße 37 + 43

1988 beginnt der Bauausschuss mit der Besichtigung der neuen Wohnungen im Projekt Weiterstadt III - Am Stein - im Ortsteil Braunshardt. Die Mängelliste ist kurz wie Herr Pusch später berichtet und man ist mit der Bauausführung zum größten Teil zufrieden. Mit Ausblick auf das Jahresende kann mit einem Verfügungsmittelbestand von zirka einer Million DM gerechnet werden. Der Termin für die Jahresprüfung 1988 wird mit dem Verband bereits für den März 1989 festgelegt. Zum Jahresende scheinen die Verwaltung und die Aufsicht wieder im Einklang miteinander zu stehen und man geht erwartungsvoll ins 5. Jahrzehnt der Justizbau.

Zum Jahresbeginn **1989** eröffnet sich die Möglichkeit, am Rosenträger in Bergen-Enkheim zirka 20.000 m² Gelände zu erwerben, das nach Informationen durch die Stadt Frankfurt als Baugrund zuteilungsreif sein soll. Der Erwerbspreis soll

Siebenbürgenstraße 13-15

bei Brutto 300 bis 350 DM je Quadratmeter liegen. Ein Baubeginn sei allerdings nicht vor 1992 möglich. So sehr der Vorstand Interesse an diesem Projekt zeigt, so eindeutig ist aber die Ablehnung des Aufsichtsrats, dieses Projekt nicht weiterverfolgen zu wollen. Der Blick richtet sich auf kleinere Dimensionen der Mittelbeschaffung, und zwar auf die sich mehrenden Außenstände bei den nutzungsberechtigten Mietern, deren Zahl bis Ende 1988 auf vierzehn gestiegen ist mit einer Mietschuld von insgesamt 23 TDM. Obwohl die Kassenlage zum Ultimo 1988 bei einem Geldbestand von mehr als 1,2 Mio. DM als sehr zufriedenstellend bezeichnet werden kann, will man hier früh den Anfängen einer nachlässigen Zahlungsmoral wehren. Aus Anlass des dreißigjährigen Dienstjubiläums von Frau Barbara Bonnkirch, sieht sich das Aufsichtsgremium im April 1989 mit der Aufgabe konfrontiert, die seit 1972 nicht mehr angehobenen Jubiläumsgaben

neu festzulegen und dem aktuellen Einkommensniveau anzupassen. So wird die Treueprämie für 30-jährige Tätigkeit für die Justizbau auf 1000 DM begrenzt. In diesem Zusammenhang wird auch erörtert, ob man nicht langjährigen Mitarbeitern durch Abschluss einer Firmenversicherung eine zusätzliche Altersversorgung ermöglichen soll. Damit könne man gleichzeitig einen Ausgleich für unregelmäßige aber außergewöhnliche Belastungen der Mitarbeiter wie beim Erstellen des Jahresabschlusses gewähren. Dass diese Diskussion einher geht mit dem von außen erzwungenen Einstellen auf die neue Situation der Genossenschaft nach Wegfall der Gemeinnützigkeit, hat aber auf die sehr ernst genommene Versorgungspflicht für die Mitarbeiter keinen Einfluss. Vielmehr sucht man unabhängig davon nach einer soliden und raschen Ablösung der einst großzügig erhaltenen öffentlichen Mittel für einen klar eingegrenzten Bereich aus dem gesamten Wohnungsbestand - noch ehe vom Gesamtverband mit entsprechenden Anweisungen gerechnet werden muss.

Die **40. Mitgliederversammlung** findet am 30. Juni 1989 um 19:00 Uhr im Kolpinghaus in der Lange Straße statt. Die Regularien können zügig behandelt werden, da es keine negativen Überraschungen gibt und Fragen ausbleiben. Allerdings liegt noch kein Prüfungsbericht des Verbandes vor, da dieser erst im Juli die Prüfung durchführen wird. Die Versammlung nimmt mit Staunen zur Kenntnis, dass sich die Bilanzsumme mit großen Schritten (2,7 Mio. mehr als im Vorjahr) auf 100 Millionen DM zubewegt, was schon jetzt einer Verdoppelung in den letzten sieben Jahren gleichkommt. Es wird wieder die höchst mögliche Dividende gezahlt und mehr als 850 TDM der Bauerneuerungsrücklage zugeführt. Nach einstimmiger Entlastung gibt es auch in den turnusmäßigen Nachwahlen zum Aufsichtsrat keine Überraschung, da keine neuen Kandidaten vorgeschlagen werden. Abschließend beantwortet der Vorstand noch Fragen zur Bedeutung des Verlusts der Gemeinnützigkeit.

In der konstituierenden Aufsichtsratssitzung werden Ende August 1989 die bewährte Ordnung und die Funktionen der einzelnen Aufsichtsratsmitglieder bestätigt. Gleichzeitig wird beschlossen, dass sich der Aufsichtsrat künftig in der Regel vierteljährlich auf Einladung des Aufsichtsratsvorsitzenden

Siebenbürgenstraße 13-15

treffen wird. Im Oktober steht erneut das akute Problem der Vorstandsnachfolge im Mittelpunkt, da die derzeitigen Bestellungen für Herrn Obermann am 2. Oktober 1990, Herrn Professor Seckel (langjähriger Vorstandsvorsitzender) am 31. Januar 1991 und Herrn Ehre am 3. Juni 1992 auslaufen. Als ungelöstes Thema verbleibt zum Jahresende die Frage nach dem sinnvollsten Umgang mit der erforderlichen Ablösung von öffentlichen Mitteln nach dem Verlust der Gemeinnützigkeit. Mit dieser Last geht man ins nächste Jahrzehnt.

Zu Beginn des Jahres 1990 wartet man auf ein für die Sanierung im Lettigkautweg 17 bis 37 zugesagtes Darlehen des Landes Hessen in Höhe von 800 TDM. Bei einem laut Leistungsverzeichnis errechneten Gesamtaufwand von 1.135 TDM wird diese Summe dringend vor dem Startschuss für die für dieses Frühjahr geplanten Arbeiten benötigt. Der Antrag des Vorstands, die Nutzungsentschädigung um maximal 1,90 DM/m² für die Wohnungen zu erhöhen, bei denen die Genossenschaft alle Instandsetzungen komplett übernimmt, wird einstimmig genehmigt. Sodann beschäftigen sich die Gremien mit einer Satzungsänderung, die nach eingehender Begutachtung durch den Prüfungsausschuss des Aufsichtsrats im April beschlossen wird. Klärungsbedarf gibt es auch zur Finanzierung der neuen Kaltwasserzähler, die in der Liegenschaft Leuchte 49 und 51 eingebaut werden sollen. Herr Radke arbeitet an einer juristischen Stellungnahme zur Umlegbarkeit dieser Kosten, da es sich um fest eingebaute Geräte handelt, die der größeren Gerechtigkeit bei der Verbrauchsberechnung dienen sollen und deshalb ganz im Interesse des Wohnungsinhabers liegen. Auch bei der Heizkostenabrechnung sind Entscheidungen gefragt, da die Firma Techem technische Anforderungen an die Vorlauftemperatur der Heizungsanlagen stellt, die nicht ganz leicht überall zu erfüllen sind. Da nach dem Verdunsterprinzip arbeitende Erfassungsgeräte seit diesem Jahr nicht mehr zulässig sind, müssen nun elektronisch funktionierende Heizkostenverteiler (HKV) eingebaut werden. Somit müssen alle Heizungsanlagen hinsichtlich einer fixierten Soll-Vorlauftemperatur von 65% überprüft werden. Schließlich kommt zur Lösung dieser Probleme noch die Beschäftigung mit einer notwendigen Änderung der Nutzungsentschädigung für Bagatellschäden.

Zur **41. Mitgliederversammlung** kann der Vorstandsvorsitzende Klassert am 18. Juni 1990 um 19:15 Uhr im Kolpinghaus Frankfurt 95 stimmberechtigte Mitglieder begrüßen, davon diesmal besonders viele aus Weiterstadt. Diese waren vor allem an einer Diskussion zur geplanten Satzungsänderung (Folgen des Verlusts der Gemeinnützigkeit) interessiert. Erstmals stellt ein Mitglied aus der Mitte der Versammlung einen Änderungsantrag zur Tagesordnung. Frau Palm begründet ihren Antrag, den TOP 8 (Satzungsänderung) vorzuziehen und bereits nach Erledigung von TOP 4 (Regularien) zu beraten, mit der Anwesenheit von Müttern mit Kleinkindern, die am Abend nur eine begrenzte Zeit anwesend sein könnten; diesem wird zugestimmt und sodann mehrheitlich so beschlossen. Die üblichen Regularien werden kommentarlos abgewickelt und die Anträge von Vorstand und Aufsichtsrat in allen Punkten einstimmig bestätigt. Im Mittelpunkt steht dann die Satzungsänderung, die insbesondere Bezug auf das Entfallen der Steuerbefreiung ab 1. Januar 1990 wegen Wegfalls der Gemeinnützigkeit nimmt. Aus der Satzung müssen also alle Bestimmungen, die auf diese hinweisen, gestrichen werden. Gleichzeitig hat man die Gelegenheit genutzt, um auch eine moderne Sprache zu verwenden, da die Ur-Satzung ja schon Ende der 40iger Jahre entstanden ist und entsprechend für heutige Verhältnisse ungewohnte Sprachregelungen, besonders im Juristen-Deutsch, enthalten hatte. Grundsätzlich ändert sich aber an der Rechtslage der Genossenschaft nichts, inklusive des Belegrechts des Landes Hessen auf bestimmte geförderte Wohnanlagen. Nachdem die meisten Fragen aus dem Mitgliederkreis beantwortet werden können, ist der größte Teil der Abstimmungen zur Satzung gegen 22:00 Uhr erledigt und zahlreiche Mitglieder verlassen die Versammlung. Da aber immer noch Wahlen anstehen, stellen einige Mitglieder einen Antrag auf Unterbrechung dieser MV und Fortsetzung an einem anderen Tag, der mit

Siebenbürgenstraße 13-15

der Anforderung älterer Mitglieder ebenso begründet wird wie mit der Verkehrslage nach 23 Uhr und den dann erschwerten Verkehrsverbindungen im öffentlichen Nahverkehr. Bei neun Gegenstimmen wird die Unterbrechung der Mitgliederversammlung mit Fortsetzung am gleichen Ort beschlossen, zu der erneut eingeladen werden wird.

Am 29. August 1990 wird die unterbrochene Mitgliederversammlung mit 45 stimmberechtigten Teilnehmern fortgesetzt. Ohne Gegenstimmen werden Vorstand und Aufsichtsrat entlastet und man kommt zur Wiederwahl der turnusmäßig ausscheidenden Herren Kaiser, Radke und Woydich. Der aus der Versammlung vorgeschlagene Kandidat Hoffman erreicht nicht die erforderliche Mehrheit. Erst nach Erledigung dieser Regularien wird die Diskussion der Satzungsänderungen sowie Ergänzungen aus dem Kreis der Anwesenden mit Verabschiedung der einzelnen Abschnitte sukzessive fortgesetzt. Nach vollbrachter Tat versichert Herr Klassert den Ver-

> **Nach acht Jahren scheint die erste EDV-Anlage den Anforderungen der Mitarbeiter nicht mehr zu genügen, sodass der Vorstand vorschlägt, eine neue Anlage zu leasen oder zu mieten.** Wenn bereits angeforderte Angebote vorliegen und zufrieden stellend bewertet werden, denkt man an den Beginn des Jahres 1991 für den Austausch.

sammelten, dass nach Eintragung der neuen Satzung ins Genossenschaftsregister beim Amtsgericht Frankfurt eine neue Fassung an jedes Mitglied verschickt werden soll, damit jeder noch einmal das geschlossene Konvolut in Ruhe lesen und begutachten kann. Im Anschluss beschließt der Aufsichtsrat in seiner konstituierenden Sitzung, dass sich bei der Zusammensetzung und den Funktionen der einzelnen Aufsichtsratsmitglieder nichts ändern soll.

Anfang September wird Herr Obermann auf die Dauer von drei Jahren erneut zum Vorstand bestellt, nachdem sein Vertrag zum 3. Oktober 1990 auslaufen wird – und nimmt gerne an. Die Herren sind sich aber einig, dass damit die Nachfolgefrage und Entscheidung für einen hauptamtlichen Vorstand noch nicht erledigt ist. Die steigende Belastung der Vorstände macht eine diesbezügliche Entscheidung immer dringender. Man beschließt, dass ab sofort – wohl infolge der umfangreichen Mitgliederversammlungen und Satzungsänderungen - der Schriftführer eine zusätzliche Aufwandsentschädigung erhalten soll. Nach acht Jahren scheint die erste EDV-Anlage den Anforderungen der Mitarbeiter nicht mehr zu genügen, sodass der Vorstand vorschlägt, eine neue Anlage zu leasen oder zu mieten. Wenn bereits angeforderte Angebote vorliegen und zufrieden stellend bewertet werden, denkt man an den Beginn des Jahres 1991 für den Austausch. Weil für Wärme dämmende Maßnahmen laut Vorstand nur die Häuser in der Dielmann- und Steinhausenstraße in Frage kommen, wird der Vorstand ermächtigt, die erforderlichen Zuschüsse zu beantragen. Auch meldet der Vorstand, dass die Vorauszahlungen des Wassergelds in den nicht zentral beheizten Wohnungen nicht kostendeckend sind und deshalb zum 1. Januar 1991 angehoben werden müssen. Der Rechtsausschuss wird sich nach Genehmigung der neuen Satzung und bei Druckvorlage derselben mit der Erarbeitung einer Geschäftsordnung für Aufsichtsrat und Vorstand befassen.

Am 24. Oktober 1990 wird die neue geänderte Satzung ins Genossenschaftsregister eingetragen. Die Anregungen aus dem Bericht des Prüfverbandes werden ernsthaft diskutiert und erneut das Thema der professionellen Vorstandsarbeit in den Mittelpunkt gestellt. Nach Herrn Obermann erklärt sich auch Herr Seckel mit einer Fortsetzung seiner Tätigkeit als Vorstandsvorsitzender bereit, allerdings unter der Maßgabe, dass sich am derzeitigen Geschäftsverteilungsplan nichts Wesentliches ändert und die Suche nach einem geeigneten hauptamtlichen Vorsitzenden intensiv und zügig fortgesetzt wird. So wird auch Herr Seckel für weitere drei Jahre verpflichtet und Herr Ehre bietet in dieser Konfiguration ebenfalls eine Weiterbeschäftigung an, sogar seine volle Arbeitskraft bei entsprechender Anhebung seiner Bezüge. - Problematisch entwickelt sich zum Jahresende 1990 der geplante Einbau der Wasserzähler, da entsprechend einer Umfrage niemand dazu bereit ist, die Kosten dafür zu übernehmen. - Die üblichen Renovierungs- und Erneuerungsmaßnahmen für 1991 werden sodann festgeschrieben: mit Landesmitteln werden die wärmedämmenden Maßnahmen in der Dielmann-/Steinhausenstraße und Buchwaldstraße/Bornheim durchgeführt; bei den gleichen Objekte sollen die Wohnungseingangstüren ersetzt und die Treppenhäuser renoviert werden sowie die Fenster und Türen neue Außenanstriche erhalten. Eine Eingabe vom 21.11.1990 der Nutzungsberechtigten in Bornheim/Buchwaldstraße bezüglich der Lärmbelästigung durch das seit mehr als 15 Jahre bestehende Panoramabad der Stadt Frankfurt in der Inheidener Straße wird zur Kenntnis genommen – aber mangels kurzfristiger Möglichkeiten zur Abhilfe nicht abschließend behandelt; im Februar 1991 beschließt man dann aber, den Betroffenen einen Zwischenbescheid zukommen zu lassen. Schließlich wird zum Jahresende noch vom Aufsichtsrat zugestimmt, dass die Bebauung im Rahmen des Erbbaurechts in der Obere Kreuzäckerstraße geprüft und das Projekt weiter verfolgt werden soll.

Zu Jahresbeginn 1991 steht das Projekt Mustersatzung zur Diskussion; der Vorstand soll Mustersatzungen beschaffen. Da inzwischen etliche Wohnungen aus dem Belegrecht des Regierungspräsidenten und anderer staatlicher Verfügungsstellen gefallen sind, soll von allen Bewerbern für diese Wohnungen eine Liste nach folgenden Kriterien angelegt werden: A. Behörde im öffentlichen Dienst, B. Einkommen, C. Familienstand und D. Entfernung zwischen Wohnort und Arbeitsstätte. Für das laufende Jahr werden diese Maßnahmen geplant: 1. Wärmedämmung in der Dielmann/Steinhausenstraße; da sich keine zustimmende Mehrheit in der Buchwaldstraße findet, können die dort geplanten Sanierungen nicht durchgeführt werden. 2. Erneuerungen von Treppenhäusern und Fensteranstriche in diesen Objekten. 3. Neubauprojekt Obere Kreuzäckerstraße IV. - Zudem wird festgelegt, dass die Jubiläumsgabe für Mitarbeiter künftig 1.000 DM für eine dreißigjährige Zugehörigkeit betragen soll.

Am 27. Juni 1991 findet die **42. Mitgliederversammlung** mit 42 (!) stimmberechtigten Teilnehmern statt. Jahresabschluss und Lagebericht des Aufsichtsrats werden kommentarlos gebilligt und auch einstimmig, dass vom beachtlichen Jahresüberschuss von 947 TDM nach Abzug der gesetzlichen Rücklage von 10% sowie der Gewährung der Höchstdividende von 4% noch 783.293,35 DM der Bauerneuerungsrücklage zugeführt werden können und sollen. Die Versammlung entlastet sodann Vorstand und Aufsichtsrat einstimmig für das Geschäftsjahr 1990. Die anschließende Wahl wird von Herrn Seckel geleitet, da der stellvertretende Aufsichtsratschef, Herr Kaiser, erkrankt ist. Die turnusmäßig ausscheidenden Aufsichtsratsmitglieder Prof. Dr. Döhler, Klassert und Maas stellen sich zur Wiederwahl und werden wiedergewählt. Die aus der Versammlung heraus nominierte Kandidatin **Teppich** erhält mit 16 Stimmen das geringste Quorum und bleibt unberücksichtigt. - Abschließend ergeht noch einmal ein dringender Appell an die Versammlung, sich zur Anschaffung von Wasseruhren konstruktiv zu äußern; aus dem Kreis der Mitglieder wird dagegen eine bessere Information darüber gefordert. Damit bleibt die Frage eine verwaltungstechnische Aufgabe für die Zukunft.

Ulmenstraße 5 - 9, neue Fassade

In der anschließenden konstituierenden Sitzung stimmen alle Aufsichtsratsmitglieder dem Vorschlag von Herrn Klassert zu, die bisherigen Funktionen unverändert beizubehalten. Dann diskutiert man die beiden schriftlich vorgelegten Ergänzungsvorschläge zum Entwurf der neuen Geschäftsordnung. Da zügig Einigkeit in der Beurteilung der Sach- und Rechtslage erzielt wird, werden diese angenommen und die Schriftführung veranlasst, möglichst bald eine Reinschrift zu erstellen, damit man über die endgültige Druckvorlage befinden kann.

Im Oktober kann der Vorstand über die Fortschritte beim neuesten Bauprojekt in der Obere Kreuzäckerstraße IV informieren, bei dem sich die Unterzeichnung des Erbbaurechtsvertrags solange verzögert, bis der Erbbauzins ausgehandelt ist. - Eine neue Möglichkeit wird gleichzeitig in Weiterstadt-Gräfenhausen vorgestellt; hier ist eine Finanzierung mit 85% aus Mitteln des Landes Hessen gesichert. Der Vorstand wird zu Vorverhandlungen ermächtigt, die zum Jahresende zum Kauf der Grundstücke und zum Baubeginn führen. - Ein weiteres Projekt zeichnet sich in Dietzenbach-Steinberg ab, wo

Ulmenstraße Gartenfront Vorstellbalkone

100 bis 120 Wohnungen für Polizeibeamte errichtet werden sollen. Dazu fallen keine Entscheidungen. - Schließlich schlägt der Vorstand vor, eine ausgewählte Kandidatin für die Führungsposition mit Prokura, **Frau Rechtsanwältin Reul**, zu einem Vorstellungsgespräch Ende Oktober einzuladen. Dieses Bewerbungsgespräch führt zu einer positiven Beurteilung und dem Wunsch, Frau Reul zum 1. Januar oder 1. April 1992 einzustellen. Mit einer Gegenstimme wird dieser zukunftsweisende Beschluss nach ausführlicher Diskussion schließlich gefasst. Mitte November bedingt die anhaltende Erkrankung von Herrn Kaiser, dass ein zusätzlicher Stellvertreter des Aufsichtsratsvorsitzenden gewählt wird, und zwar Herr Radke. - Zum Jahresende stimmt der Aufsichtsrat dem beabsichtigten Beitritt zur **Gesellschaft zur Förderung des Instituts für Genossenschaftswesen** wohlwollend zu.

Im Januar 1992 sehen die Gremien den Wirtschaftlichkeitsberechnungen für die neuen Bauvorhaben entgegen und ermächtigen den Vorstand auch, sich entsprechend mit den Möglichkeiten in Dietzenbach-Steinberg zu befassen. Dies

Obere Kreuzäckerstraße 35 - 37.

vor allem auch vor dem Hintergrund, dass die letzten Neubauten in 1988 errichtet und bezogen wurden. Der Vorstand sieht sich erstmals mit neuen Problemen konfrontiert: erstens werden von einigen Mietern widerrechtlich Parabolantennen auf Balkonen oder im Außenbereich der Häuser – jedenfalls außerhalb der eigenen Wohnungen! - angebracht; zweitens sind die Leitungen nicht überall für den Einbau von elektrischen Nachtspeicheröfen geeignet, die ebenfalls ungefragt von einigen Mietern installiert wurden. - Der Aufsichtsrat befasst sich wieder mit der vom Vorstand vorgelegten Geschäftsordnung und erörtert die Konsequenzen der Fehlbelegungsabgabe - ein Thema, das von Herrn Maas repräsentiert wurde. Auch die anstehende Vertragsgestaltung für die neuen Anstellungsverträge bietet Diskussionsstoff.

Im März steht fest, dass nach dem Erhalt der Baugenehmigung im Mai 1992 endlich mit dem Bauvorhaben in der Obere Kreuzäckerstraße 35 – 37 begonnen werden kann. In Weiterstadt-Gräfenhausen gestalten sich die Verhandlungen schwieriger als erwartet und der Aufsichtsrat folgt dem Vorschlag des Vorstands, sich wieder von den Grundstücken zu trennen und auf einen Neubau dort zu verzichten. Auch in Dietzenbach ist man mit dem Verhandlungsverlauf nicht zufrieden, zumal die Mietpreisgestaltung schon heute in die Kalkulationen einbezogen werden muss. Die erst im Mai 1977 bezogenen Wohnungen des Projekts Leuchte III erfordern unerwartet größere Instandhaltungsarbeiten, die allerdings vor dem Hintergrund des sehr erfolgreichen Jahresabschlusses für 1991 tragbar sind. - Abschließend genehmigt der Aufsichtsrat entsprechend § 26, Abs. 1, f der Satzung einen vorläufigen Arbeitsvertrag mit Frau Reul nach BGB mit einer sechsmonatigen Probezeit, der nach erfolgreicher Einarbeitung durch einen langfristigen Dienstvertrag ersetzt werden soll. Dagegen soll der Vertrag mit Herrn Ehre vom Vorstand zum 3. Juli 1993 auslaufen.

Schon relativ früh im Jahr kann Herr Klassert am 12. Juni 1992 im Kolpinghaus zu Frankfurt 33 stimmberechtigte Mit-

> **Der Vorstand sieht sich erstmals mit neuen Problemen konfrontiert: erstens werden von einigen Mietern widerrechtlich Parabolantennen auf Balkonen oder im Außenbereich der Häuser – jedenfalls außerhalb der eigenen Wohnungen! - angebracht; zweitens sind die Leitungen nicht überall für den Einbau von elektrischen Nachtspeicheröfen geeignet, die ebenfalls ungefragt von einigen Mietern installiert wurden.**

glieder zur **43. Mitgliederversammlung** der Justizbau begrüßen. Da die Verbandsprüfung für 1991 erst auf den 22. Juni terminiert ist, liegt noch kein gültiger Prüfungsbericht vor und deshalb sind auch die Ergebniszahlen als vorläufig anzusehen. Die Regularien werden zügig abgehandelt und das Zahlenwerk, die Ergebnisse und Fakten in den Berichten einstimmig genehmigt. Bei einer erneut gestiegenen Bilanzsumme auf nun fast 93 Mio. DM beträgt der Jahresüberschuss fast 1,5 Mio. DM. Davon sollen 150 TDM der gesetzlichen Rücklage und 1,221 Mio. DM der Bauernerungsrücklage zugeführt werden. Da neue Wohnbauprojekte in Angriff genommen wurden, wird die Kreditobergrenze um 25 Mio. auf nun 95 Mio. genehmigt. Zur Ausschüttung sollen 4% brutto (abzgl. der Steuern netto 2,56%) als Dividende kommen, wobei der Vorstand wieder einen Sammelantrag zur Befreiung der Zahlung von Kapital- und Körperschaftssteuer an das Finanzamt stellen wird. Nachdem dieser Regelung widerspruchslos zugestimmt wurde, erfolgt auf Antrag von Richter Schwalbe einstimmige Entlastung von Vorstand und Aufsichtsrat. Die turnusmäßig aus dem Aufsichtsrat ausscheidenden Herren Gegenmantel, Pusch und Vogel stellen sich zur Wiederwahl und werden ohne Widerspruch einstimmig wiedergewählt. Herr Klassert weist beim Kandidaten Pusch darauf hin, dass dieser nicht mehr Nutzungsberechtigter ist, aber Mitglied der Genossenschaft bleibt; weil er als Diplom-Ingenieur als Einziger aus den Gremien über Fachkompetenz im Bauwesen verfügt, ist man sehr an seinem Verbleib im Aufsichtsrat und seiner Expertise interessiert. Hinzu kommt, dass er seit dreißig Jahren Aufsichtsratsmitglied ist und den Baubestand besser als jeder andere in den Gremien kennt und große Anerkennung genießt. Die Wahl bestätigt dann auch diese Einschätzung.

In der anschließenden konstituierenden Sitzung des Aufsichtsrats werden die einzelnen Mitglieder in den bekannten und bisher ausgeübten Funktionen bestätigt; aber schon sechs Wochen später erscheint es opportun, den Prüfungsausschuss mit den Herren Klassert, Vogel, Gegenmantel, Dr.

> **Zu diesem Zeitpunkt ahnt noch niemand, dass mit dem Terroranschlag vom 27. März 1993 alle Baumaßnahmen in Weiterstadt auf den Prüfstand gestellt werden müssen,** *da zunächst nicht bekannt ist, was mit der zerstörten JVA Weiterstadt (Neubau? - Reparatur? - Wann?) seitens der Politik geschehen soll.*

Döhler und Pusch zu besetzen. Die neue Prokuristin, Frau Rechtsanwältin Reul, wird mit einem Gutachten zur Formulierung von Anstellungsverträgen für Vorstände beauftragt. - Da der deutsche Bundesrat in Bonn der Verordnung zur Änderung der Pauschalen für Verwaltungskosten und Instandhaltungskosten mit Wirkung vom 1. August 1992 zugestimmt hat, kann die neue Pauschale schon ab 1. September von den Nutzungsberechtigten angefordert werden. Im August zwingt der Arbeitsanfall der einzelnen Vorstände, sich mit dem Aufsichtsrat über eine Lösung zu verständigen. Insbesondere wird die geringe Präsenz von Vorstandsmitglied Ehre, auch zu Zeiten der urlaubsbedingten Abwesenheit anderer Vorstandsmitglieder, kritisch gesehen. In diesem Zusammenhang wird auch eine Überprüfung der Bezüge von Herrn Ehre bis zum Ende seiner Bestellung in einem Jahr in Betracht gezogen. Im September bestellt der Aufsichtsrat sodann als akute Maßnahme Herrn Hans-Hubert Vogel mit Wirkung vom 1.10.1992 als zusätzliches Vorstandsmitglied für drei Jahre; seine Vergütung soll zunächst pro Jahr mit 14 Monatsgehältern je 1.200 DM betragen. Frau Reul soll als Vorstandsassistentin und als Büroleiterin auch weiterhin agieren. - Obwohl die Zustimmung zum freiwilligen Einbau von Kaltwasserzählern nur sehr zäh erfolgt, beschließt der Vorstand mit Genehmigung des Aufsichtsrats nun in allen Objekten ohne öffentliche Förderung, den Einbau konsequent durchzuführen.

Am 22. Oktober 1992 stellt der langjährige Vorstandsvorsitzende Seckel mit einem Paukenschlag und einer persönlichen Konsequenz das seit längerem bekannte und immer wieder diskutierte Problempaket Vorstandsarbeit in den Mittelpunkt der Aufmerksamkeit der Gremien und aller Mitarbeiter der Genossenschaft: *er bittet den Aufsichtsrat, ihn mit Wirkung vom 31. 12.1992 von seiner Vorstandstätigkeit freizustellen!* Mit großem Bedauern nimmt der Aufsichtsrat diese überraschende Erklärung zur Kenntnis, will aber seinem Wunsch entsprechen. Insgeheim hoffen die Herren, dass er sich anschließend der Genossen-

Feldgerichtstraße

schaft weiterhin beratend zur Verfügung stellen wird. Wegen seiner Verpflichtung als Dozent lässt er das jedoch offen. Im November 1992 verstirbt nach längerer Krankheit der stellvertretende Aufsichtsratsvorsitzende Kaiser.

Bis zum Ende seiner Tätigkeit kümmert sich der pflichtbewusste Noch-Vorstandschef Prof. Seckel nach dem Befreiungsschlag vorbildlich um das Bauvorhaben Obere Kreuzäckerstraße IV, das Mitte November 1992 zu 60% fertiggestellt ist. Zudem kann er noch aktiv verkünden, dass die Stadt Frankfurt ihre Zusage zur Finanzbeteiligung an diesem Projekt mit 2,6 Mio. DM einhält und die Anweisung noch bis zum Jahresende erfolgen sollte. Allerdings sind die verschmutzten Rückstände im Aushub-Boden noch ein offenes Problem; sollte nämlich der Antrag an die Untere Wasserbehörde, den Aushub zur Verfüllung der Baugrube wieder verwenden zu dürfen, nicht genehmigt werden, sind bei einem geschätzten Volumen von etwa 300 Kubikmetern mit zusätzlichen Entsor-

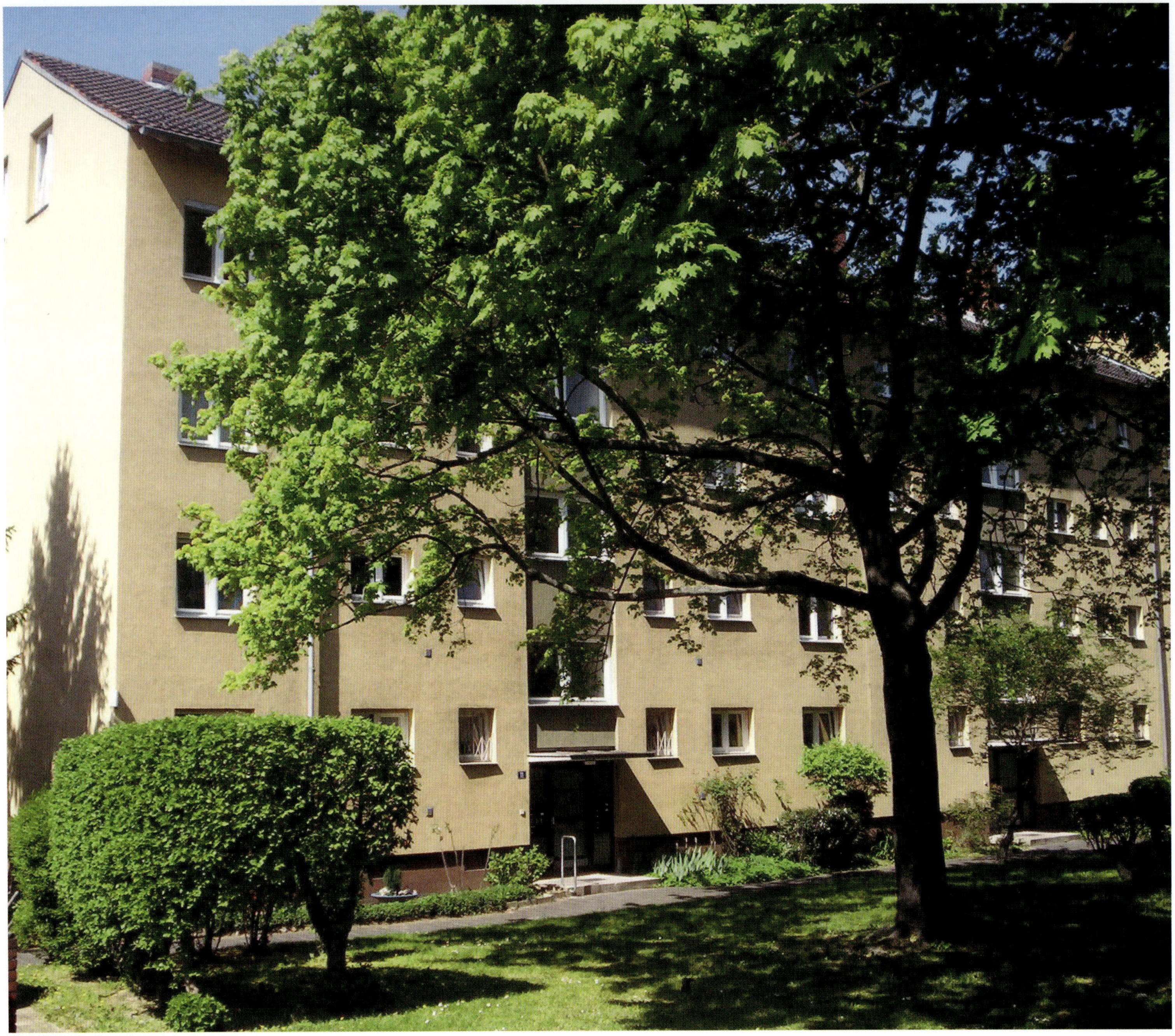

Obere Kreuzäckerstraße, japanische Kirsche

Obere Kreuzäckerstraße 11-15, Garagen

gungskosten von ungefähr 100 TDM zu rechnen, die die Kalkulation belasten und den Gewinnplan für das Projekt schmälern würden.

Auch über das Bauvorhaben in Gräfenhausen kann er zum Jahresende 1992 geteilte Informationen verkünden: die technischen Voraussetzungen für eine Bebauung sind gegeben, nachdem der Bebauungsplan rechtskräftig geworden ist und der Widerstand des Landes Hessen gegen die für notwendig und auf Sicht sinnvolle Finanzierung der Tiefgaragenplätze aufgegeben wurde; jetzt fehlt nur noch das abschließende Akzeptieren der gesamten Kostenplanung durch das Land Hessen, das eine verbindliche Kostenaufstellung für die kurzfristig auf dem erworbenen Gelände zu errichtenden Gebäude mit einer Gesamtwohnfläche von etwa 5.100 m² angefordert hat. Vorstand und Aufsichtsrat beschließen angesichts dieser Faktenlage, dass man von der vorgelegten Kalkulation kein Jota abweichen wolle und bei Nichtakzeptanz durch das Land Hessen die Grundstücke wieder veräußern will und auf das Projekt dann ganz verzichtet. Anfang Dezember verdichten sich die Anzeichen, dass sich das Bauvorhaben um ein Jahr verzögern kann; das macht wegen der dann zu kalkulierenden Verteuerung der Gesamtkosten eine entsprechende Erhöhung der Finanzierungszusage des Landes Hessen erforderlich.

An der vorletzten Sitzung des Aufsichtsrats im Jahr 1992 nimmt auch Frau Reul teil. Ihr wird zugesichert, dass sie bis zum Abschluss eines endgültigen Vertrags als pauschale Vergütung ein Jahresgehalt von 98 TDM erhalten soll, das in 14 gleichen Raten zu zahlen ist. Dafür werden keine Überstunden, Zuschläge für Sonntags- oder Feiertagsarbeit und eventuell erforderliche Nachtarbeit gezahlt. Diese grundsätzliche Entscheidung zur Personalvergütung wird auch auf die gesamte Belegschaft angewendet. Die personellen Spannungen bleiben somit bestehen und auch das große Problem einer professionellen Geschäftsführung als ständig schwebende Zukunftsaufgabe erhalten.

Das 45. Jahr des Bestehens der Genossenschaft beginnt mit Turbulenzen, da noch immer keine klare Vertragssituation mit entsprechender Geschäftsverteilung für den Vorstand ohne Herrn Seckel und die Klärung der Vergütungsfragen hergestellt worden ist. So legt Herr Vogel dem Aufsichtsrat einen selbst gefertigten Vertragsentwurf für sich als Vorstand vor, über den und die anstehenden weiteren Personalfragen in der Sitzung Ende Februar **1993** entschieden werden soll. - Nach einer Ortsbesichtigung des Projekts Obere Kreuzäckerstraße IV mit allen Beteiligten wird deutlich, dass das belastende Erdmaterial nicht für die Verfüllung verwendet werden darf und nun mit dem Land Hessen konkret Gespräche über die Kostenverteilung zu führen sind. Der Finanzierungsanteil der Stadt Frankfurt war schon von Herrn Seckel definiert worden und wird jetzt umgesetzt. Dennoch scheint das Projekt noch lange nicht in trockenen Tüchern.

Am 25. Februar 1993 findet zur Bauproblematik in Gräfenhausen ein Gespräch mit Ministerialdirektor Kramer vom Hessischen Justizministerium (HMdJ) in Wiesbaden statt, an dem neben den Herren Obermann und Vogel vom Vorstand sowie Frau Reul auch der Aufsichtsratsvorsitzende Klassert teilnimmt. Es wird beschlossen, dass das Architekturbüro TOBOLA mit der Genehmigungsplanung für das Projekt beauftragt wird, damit eine entscheidungsfördernde, den bauplanungsrechtlichen Erfordernissen entsprechende Vorlage erstellt und schnellst möglich beim HMdJ eingereicht werden kann. Zu diesem Zeitpunkt ahnt noch niemand, dass mit dem Terroranschlag vom 27. März 1993 alle Baumaßnahmen in Weiterstadt auf den Prüfstand gestellt werden müssen, da zunächst nicht bekannt ist, was mit der zerstörten JVA Weiterstadt (Neubau? - Reparatur? - Wann?) seitens der Politik geschehen soll. Daran ändert auch nichts, dass die konzipierten Wohnungen nach aktueller Auskunft des Architekturbüros Würtenberger-Tobola als förderungsfähig anerkannt werden.

Auch bis Ende März gelingt es Vorstand und Aufsichtsrat nicht, die Personalfragen und die Vertragssituation abschließend zu klären. Dagegen flattert am 20. März 1993 ein bereits angekündigter Nachforderungsbescheid des Finanzamts zur Lohnsteuer ins Haus. Um den Rechtsanspruch für die Betroffenen und deren Einwände offen zu halten, wird der Vorstand vorsorglich gegen den Nachforderungsbescheid Einspruch erheben und gegen die Nachforderung der Kirchensteuer entsprechend Widerspruch einlegen und gleichzeitig die Aussetzung der Vollziehung beantragen. Der Aufsichtsrat ist sich einig in der Verfahrensfrage zur Lohnsteuernachzahlung für die Herren Seckel und Ehre: beide sollen nicht nachträglich persönlich belastet werden, da besonders die Genossenschaft als Arbeitgeber die Vorteile aus deren Tätigkeit gezogen hat. Was im Klartext heißt, dass die Genossenschaft für die eingeforderten Beträge aufkommen wird, wenn der Widerspruch ohne Erfolg bleibt. Zugleich sichert man Herrn Prof. Seckel zu diesem Thema alle Rechtsbehelfe zu, die erforderlich sind. - Vom Aufsichtsrat ergeht an den neuen Vorstand sodann die Aufforderung, alle Liegenschaften außer denen in Weiterstadt daraufhin zu überprüfen, ob die zulässigen Zinserhöhungen jeweils zeitnah und fristgerecht an die Nutzungsberechtigten als Mieterhöhung weiter berechnet worden sind. In einigen Fällen hatte bereits im vergangenen Jahr Herr Seckel auf einige Versäumnisse hingewiesen. Zur Klärung dieser Frage trägt Prof. Seckel in einer Sitzung Anfang Mai 1993 persönlich bei und erklärt, dass die Nichtweitergabe in den erkannten Fällen ein Fehler der Buchhaltung gewesen sei. Vorsorglich habe er deshalb die Haftpflichtversicherung über die Sachlage informiert. Auch die Mieten für die Abstell- und Garagenplätze sollen angehoben werden, um der finanziellen Gesamtsituation der Genossenschaft gerecht zu werden und der Konjunktur entsprechend Rechnung zu tragen.

Kurz vor der Mitgliederversammlung platzt erneut wie eine Bombe diese Personalie im Aufsichtsrat: Herr Vogel erklärt zum 30. Juni 1993 seinen Rücktritt als Vorstandsmitglied und kündigt nach nur 9 Monaten zum Erstaunen aller Beteiligten seinen Angestelltenvertrag. Doch der Aufsichtsrat handelt sofort, nachdem er mit dem angemessenen Bedauern diesen Rücktritt angenommen hat, und bestellt Herrn Maas ab 1. Juli 1993 zum Vorstandsmitglied auf drei Jahre. Gleichzeitig übernimmt der AR-Vorsitzende Klassert mit Wirkung vom 4. Juli 1993 für zwei Jahre ebenfalls eine Funktion als interimistisches Vorstandsmitglied. Damit hat das Personalrad im Vorstand erheblich an Geschwindigkeit gewonnen und ein geregeltes Ende der schwierigen Situation der Führung der operativen Genossenschaft ist noch lange nicht absehbar.

Auf der am 25. Juni 1993 stattfindenden **44. Mitgliederversammlung** muss Herr Klassert als noch amtierender Aufsichtsratsvorsitzender neben der effektiven Abwicklung der notwendigen Regularien irgendwann auch die aktuellen Personalien den 66 anwesenden stimmberechtigten Mitgliedern mitteilen und erläutern. Da ist zunächst die Personalie Vogel, der erst im Oktober 1992 vom Aufsichtsrat in den Vorstand gewechselt war und in vierzehn Tagen bereits seinen Abschied nimmt. Aber die Personalie Vogel steht gar nicht im Zentrum der ersten Erklärung von Herrn Klassert, der zunächst das Ausscheiden des langjährigen Vorstandsvorsitzenden, Herrn Prof. Seckel, mit großem Bedauern und persönlicher Anerkennung für dessen Leistungen für die Genossenschaft in den letzten drei Jahrzehnten bekannt gibt. Dann stellt er Frau Rechtsanwältin Reul als Vorstandsassistentin seit 1. April 1993 vor, die kein Mitglied der Genossenschaft sei und deren Anwesenheit heute deshalb erst noch von der Versammlung bestätigt werden muss; diese erfolgt sodann einstimmig ohne Gegenrede. Geschickt lässt er dann Herrn Vogel als amtierenden Vorstand den Jahresabschluss verlesen und die Fragen dazu beantworten. Ohne Nachfragen werden die Regularien zum Lagebericht des Vorstands und der Bericht des Aufsichtsrats und dessen Stellungnahme zum Geschäftsbericht entgegen genommen und alle Vorschläge einstimmig genehmigt, die dieser zur Mittelverwendung vorschlägt. Bei einer erneut gewachsenen Bilanzsumme von 96,7 Mio. DM und einem Jahresüberschuss von mehr als 947 TDM

> **Kurz vor der Mitgliederversammlung platzt erneut wie eine Bombe diese Personalie im Aufsichtsrat: Herr Vogel erklärt zum 30. Juni 1993 seinen Rücktritt als Vorstandsmitglied und kündigt nach nur 9 Monaten zum Erstaunen aller Beteiligten seinen Angestelltenvertrag.**

ORGANIGRAMM

Wohnungsbaugenossenschaft der Justizangehörigen
Frankfurt a. M. eG

Vorstand I
PC

Klassert

Finanzen und kaufm.
Verwaltung,
Rechnungswesen,
Organisation
Neubau

Vorstand II

Maas

Rechts- und Vertragsangelegenheiten,
dingliche Vergütung
(incl. Grundstückserwerb)
Abgaben

Vorstand III

Obermann

Hausbewirtschaftung
(incl. Instandhaltung und
Modernisierung)
Personal

Vorstandsassistentin
PC

Reul

Arbeitsplatz 1
PC

Bonnkirch

Finanzbuchhaltung
(einschließlich aller
Abschlüsse) Hypotheken,
Anlagen, Erbbaurechte
Baubuch
unbarer Zahlungsverkehr
Löhnen und Gehältern
Übersichten und Pläne

Arbeitsplatz 2
PC

Bernhard

Mietenbuchhaltung
nebst DIA
Umlagen
Mithilfe bei Arbeitsplatz 1

Arbeitsplatz 3
PC

Laura

Mitgliederverwaltung
Nutzungsverträge und
Nutzungsverhältnisse
Hausbewirtschaftung
(große Instandsetzung und
Instandhaltung) Führung der
Barkasse Kassen, Empfang-
und Postvollmacht

Arbeitsplatz 4
PC

Knobling

Telefondienst Führung des
Rechnungseingangbuchs
Hauswirtschaftung (
keine Instandsetzung)
Rechnungsprüfung
Postvollmacht Schreibdienst
nach Bedarf

Arbeitsplatz 5
PC

Mader

Telefondienst Postausgang
Hauswirtschaftung
(keine Instandsetzung)
Rechnungsprüfung Führung
der Wiedervorlage
Beschaffung und Verwaltung
des Bürobedarfs
Schreibdienst nach Bedarf

Arbeitsplatz 6

Wania

Telefondienst
Schreibdienst Ablage
Büroarbeiten
Arbeitsplatz 1 bis 5
nach Einzelzuweisung

Stand Oktober 1996

sollen 95 TDM der gesetzlichen Rücklage und nach Zahlung der höchst möglichen Dividende von 4% noch 784,6 TDM der freien Rücklage zugeführt werden. Nach diesen einstimmigen Beschlüssen verwundert die auch einstimmige Entlastung von Vorstand und Aufsichtsrat für das vergangene Geschäftsjahr nicht. Zur guten Stimmung unter den Genossen trägt dann auch die Verkündung des insgesamt positiven Prüfungsergebnisses für die Jahre 1989 bis 1991 durch den Prüfungsverband erheblich bei. Das zeigt sich auch bei den anstehenden Wahlen zum Aufsichtsrat. Da Aufsichtsrat Kaiser im November 1992 verstorben und Herr Vogel in den Vorstand gewechselt ist, scheiden nur Herr Klaus Radke und Herr Helmut Woydich turnusmäßig aus, stellen sich aber beide der Wiederwahl. Aus der Versammlung heraus werden Frau Gunda Gerk, Johannes Herrmann, Thomas Genssler und Karl-Heinz Eiling als einer der vier neu zu wählenden Kandidaten vorgeschlagen. In geheimer Wahl entfallen nach einer Vorstellungsrunde auf die Herren Radke 53 Stimmen, Herrmann 44, Woydich 43 und Eiling 38 von den 65 gültigen Stimmen; sie nehmen die Wahl an. Abschließend wird das beschlossene Ausscheiden von Herrn Vogel und das bevorstehende Revirement im Vorstand insgesamt mit keinem Wort erwähnt. Die Versammlung wird hinsichtlich der aktuellen Führungsprobleme weitgehend ahnungslos in das 45. Jahr der Genossenschaftsgeschichte entlassen.

Im Juli 1993 zieht der neue Aufsichtsrat in seiner konstituierenden Sitzung zügig die Konsequenzen aus der neuen Personalsituation. **Zum neuen Aufsichtsratsvorsitzenden wird Herr Klaus Radke** (Vorsitzender Richter beim Amtsgericht Frankfurt) **gewählt**, da Herr Klassert für zwei Jahre in den Vorstand gewechselt ist. Zum Stellvertreter wird Herr Pusch, zum Schriftführer Herr Prof. Dr. Döhler und zu dessen Stellvertreter als Schriftführer das Neumitglied im AR Johann Herrmann einstimmig gewählt. Herr Klassert betont bei seinem Ausscheiden noch einmal die Vertraulichkeit aller hier getroffenen Entscheidungen und Äußerungen zu allen die Genossenschaft insgesamt betreffenden Fragen und Probleme sowie die Verbindlichkeit der einstimmig beschlossenen Geschäftsordnung des Aufsichtsrats vom 27. Juni 1991. Sodann werden die Ausschüsse neu besetzt: zum Bauausschuss gehören die Herren Herrmann, Pusch und Woydich; zum Prüfungsausschuss Prof. Dr. Döhler, Prof. Gegenmantel sowie die Herren Herrmann und Pusch; dem Rechtsausschuss gehören die Herren Radke und Eiling an. Anschließend werden die finanziellen Fragen zu den ausscheidenden Vorstandsmitgliedern geregelt, die vor allem Herrn Vogel betreffen, dessen Vertrag wegen bisher mangelhafter Formulierungen rechtlich noch gar nicht zustande gekommen war. Herr Ehre erhält seine Vergütung bis Ende Juli 1993 zur Abgeltung aller Ansprüche. Die beiden neuen Vorstände Klassert und Maas sollen ab Eintritt in den Vorstand jeweils 2.500 DM Vergütung erhalten.

In der ersten gemeinsamen Sitzung von Vorstand und Aufsichtsrat im August 1993 steht das Thema Zinsbindung bei den zum 30.09.1993 auslaufenden Hypothekendarlehen bei der Frankfurter Sparkasse an. Die Entscheidung, ob man 7,1% Zinsen auf fünf Jahre oder 7,5% mit einer Bindung auf zehn Jahre akzeptieren soll, fällt zugunsten von fünf Jahren aus – fast schon zu erwarten! Bei zirka 15,8 Mio. DM machen diese 0,4% pro Jahr nämlich 63.200 DM und in fünf Jahren immerhin eine Ersparnis von 316 TDM aus. Der Aufsichtsrat gesteht dem Vorstand zu, sich bei Bedarf gegen Honorar Expertisen von außerhalb zu beschaffen. Er besteht bei den Mitarbeitern aus gegebenem Anlass aber darauf, dass Überstunden immer vor Inanspruchnahme schriftlich genehmigt werden sollen. Künftig sollen laut Antrag des Vorstands Geschäftsanteile nicht übertragen werden können. Eine endgültige Entscheidung dazu wird aber vertagt. Schließlich will man Herrn Ehre am 8.10.1993 offiziell gemeinsam verabschieden. Das vom Vorstand vorgelegte erste Organigramm der Verwaltung wird wohlwollend zur Kenntnis genommen.

Anfang September steht die Verlängerung des zum 3.10.1993 auslaufenden Vertrags mit Herrn Obermann als Vorstandsmitglied um ein weiteres Jahr an. Neben dieser Vertragsverlängerung genehmigt der Aufsichtsrat auch, die weiteren Anstellungsverträge mit den beiden anderen neuen Vorständen Klassert und Maas zu unterzeichnen. Die drei Herren werden verpflichtet, die Aufgaben gleichmäßig untereinander aufzuteilen und gleichberechtigt zu agieren. Damit entfällt zunächst ein Vorstandsvorsitzender mit üblichen Sonderbefugnissen. Werden künftig einzelne Aufsichtsratsmitglieder mit Sonderaufgaben vom Vorstand betraut, soll die Höhe des Entgelts für nachweisbare Leistungen nicht höher als 50 DM je Stunde liegen. - Zum Stand des Bauvorhabens in Weiterstadt-Gräfenhausen gibt der Vorstand dann die Empfehlung ab, unter Berücksichtigung aller Fakten und Umstände das Vorhaben doch weiter zu verfolgen, denn bei einer derzeitigen Weiterveräußerung müsse mit einem erheblichen Schaden gerechnet werden. Der Aufsichtsrat stimmt mehrheitlich zu. Die Diskussion um die genossenschaftlichen Risiken wirft auch die aktuelle Frage nach der ausreichenden Versicherung durch die Sparkassenversicherung auf, die schon seit einem längeren Zeitraum nicht mehr überprüft wurde. An den Vorstand ergeht die Bitte, diverse Angebote für eine ausreichende Haftpflichtversicherung, die auch das Risiko von Fehlentscheidungen durch die Handelnden der Genossenschaft mit einschließt, zu prüfen und eine Entscheidung vorzubereiten. Und wieder einmal muss sich das gemeinsame Gremium mit dem Ausschluss eines Mitglieds wegen Verstoßes gegen die Satzung befassen. Schließlich stimmt der Aufsichtsrat der vom Vorstand eingeleiteten Einführung der gleitenden Arbeitszeit mit Zeiterfassung für die angestellten Mitarbeiter zu. Als letzte Entscheidung des Aufsichtsrats im Jahr 1993 beschließt das Gremium in Abwesenheit der Betroffenen, dass die drei Vorstände Klassert, Maas und Obermann für das abgelaufene Jahr jeweils eine Weihnachtsgratifikation in Höhe von 2.500 DM erhalten sollen, die zusammen mit der Vergütung für den Dezember ausgezahlt werden soll.

In der ersten Sitzung des Jahres **1994** müssen sich die beiden Gremien erneut mit dem Ausschluss von genossenschaftlichen Mitgliedern aus unterschiedlichen Gründen (Zahlungsverzug, Verstöße gegen Satzung etc.) befassen; nach reiflicher Erörterung jeden einzelnen Falles werden schließlich 13 Genossen ausgeschlossen, darunter auch zwei Mitglieder der ersten Jahre (die Nummern 100 und 107 von inzwischen mehr als 2100 Anteilseignern); man rechnet künftig mit weiteren Fällen und will sich auch versicherungstechnisch darauf vorbereiten. - Am 24. Februar 1994 kann um 10:30 Uhr bei 3 Grad Außentemperatur und Regen endlich in Gräfenhausen der Grundstein für das aktuelle Bauvorhaben gelegt werden. In Anwesenheit des Staatssekretärs Schmidt vom Justiz-

Alle: Eckenheimer Landstraße 274-276,

Platenstraße 125-129, Gartenansicht mit Balkonanlagen

Platenstraße 131-133-135, Hauszugänge

ministerium aus Wiesbaden sowie des Bürgermeisters Hahn aus Weiterstadt und Herrn Busch von Richter & Schädel werden alle aktuellen Münzsorten der Bundesrepublik zusammen mit einer Urkunde in einer Metallhülse in den Grundstein eingemauert. Von der Justizbau Genossenschaft sind die Herren Radke, Prof. Dr. Gegenmantel, Prof. Dr. Döhler sowie die Herren Klassert, Maas und Obermann an der Zeremonie beteiligt. Schon vier Tage später diskutieren die beiden Gremien die vom Vorstand vorgelegte Hypothekenbelastung für Gräfenhausen in Höhe von 3,9 Mio. DM zugunsten der Frankfurter Sparkasse und in Höhe von 117 Mio. DM zugunsten der Hessischen Landesbank. Diesem Vorschlag wird zugestimmt. Dagegen macht der Aufsichtsrat gegenüber dem Vorstand auf seinen Einwand gegen die Flachdach-Bebauung in Gräfenhausen aufmerksam, den er schon vorausschauend im Frühjahr 1993 eingebracht hat. Kleinlaut muss der Vorstand nämlich zugeben, dass eine beabsichtigte Umplanung auf ein Satteldach aus Kostengründen nun nicht mehr möglich ist. - Eine Personalie ist rasch entschieden: für die am 31. März 1994 ausscheidende Frau Knobling darf eine neue Kraft eingestellt werden und der Anstellungsvertrag von Frau Bernhard soll auf eine Ganztagsstelle aufgestockt werden. Schließlich beschließt man in eigener Sache, dass bei Benutzung der Privatfahrzeuge für Dienstfahrten von einem Vorstands- oder Aufsichtsratsmitglied eine km-Pauschale von 52 Pfennig in Rechnung gestellt werden kann; für Mitfahrer immerhin noch eine Entschädigung von 10 Pfennig pro gefahrenem Kilometer. Noch bevor die Mitgliederversammlung stattfindet informiert der Vorstand den Aufsichtsrat über die in Abwicklung befindlichen Sanierungsmaßnahmen: in den Kellergängen der Häuser Dielmann- und Steinhauserstraße werden die Kaltwasserleitungen erneuert; die Fenster in der Buchwaldstraße 31 - 55 und 37 - 43 erhalten neue Fensteranstriche; die Balkons werden in der Buchwaldstraße 35, 35A sowie 51 - 55 saniert; das Haus Leuchte 51 erhält einen neuen Treppenhausanstrich. Im nächsten Jahr sollen vermehrt Kaltwasserzähler eingebaut werden; deshalb werden jetzt die Rückstellungen dafür gebildet.

Die **45. Mitgliederversammlung** findet am 25. Juni 1994 statt. Erstmals führt den Versammlungsvorsitz der neue Aufsichtsratschef, Herr Klaus Radke, der 52 stimmberechtigte Genossenschaftsmitglieder begrüßen kann. Als Sprecher des Vorstands agiert nun nach 24 Jahren im Amt des Vorsitzenden des Aufsichtsrats Herr Klassert – also ein glatter Rollentausch mit erheblichen Insiderkenntnissen. Dieser verweist dann auch auf ein erleichtertes Verfahren bei der Behandlung der Regularien: da die Berichte von Vorstand und Aufsichtsrat sowie der Jahresabschluss komplett in der Geschäftsstelle ausgelegen und in Kurzform auch dem Einladungsschreiben zur MV beigefügt waren, sollten statt einem monotonen Verlesen von Zahlen der Diskussion mehr Zeit eingeräumt werden. Nach der großen Zustimmung zu diesem Verfahrensvorschlag durch die Versammlung erläutert er sodann den Jahresabschluss und beantwortet ausführlich die aus dem Plenum gestellten Fragen. Erstmals beträgt die Bilanzsumme mehr als 100 Millionen DM und der Jahresüberschuss wieder knapp mehr als eine Million DM. Jahresabschluss und der Bericht des Aufsichtsrats werden einstimmig, der Lagebericht des Vorstand mit einem Vorbehalt von zwei Stimmen gebilligt. Zum Zeitpunkt der Versammlung liegt der Prüfbericht des VdW Südwest als Prüfungsbehörde noch nicht vor. Den Vorschlägen des Vorstands zur Mittelverwendung unter Einschluss der Dividendenzahlung von 4% wird unwidersprochen zugestimmt und auch die Entlastung von Vorstand und Aufsichtsrat erfolgt einstimmig. Die Versammlung muss zur Kenntnis nehmen, dass ein Sammelantrag an das Finanzamt wie in den vergangenen Jahren nicht mehr möglich ist, dass aber jedes Mitglied zur Vorlage bei seinem zuständigen Finanzamt eine Bescheinigung über die einbehaltene Körperschafts- und Kapitalertragssteuer erhält. In der abschließenden Wahl zum Aufsichtsrat werden der turnusmäßig ausscheidende Prof. Dr. Döhler zur Wiederwahl

Platenstraße 125, Straßenfront

und Herr Thomas Genßler und Frau Maria Op de Hipt erstmals zur Wahl vorgeschlagen. Aus der Versammlung kommt noch ein Kandidatenvorschlag für Alfred Herzog. Gewählt werden die drei Männer, die Herren Genßler mit 44, Prof. Dr. Döhler mit 43 und Herzog mit 32 Stimmen; Frau Maria op de Hipt erhält eine Zustimmung von 25 Stimmen (48,1 %). Damit werden 25% des bisherigen Aufsichtsrats durch neue Gesichter besetzt.

Am 18. August 1994 wird der Rohbau in Gräfenhausen abgenommen; es ist ein bewölkter Tag und trocken; anwesend sind neben der zwanzig Handwerkern die Herren Busch, Reichwein und Unger von der Baufirma Richter & Schädel sowie die Herren Fuchs und Walter von der Bauaufsichtsbehörde – und laut Eintrag im Bautagebuch zwei Kräne. Nach der Besichtigung der Baustelle verbleiben noch für die Ergänzungsgenehmigung wegen der DIN-gerechten Fenster zwei Erledigungen: die Zeichnungen, genauen Aufmaße und Beschreibung der Fensteränderungen sowie die notwendigen Maßnahmen für die Genehmigung des Bezirks-Schornsteinfegermeisters. - Ende August liegt die Bewerbung eines Herrn Aley Würtele auf die Stelle eines Vorstandsassistenten vor, die der Aufsichtsrat zustimmend zur Kenntnis nimmt. - Es wird für die Zukunft beschlossen, dass die nicht dem Belegrecht des Regierungspräsidenten unterliegenden Wohnungen der Genossenschaft nur an Landesbedienstete vergeben werden sollen. Sodann befassen sich die beiden Gremien ausführlich mit dem nun vorliegenden Prüfbericht des PSW für 1992.

In der nächsten Sitzung Ende September 1994 setzt der neue Vorstand beim Aufsichtsrat durch, dass der Antrag von Frau Bonnkirch auf Gewährung einer finanziellen Abgeltung der Mehrarbeit für den Jahresabschluss abgewiesen wird und mit Hinweis auf den letztjährigen Beschluss zur Mehrarbeit leider keine Bezahlung erfolgen kann, weil die zusätzliche Arbeit nicht vorher beantragt wurde, wie in der neuen Geschäftsordnung gefordert.

> „Der Weg ins fünfte Jahrzehnt der Genossenschaft wird offensichtlich immer holpriger und die so Erfolg verwöhnten Vorstände und Aufsichtsräte **geraten fast täglich unter neuen Druck bei der Bewältigung ihrer nebenamtlichen Tätigkeiten.**"

Zum Jahresende hin wird vom Aufsichtsrat beschlossen, dass die neuen Vorstandsmitglieder wie im Vorjahr mit einer Weihnachtsgratifikation zusätzlich entlohnt werden sollen, die für die Herren Klassert und Maas jeweils 5 TDM und Herrn Obermann die Hälfte davon betragen soll. Dem vom Vorstand vorgelegte Vorschlag einer Sonderzahlung an die Hausmeister als Weihnachtsgratifikation wird entsprochen. So endet das Jahr 1994 mit einem positiven Ausblick auf das Bauprojekt in Weiterstadt-Gräfenhausen für 1995 und einer guten Perspektive für ein neues Projekt in Enkheim-Ost. Auf dem Personalsektor verstärken sich die Anspannungen und unproduktive Konflikte zwischen Vorstand und Aufsichtsrat werden immer mehr sichtbar. Die Lösung der grundsätzlichen Probleme in der Geschäftsführung durch einen professionellen Vorstand wird immer dringlicher.

Anfang **1995** werden diese Probleme endlich angesprochen und anhand der Struktur und personellen Zusammensetzung des neuen Vorstands Klassert – Maas – Obermann, drei ehemalige Aufsichtsratsmitglieder ohne operative Führungserfahrung im Unternehmen, im Aufsichtsrat auch ernsthaft diskutiert, allerdings ohne zunächst eine Entscheidung zu treffen. Das Kontrollgremium hofft noch immer, dass sich die drei Herren untereinander auf die verantwortliche Übernahme von eindeutig festgelegten und klar beschriebenen Aufgabenbereichen einigen können, in denen jeweils nur der zugeordnete Verantwortliche die Entscheidung trifft und die anderen nach entsprechenden gegenseitigen Konsultationen diese auch entschieden mittragen. Dagegen nehmen sich die wachsenden operativen und branchenüblichen Probleme mit einigen Nutzungsberechtigten hinsichtlich baulicher Veränderungen innerhalb von deren Mietwohnungen eher gering aus. Aber auch die negative Entscheidung im Fall Mader zeigt, dass selbst die akuten personellen Probleme in der Verwaltung einer professionellen Grundlage zur langfristigen Bewältigung bedürfen *(die kaufmännische Mitarbeiterin Mader hatte den Wunsch geäußert, eine genossenschaftliche Wohnung anmieten zu dürfen, was mit Hinweis auf die neue Geschäftsgrundlage aus dem Vorjahr negativ beschieden worden ist)*. So müssen immer mehr Personalfragen behandelt werden, wie zum Beispiel auch die für die ab 1. Februar 1995 geplante Einstellung von Frau Heike Hempel als neue Sachbearbeiterin und Ganztagskraft. Schon im Mai zeigt sich, dass sie nicht den Erwartungen entspricht und auch Frau Mader offensichtlich passive Arbeitsverweigerung betreibt; man beschließt, sich schnellst möglich wieder von diesen beiden Mitarbeiterinnen zu trennen. Dagegen hat Herr Dipl.-Kaufmann Würtele seine Stelle als Vorstandsassistent im Januar erfolgreich angetreten und es wurde ihm eine sechsmonatige Probezeit zuerkannt.

Es häufen sich auch die Berichte über Mängel mit der EDV und ganz konkrete Schwierigkeiten bei deren Anwendung in der Buchhaltung. Das rapide Wachstum der Genossenschaft

Leuchte 56-58

Leuchte 51

stößt immer sichtbarer an die Grenzen eines im Ehrenamt geführten Unternehmens, das zum einen den harten Wettbewerb auf dem Frankfurter Wohnungsmarkt bestehen und zum anderen den immer deutlicheren Vorgaben und gesetzlichen Regelungen entsprechen muss, vor allem hinsichtlich der Einhaltung von Steuervorschriften für nebenamtliche Tätigkeiten und Vergütungen. Zu diesen Themen erfolgten auch in der Vergangenheit immer wieder Kommentare des Prüfverbands PSW. Deshalb steht auch fast permanent im Aufsichtsrat die Diskussion der Struktur des Vorstands zur Diskussion. In diese passt dann auch erstmals im April die Meldung, dass es große Schwierigkeiten bei der Restfinanzierung in Gräfenhausen gibt, zunehmend aber auch mit der freien Vermietung der Wohnungen dort. Der Weg ins fünfte Jahrzehnt der Genossenschaft wird offensichtlich immer holpriger und die so Erfolg verwöhnten Vorstände und Aufsichtsräte geraten fast täglich unter neuen Druck bei der Bewältigung ihrer nebenamtlichen Tätigkeiten.

Im Mai kumulieren die Probleme mit der EDV in der Buchhaltung derartig, dass mit einer Verschiebung der **Mitgliederversammlung** (MV) gerechnet werden muss, die bereits für Ende Juni 1995 terminiert war. Ende Mai muss der Termin auf Ende August, und schließlich Ende September endgültig auf den **8. November 1995** verschoben werden, weil die Bilanz nicht fristgerecht erstellt werden kann und die Sommerferienzeit nicht dazu geeignet ist, genug Mitglieder zu erreichen und zur Teilnahme an einer MV zu motivieren. Weil die einjährige Vertretungszeit von Herrn Klassert als Vorstand sich im Mai dem Ende neigt und eine professionelle Lösung für den Vorstand noch nicht gefunden wurde, beschließt der Aufsichtsrat, ihn interimistisch für ein weiteres Jahr bis zum 4. Juli 1996 als Vorstand zu bestellen. Ein weiteres Problem bildet der Komplex der Nichtweitergabe der Zinserhöhungen und die Auseinandersetzung mit der Sparkassenversicherung; hier soll das Problem zunächst im Rechtsausschuss diskutiert und einer Lösung zugeführt werden, der später vorschlägt, ein anwaltliches Gutachten dazu erstellen zu lassen.

Mitte Juli bringt die Nachricht, dass Herr Obermann den Vorstand im Oktober verlassen will, die Stimmung in den Gremien allmählich zum Sieden. Die Lösung der Führungsprobleme der Genossenschaft muss jetzt endlich ganz konkret angepackt werden, indem ein hauptamtlicher Vorstand aktiv gesucht wird. Herr **Radke** schlägt vor, ein Angebot der Plaut Personalberatung vom August 1995 anzunehmen und einen Vertrag zur Vermittlung eines geeigneten Kandidaten für den Vorstandsvorsitz zu finden. Zur zügigen Bewertung von deren Vorschlägen wird ein Findungsausschuss etabliert, dem die Herren Radke, Pusch, Herzog und Dr. Döhler angehören.

Bei den beiden anderen ›Baustellen‹ ist man noch nicht so konkret in der Lösungsfrage: zum einen muss entschieden werden, ob das Software-Problem in der Buchhaltung und die Beratung zum effektiven Einsatz der EDV durch die GAP Gesellschaft für Anwender-Programme gelöst werden und neue Hard- wie Software angeschafft werden soll, zum anderen muss eine Anpassung zur Bewertung der Eigenkapitalsituation erfolgen. Zur Lösung des zuletzt genannten Problems schlägt der Vorstand dem Aufsichtsrat vor, den Betrag von 3,715 Mio. DM bei der Bauerneuerung abzusetzen und der freien Rücklage zuzuführen. Damit ließe sich ein höheres und ausreichendes Eigenkapital darstellen. Eine Entscheidung sollte kurzfristig getroffen werden.

Die **46. Mitgliederversammlung** findet am 8. November 1995 im Kolpinghaus Frankfurt statt. Herr Radke kann als Aufsichtsratsvorsitzender 118 stimmberechtigte Mitglieder begrüßen und dazu Herrn Aumüller vom Prüfungsverband. Zu Beginn der Veranstaltung bedankt er sich bei dem im Oktober aus der Genossenschaft ausgeschiedenen Vorstand Obermann für dessen zwanzigjährige ehrenamtliche Tätigkeit. Zum von Herrn Klassert vorgetragenen Lagebericht werden keine Fragen gestellt. Die Bilanzsumme ist auf 121 Mio. DM angewachsen und der Überschuss des Jahres 1994 beträgt 966.329,52 DM. Auch zum Bericht des Aufsichtsrats und dessen Stellungnahme zum Lagebericht erfolgt keine

Wortmeldung. Sie werden insgesamt einstimmig genehmigt und auch zum Prüfungsbericht zum Geschäftsjahr 1993 werden an Herrn Aumüller keine Fragen gestellt. Leichte Kritik wird durch die unterschiedliche Zustimmung zu den Mittelverwendungsvorschlägen geäußert: während die Zuführung von aufgerundeten 10% des Jahresüberschusses in die gesetzliche Rücklage einstimmig erfolgt, werden vier Gegenstimmen erhoben gegen die Ausschüttung der maximalen Dividende von 4%; und eine Gegenstimme wird protokolliert gegen die Verstärkung der Eigenkapitalquote durch Zuführung von fast 754 TDM zur freien Rücklage. Sowohl Vorstand als auch Aufsichtsrat werden sodann mit je einer Gegenstimme entlastet. Da Herr Gegenmantel aus Altersgründen nicht mehr kandidiert, stellen sich die Herren Blum und Lindemann zur Neuwahl in den Aufsichtsrat. Zur Wiederwahl stehen auch die beiden Herren Pusch und Eiling zur Verfügung, die turnusmäßig aus dem alten Aufsichtsrat ausscheiden. Da noch eine Marathonsitzung mit den Satzungsänderungen ansteht, wird zugestimmt, die Wahl in offener Abstimmung durchzuführen. Bei einer Gegenstimme für Herrn Pusch erfolgt die Wahl der drei anderen Kandidaten einstimmig. Alle werden gewählt und nehmen die Wahl an. Nach der intensiven Diskussion der vorgeschlagenen Satzungsänderungen gibt Herr Klassert ausführlich Auskunft zu Fragen die Fehlbelegungsabgabe betreffend. Die Sitzung endet schließlich um 22:15 Uhr und lässt noch viele Fragen bei den Anwesenden offen hinsichtlich der Führung der Genossenschaft und ihrer Zukunftschancen.

In der letzten Sitzung des Aufsichtsrats im Jahre 1995 konstituiert sich ein neues Gremium, das erstmals vier neue Mitglieder im Vergleich mit dem Aufsichtsrat von 1993 hat, als Herr Klassert in den Vorstand gewechselt ist und den Vorsitz im Aufsichtsrat an Herrn Radke übergeben hat. Die Herren sind sich einig, dass im neuen Jahr endlich das Führungsproblem im Vorstand gelöst werden muss, damit der sich bisher stetig so positiv entwickelten Genossenschaft gute Chancen auf eine prosperierende Entwicklung auch in der Zukunft erhalten bleiben.

> **Im Mai kumulieren die Probleme mit der EDV in der Buchhaltung derartig, dass mit einer Verschiebung der Mitgliederversammlung (MV) gerechnet werden muss, die bereits für Ende Juni 1995 terminiert war.**
> Ende Mai muss der Termin auf Ende August, und schließlich Ende September endgültig auf den 8. November 1995 verschoben werden.

Leuchte 51, Spielplatz

Der Übergang in die Professionalität 1996 und 1997

Der aktuelle Vorstand besteht Anfang 1996 aus drei ehrenamtlich tätigen ehemaligen Aufsichtsratsmitgliedern, die offensichtlich am Rande der Überforderung stehen und dringend auf eine Lösung des schon lange anstehenden Führungsproblems der Genossenschaft warten, damit auch die weiteren administrativen Themen sachkundig bearbeitet und für die Genossenschaft positiv gelöst werden können. So ist das erste Quartal 1996 von vier Themen dominiert, die alle unangenehm in der Bearbeitung sind, weil sie ausschließlich mit der Lösung von in der Genossenschaft – vor allem im operativen Bereich - selbst verursachten Problemen zu tun haben.

Da sind zum einen die von Aufsichtsratsmitgliedern geltend gemachten diversen Vergütungsansprüche, die der Vorstand gemäß den selbst verordneten Restriktionen und wegen des Vorbehalts der Genehmigung durch die Prüfungsbehörde so nicht genehmigen und auszahlen will. Zum Thema werden Schreiben zwischen Vorstand und Aufsichtsrat ausgetauscht. Zu einer Klärung im direkten Gespräch bieten sich nur wenige Chancen. Ähnliches gilt für einen Versicherungsfall wegen der versäumten rechtzeitigen Weitergabe von Mieterhöhungen, die dem Finanzetat nun kontinuierlich fehlen werden. Das dazu vorgelegte ergänzende Vergleichsangebot der Sparkassenversicherung, das eine Einmalzahlung von 100 TDM sowie die Übernahme der Anwaltskosten vorsieht, soll angenommen werden. Die Annahme macht aber in der Folge eine Entscheidung zur Deckung der Restsumme aus dem eingetretenen Schaden nötig. - Im gleichen Problemkreis befindet sich auch die bisher nicht denkbar gewesene Diskussion über einen Wohnungsleerstand mangels Mieternachfrage, vor allem in Weiterstadt. Die Probleme auch auf der fiskalischen Erlösseite wachsen deshalb drastisch und müssten zügig gelöst werden.

Im Zentrum aber steht das Suchprojekt für den professionellen Vorstandschef. Ein zum Vorstellungsgespräch geladener Kandidat findet nicht die mehrheitliche Zustimmung beim amtierenden Vorstand, während der Aufsichtsrat bis auf eine Enthaltung einem Vertragsabschluss zu den ausgehandelten Bedingungen zustimmt. Deshalb wird ein Vertrag entworfen, diskutiert und dem Kandidaten Reichert vorgelegt. Über einen Zeitraum von fast sechs Monaten wird zwischen der Plaut Personalberatung in Frankfurt und den Herren aus Vorstand und Aufsichtsrat in mehreren Gesprächen der Kandidat **Reichert** befragt und auf seine Eignung geprüft. Parallel wird Ende April Herr Maas mit Wirkung vom 1. Juni 1996 für ein weiteres Jahr als Vorstandsmitglied verpflichtet. Und auch Herr Klassert, der langjährige Chef des Aufsichtsrats, wird von seinen Kollegen im neuen Aufsichtsrat gebeten, sich weiterhin als Vorstand zur Verfügung zu stellen. Der amtierende Vorstand aber macht dazu unmissverständlich deutlich, dass er sich keine kooperative Zusammenarbeit mit dem Kandidaten Reichert vorstellen kann. In dieser Situation wird es dem Aufsichtsrat unmöglich, den Kandidaten auch nur probeweise für drei Jahre zu verpflichten, was ein reduziertes Risiko für die Genossenschaft bedeutet hätte. Der opponierende Vorstand der ehrenamtlichen Verantwortungsträger setzt sich schließlich durch und es wird Mitte Mai beschlossen, von der Bewerbung des Kandidaten Reichert endgültig Abstand zu nehmen. In der Folge wird mit Herrn Klassert ein Anschlussvertrag für weitere zwei Jahre ab 5. Juli 1996 geschlossen. Zur Ergänzung des Vorstands und kurzfristigen Entlastung der beiden Herren Maas und Klassert wird aus der Mitte des Aufsichtsrats ein Herr **Lindemann** mit Wirkung vom 21. Mai 1996 für ein Jahr zum weiteren Vorstand bestellt. Doch er wird mit dem Restvorstand gar nicht erst richtig warm, da kündigt er zum 24. Juli 1996 bereits fristlos wieder seinen Vertrag in der Probezeit. Schließlich beauftragt man die Personalberatung Plaut, sich auch weiterhin um einen geeigneten Kandidaten für die Führung der Genossenschaft zu bemühen.

Der erneuerte Vorstand beschäftigt sich sodann mit der Vorbereitung auf die nächste Mitgliederversammlung, die am 28. Juni 1996 im bereits gut bekannten Kolpinghaus stattfinden soll. Und mitten in die akuten Arbeiten platzt die Pleite der lange verbundenen Baufirma **Richter & Schädel**, deren Konkurs neue Probleme für die Genossenschaft bringt. Eine weitere Hiobsbotschaft kommt von der eigenen Verwaltung, die wegen offensichtlicher Software-Fehler nicht rechtzeitig die Jahresbilanz mit Gewinn- und Verlustrechnung für 1995 erstellen kann. Das führt zur Absage der Mitgliederversammlung auf unbestimmte Zeit. Aus dem Aufsichtsrat wird erste leichte Kritik an der Arbeit des amtierenden Vorstands hörbar: wie können die Verwaltungsmitarbeiter richtig motiviert und zum gemeinsamen Erfolg geführt werden? Geht das ohne grundlegende Runderneuerung in der Führung? Diese und andere bisher unausgesprochene Fragen sind vorstellbar hinsichtlich der immer kritischer werdenden Führungsthe-

> **Der jetzt amtierende Vorstand nutzt die Gunst der Stunde und packt mit frischem Schwung nun die drängendsten Probleme entschlossen an.**
> Schon am 2. April 1997 beschließt er die Rücknahme aller nochbestehenden betrieblichen Weisungen der alten Vorstände.

matik. Dem offensichtlichen Personalengpass in der Verwaltung will man mit der Einstellung einer neuen Vorstands-Assistentin mit einem Sechsmonatsvertrag begegnen, die ab 22. Juli 1996 eingestellt wird. Der Aufsichtsrat stimmt der probeweisen Einstellung zu, sieht sich aber bereits im Oktober genötigt, diesen Vertrag wieder zu lösen. Doch auch die akuten Schwierigkeiten in der Buchhaltung halten an und der Jahresabschluss 1995 liegt auch Ende August 1996 immer noch nicht vor. Dies macht die kurzfristige Einstellung eines professionellen freiberuflichen Buchhalters (für einen Stundenlohn von 50 DM) und einer ihm zuarbeitenden Buchhal-

Georg-Treser-Straße 30, Hauszugang

terin (Vergütungsgruppe V) nötig, die beide im September 1996 ihre Tätigkeit aufnehmen. Doch die Arbeiten am Jahresabschluss 1995 kommen nur langsam voran, sodass es allmählich kritisch wird, noch in diesem Jahr die satzungsgemäß und gesetzlich im Prinzip jährlich vorgeschriebene Mitgliederversammlung mit der Entlastung der Gremien noch termingerecht durchzuführen. Im Dezember 1996 ist es dann allen klar, dass in diesem Jahr keine Mitgliederversammlung mehr stattfinden wird und man beschließt, dass diese spätestens im Juni 1997 nachgeholt wird für dann die beiden vergangenen Jahre 1995 und 1996 gemeinsam.

Am 29. Oktober 1996 findet dann ein entscheidendes erstes Gespräch mit einem neuen von der Plaut Personalberatung vorgeschlagenen Kandidaten statt. Man einigt sich schnell auf die wesentlichen Eckpunkte eines Anstellungsvertrags

Georg-Treser-Straße 30, Gartenseite

und stellt Herrn **Ralf H. Bökenkamp** den beiden Gremien am 15. November 1996 vor. Nach eingehender Befragung beschließt der zuständige Aufsichtsrat einstimmig, Herrn Bökenkamp ab 1. Juli 1997 für die Dauer von fünf Jahren zum hauptamtlichen Vorstandsmitglied zu bestellen, wenn er sich zuvor in einer sechsmonatigen Probezeit als leitender Angestellter bewährt hat. Sein Eintritt in die Genossenschaft soll also so bald als möglich, spätestens zum 2. Januar 1997 erfolgen. Somit hat sich endlich eine neue Perspektive ergeben, die hoffen lässt, dass sich die schlingernde Genossenschaft nun endlich in ruhigere Gewässer bewegen kann.

Doch diese Hoffnung wird schon im März 1997 wieder enttäuscht. Zum Beginn seiner aktiven Tätigkeit für die Justizbau Genossenschaft Anfang 1997 waren neben den Herren Klassert und Maas auch noch der externe Buchhalter beschäftigt. Da diese inzwischen die Justizbau- Genossenschaft besser kannten als der neu eingetretene Profi Bökenkamp, war es für diesen nicht einfach, sich in dieser Gruppe von Individualisten mit jeweils eigenen Führungsansprüchen verständlich zu machen und seine Vorstellungen für eine rasche Sanierung ohne Umschweife und geradlinig durchzusetzen.

Dann kommt die Wende: am Ostermontag, dem 31. März 1997, erhält Herr Pusch als Stellvertreter des Aufsichtsratsvorsitzenden das Rücktrittschreiben des Vorstands Maas vom 27. März 1997 und des amtierenden Vorstandschefs Klassert vom 28. März 1997. Der eilig zusammen getretene Aufsichtsrat beschließt dann tags darauf entschlossen, die Rücktritte anzunehmen und die noch geltenden Bestallungen mit Wirkung vom 31. März 1997 zu widerrufen.

Damit wachsen die Chancen für Herrn Bökenkamp, seine professionellen Kenntnisse nun hindernisfrei in das Unternehmen einzubringen. Aber es erfordert auch weitergehend

191

die konsequente Unterstützung des Aufsichtsrats durch uneingeschränkte Vollmachterteilung. Dieser beschließt am Abend des 1. April 1997, dass Herr Bökenkamp mit Wirkung vom 1.04.1997 für zunächst zwei Jahre zum hauptamtlichen Vorstand bestellt wird. Ihm zur Seite wird als zweiter Vorstand aus dem Kreis des Aufsichtsrats Herr Dipl. Ing. Alfred Pusch eingesetzt, der nebenamtlich den neuen Vorstand unterstützen und komplettieren soll.

Der jetzt amtierende Vorstand nutzt die Gunst der Stunde und packt mit frischem Schwung nun die drängendsten Probleme entschlossen an. Schon am 2. April 1997 beschließt er die Rücknahme aller noch bestehenden betrieblichen Weisungen der alten Vorstände. Sodann wird die Firmenstruktur neu geordnet. Die Aufbauorganisation wird durch eine neue klare Ämter- und Zuständigkeitsverteilung der Beschäftigten geregelt und die Erstellung eines funktionalen Organisationshandbuchs in Angriff genommen. Auch die Bankvollmachten werden im operativen Bereich auf Einzelvollmacht pragmatisch umgestellt. Da auch das Raumproblem erkannt ist, werden erste Maßnahmen getroffen, um durch eine sachgerechte Analyse der Arbeitsplätze die Anforderungen an das zukünftige Wachstum in diesem Bereich angemessen zu meistern. Dazu kommen interne Vereinbarungen über die Arbeitszeiten, Öffnungszeiten für Mitglieder und das Abonnement einer lokalen Zeitung sowie einer Fachzeitschrift. Schließlich wird über die Anschaffung einer EDV-Anlage für den Vorstandsbereich beschlossen und die Belegschaft ausführlich über die umfangreichen Neuerungen informiert. Damit sind die ersten Voraussetzungen geschaffen worden, um ab April 1997 eine professionelle Verwaltung und Führung der Justizbau Genossenschaft fast 50 Jahre nach ihrer Gründung einzuleiten und endlich langfristig wirksam werden zu lassen.

Ostpreußenstraße 9-11

Blick in die Gartenanlagen von Schlesier Straße 18

Die Konsolidierung gelingt – Finanzprobleme werden produktiv bewältigt

Nach der aktiven Übernahme der Gesamtverantwortung für das Fortbestehen und die positive Weiterentwicklung der Justizbau Genossenschaft durch einen neuen Vorstand wurden im April 1997 zügig zahlreiche Maßnahmen getroffen, um das Unternehmen in eine erfolgreiche Zukunft zu führen. Zur besseren Verständlichkeit und Anschauung der nachfolgenden gut 16 Jahre professioneller Geschäftsführung haben wir dem neuen hauptamtlichen Vorstand, Herrn Ralf H. Bökenkamp, einige gezielte Fragen gestellt:

Wie war Ihr erster Monat als Sie im April 1997 teils ohne Ihren Stellvertreter die ersten Meilensteine setzen mussten?

Im April 1997 fanden wir das reinste Chaos vor. Die Aktenstruktur war zu großen Teilen unvollständig, wichtige Vorgänge mussten aus vielfältigen Einzelsammelsurien zusammengetragen werden. Die EDV entsprach nicht den betrieblichen Erfordernissen. Teilweise mussten wir Experten von außerhalb hinzuziehen, um vorerst einen ordentlichen Geschäftsbetrieb herzustellen.

Der erste Monat war gekennzeichnet durch Sondieren, Wiederherstellung gekündigter Verträge oder widersprüchlicher Anweisungen, Sortierung, Informationsbeschaffung, Aufräumen und Organisieren. Dies konnten wir durch die Gemeinschaft aller Mitarbeiter erreichen, die durch Ihren Einsatz vieles möglich machten.

Der April war letztendlich auch ein Findungs- und Informationsmonat, der im Resultat das gesamte Ausmaß aufzeigte, was wir alles kurzfristig und unverzüglich zu tun hatten. Als erstes führten wir eine vorläufige Arbeits-Organisation ein, so dass die Zuständigkeit der Mitarbeiter für bestimmte Aufgaben transparent gegeben war. Nur so konnten wir anfangen, den betrieblichen Prozess zukunftsorientiert einzuleiten und Vorgänge rasch zu bearbeiten.

Wie viele Mitarbeiter standen in der Verwaltung zur Verfügung und wie waren diese motiviert?
Es standen sechs bis sieben Mitarbeiter zur Verfügung. Diese Anzahl war jedoch nicht als absolut und verplanbar als Stellentableau anzusehen, da Teilzeitkräfte dabei waren.
Die Motivation der Mitarbeiter wurde anfangs durch das Gefühl der Befreiung von unsäglichem Druck und administrativen Einschränkungen getragen. Sie merkten, dass sie nun eigenverantwortlich agieren durften und sollten. Aber auch die Selbständigkeit barg Gefahren. Manche Mitarbeiter konnten damit nur schwer umgehen. Sie fielen von einem Extrem ins andere. So kam es auch dazu, dass Mitarbeiter uns verließen. Die ersten Neueinstellungen von Personal durch den neuen Vorstand erfolgten so fast notwendigerweise. Noch heute sind die ersten beiden neuen Mitarbeiter von damals Bestandsteile der Justizbau Genossenschaft. Darauf bin ich stolz. Zeigt es doch auch die angestrebte Nachhaltigkeit im Personalbereich. Insgesamt war der Einsatz und der Wille aller vorbildlich, da sie Teil des Ganzen waren und aktiv etwas bewegen konnten. Aus den Anfangszeiten sind neben den ersten beiden Neueinstellungen zwei weitere Mitarbeiterinnen noch heute Teil des aktuellen Teams der Justizbau. Und dafür bin ich sehr dankbar!

Womit konnten Sie die verbliebenen Mitarbeiter von den notwendigen Maßnahmen überzeugen, um das >schlingernde Schiff< zu stabilisieren?
Überzeugung wurde durch Offenheit, Teilnahme am >Wiederaufbau<, Selbstständigkeit, Zuhören, Entwicklungsanlässe u.Ä. geschaffen. Wir im Vorstand, hatten immer ein offenes Ohr für betriebliche Belange, um die Selbstverwaltung in vernünftige Organisationsabläufe zu bringen. Gerade die Transparenz und die Sicherheit der Mitarbeiter durch die ausgesprochene Arbeitsplatzgarantie führten zum Gemeinschaftsgefühl. Jeder merkte auch durch die sodann jedem Einzelnen erklärten Veränderungen in der Aufbau- und Ablauforganisation, dass neben der Sicherheit unbedingt auch die Informationstransparenz vermehrt wurde. Somit wurde stets gewährleistet, dass jeder entsprechend seinen Fähigkeiten und Erfahrungen innerhalb der Verwaltung eingesetzt wurde.

Was hat Ihre Familie zu den Plänen gesagt, aus dem beschaulichen Marburg an der Lahn wegzuziehen in die geschäftige Großstadt Frankfurt am Main und wie wurden Sie hier aufgenommen?
Meine Familie, insbesondere meine Frau, stand von Anfang an hinter mir. Mein nächster Schritt in die erste Führungsebene war eigentlich die logische Konsequenz meines Werdeganges. Allen Beteiligten war es bekannt, dass ich diesen Schritt vollziehen musste, solange meine beiden Kinder noch nicht schulpflichtig waren. Für meine Ehefrau und mich war besonders wichtig, dass mit der ersten Einschulung die Sicherheit der Kinder auf ein vertrautes Umfeld absolute Priorität hatte.
Die Aufnahme im Umfeld der Großstadt war gut. Wir fanden sehr schnell Anschluss an andere Familien. Hierbei kam uns der Umstand zugute, überhaupt Kinder haben zu dürfen. Kinder verbinden in ihrer Art Menschen miteinander. Allein schon durch die Tatsache des Besuchs eines Kindergartens oder dem Spielen im Umfeld der Wohnung.

Wie schnell konnten Sie erste Kontakte zu den genossenschaftlichen Mitgliedern knüpfen und wie haben Sie diese von Ihren Plänen überzeugt?
Die ersten Kontakte zu den Mitgliedern entstanden situationsbedingt. Durch zahlreiche rechtliche Verfahren, die zum größten Teil nicht den genossenschaftlichen Prinzipien entsprachen, wurden erste Gespräche geführt. Weiterhin führten Maßnahmen wie zum Beispiel die Erhebung von Stammdaten oder auch der ordnungsgemäßen Prüfung der Mitgliedschaften zu diversen persönlichen Kontakten. Die Mitglieder

merkten zusehends, dass die Verwaltung ansprechbar wurde. Damit einher gingen dann auch die einen oder anderen Anfragen aus dem Mitgliederkreis.

Aber auch die eigentliche Geschäftstätigkeit (Vermietungsakquise) trug zur Normalisierung des Miteinanders bei. Im Besonderen war die erste Mitgliederversammlung ein interessantes und nachwirkendes Zusammentreffen. Im Rahmen der Versammlung fand offene Kommunikation statt – wie man sie sich in einer Genossenschaft wünscht. Neben den Berichten, die die Mitglieder sehr umfassend informierten, war der Tagesordnungspunkt Verschiedenes sehr vorteilhaft. Hier konnten die Gremien Aufsichtsrat und Vorstand die Mitglieder davon überzeugen, dass der „neue" Weg die einzige Chance war, die Justizbau wieder in das tragfähige Fahrwasser zu lenken, welches dem Genossenschaftsgedanken - hier insbesondere der Nachhaltigkeit - und damit verbunden der Satzung entsprach.

Wie war die Finanzsituation zu Beginn und wie steht die Justizbau Genossenschaft heute finanziell da?

Die Finanzsituation ist das Resultat des alltäglichen wirtschaftlichen Handelns. Hierbei ist neben dem Eigen- und Fremdkapital auch die Liquidität zu betrachten. Von Anfang an war die Liquidität stets gewährleistet, zumal die vorherigen Vorstände absolut gespart haben. Dieses Sparen ging jedoch auch zu Lasten des Bestandes, d.h. es wurden nur absolut notwendige Erhaltungsmaßnahmen durchgeführt. Investitionen im Bestand, z.B. in Einzelmodernisierungen von Wohnungen, wurden nicht getätigt. Damit einhergehend wurden langfristig keine Werte geschaffen, sondern das einmal geschaffene Wohnkapital nur verwaltet. Die Auswirkungen waren insbesondere für das Eigenkapital fatal. Die Quote betrug rund 15,5%. Im bundesweiten Vergleich lagen wir damit weit unterhalb des allgemeinen Durchschnitts von rund 30 Prozent.

Heute haben wir eine solide Finanzsituation. Die Liquidität ist stets gewährleistet, Investitionen im Bestand wurden in Millionenhöhe getätigt und die Eigenkapitalquote beträgt nun rund 22 %. Somit können die Finanzen uneingeschränkt als geordnet gelten.

Welche Wirkung hatten die zahlreichen Verfahren gegen Mitglieder der Genossenschaft, die zahlungssäumig bei den Mietzahlungen geworden waren?

Zu allererst fehlten liquide Mittel, die nicht in die Nachhaltigkeit reinvestiert werden konnten. Weiterhin waren dadurch bedingt erhöhte Verwaltungstätigkeiten eine Folge. Bei der Aufarbeitung der einzelnen Fälle stellte sich jedoch auch heraus, dass einzelne Forderungen nicht immer berechtigt waren. Diese Fälle konnten schnell abgearbeitet und abschließend zur Zufriedenheit aller Beteiligten erledigt werden.

Anders sah es jedoch bei wirklichen zahlungssäumigen Mitgliedern bzw. Mietern aus. War es früher die Unternehmenspolitik, schnellstmöglich Rechtsverfahren einzuleiten, so wurde nunmehr der Kontakt mit den Mietern hergestellt, um das Mietverhältnis erhalten zu können und die Mietschulden vertretbar abzubauen. Jede Klage zieht weitere Kosten nach sich, wobei größtenteils davon auszugehen ist, dass die säumigen Mieter nichts mehr davon bezahlen können. Aber was nutzen uns Rechtstitel, wenn kein Geld zu uns fließt. Leider: Rein gar nichts! Umso wichtiger war es für uns, Geld, auch wenn dieses länger zu uns *fließt*, monetär zu erhalten. Diese Philosophie hat sich über die Jahre bewährt. Wir haben viel an Liquidität gewinnen können und dabei Mietverhältnisse erhalten. Gerade dieses ist ein wichtiger Teil des Genossenschaftsgedankens >*Einer für alle, alle für einen*< *von Friedrich Wilhelm Raiffeisen (1818–1888).*

Wie schnell konnten Sie sich einen Überblick über die Gesamtsituation der Immobilien und über deren jeweiligen Zustand persönlich verschaffen?

Schnell ist ein dehnbarer Begriff. Bedingt durch die Aktenlage innerhalb der Verwaltung musste ich mir erst einmal einen administrativen Einblick über jede einzelne Liegenschaft verschaffen. Dies tat ich durch das Entwickeln von einzelnen Stammdatenblättern für jede Wirtschaftseinheit. Hier wurden allgemeine Daten, wie z.B. das Baujahr, die Anzahl der Häuser und der Wohnungen, die Wohnflächen, die Belegrechte u.Ä. notiert. Nachfolgend wurden weitere Stammblätter je Haus mit Angaben zu jeder einzelnen Wohnung angelegt. Aber auch Besonderheiten z.B. über die Beheizung o.Ä. fanden in den Stammblättern ihren Eintrag. So entstand eine Stammdatenakte, die mir sukzessive einen absoluten Überblick gab. Dieser Überblick wurde sodann vor Ort durch Begehungen und Besichtigungen abgeglichen. Seinerzeit habe ich jedes einzelne Gebäude und zahlreiche Wohnungen persönlich in Augenschein genommen.

Heute denke ich, dass dieser Überblick noch innerhalb des Jahres 1997 erfolgte. Aber ob ich dabei schnell war, das kann ich selbst nicht entscheiden. Es war insgesamt aber ausreichend, um die notwendigen Investitionen ab 1998 in den Bestand lenken zu können. Das erste Investitionsprogramm war dazu angelegt, für die Herstellung der vermietungswürdigen und –fähigen Wohnungen zu sorgen, d.h. mit den Einzelmodernisierungen der Wohnungen zu beginnen.

Erster Besucher im Neubau Verwaltung 2008

Gab es besondere Hindernisse bei Ihren Bemühungen, sich in der Stadt einen kollegialen Überblick über die Wettbewerbssituation auf dem Wohnungsmarkt zu verschaffen und wie wurden Sie akzeptiert?

Die besonderen Hindernisse lagen darin begründet, dass die Justizbau in der Öffentlichkeit nicht ausreichend bekannt war. Öffentlichkeitsarbeit gab es keine, auch Marketing war nicht vorhanden. Die Verwaltung „hauste" in eigenen Wohnungen aus unserem Bestand. Kontakte zu Kommunen, anderen Genossenschaften oder auch zu unseren Bestandskunden (Mieter) bestanden so gut wie nicht. Daher gab es auch keinerlei Überblick zur Wettbewerbssituation und vor allem nicht zum kommunalen Wohnungsmarkt.

Bedingt durch meine vorherige Tätigkeit kannte ich die Verbandsstruktur (= verwachsene große Familie) sehr gut. Gerade diese Verbindungen zu Kollegen aus der Führungsebene halfen auftauchende Hindernisse lösen zu können. Zug um Zug wurde die Justizbau durch den Gesamtvorstand in die Öffentlichkeit geführt. Hierbei half uns auch das 50-jährige Jubiläum, welches wir organisieren durften.

Die Akzeptanz meiner Person von Kollegen, Geschäftspartnern, Mitgliedern etc. war von Anfang an gegeben. Dieses konnte ich durch Offenheit, Ehrlichkeit und vertrauensbildende Maßnahmen zügig erreichen. Jeder Beteiligte merkte nämlich, dass die Justizbau verlässlich wurde.

Was hat Ihre persönliche Situation entscheidend gestärkt und wie arbeiten Sie heute mit dem Aufsichtsrat zusammen?

Meine persönliche Situation wurde auch dadurch gestärkt, dass ich die Justizbau nach innen und außen völlig neu aufbauen durfte. So musste ich zwar nichts Neues erfinden, aber letztendlich jeden Stein umdrehen, um im Sinne des genossenschaftlichen Gedankens ein schlagkräftiges Unternehmen auf Basis der Nachhaltigkeit aufzubauen.

Der Aufsichtsrat hat in unserer Genossenschaft eine wichtige

Rolle. Ohne ihn gäbe es mich nicht! Ich sehe ihn nicht nur als Kontroll- und Prüforgan. Der Aufsichtsrat ist strategischer Partner und ein Stück weit auch Berater für mich. Ich arbeite sehr gern mit den handelnden Personen zusammen. Uns zeichnet die offene und konstruktive Zusammenarbeit zum Wohle der Justizbau aus. Und diese Arbeit macht mir bis zum heutigen Tage Freude. Ich möchte die Mitglieder des Aufsichtsrates nicht missen und bin ihnen sehr dankbar, dass sie mich als Bestandteil der Justizbau immer wiederkehrend bestellt haben.

Was waren die ersten großen Hindernisse bei Ihren Plänen, ein neues Verwaltungs-gebäude in Preungesheim zu errichten und wie haben Sie das schließlich durchgesetzt?

Bau des Verwaltungsgebäudes war ein notwendiger Schritt für das Unternehmen Justizbau, um insgesamt ihrem anspruchsvollen Ambiente zu entsprechen. Hindernisse gab es vorerst in der Anfangsplanung. Sollte angemietet oder selbst gebaut werden? Die Entscheidung der Gremien für einen eigenen Bau entsprach konsequent der Philosophie der Nachhaltigkeit. So können wir zukünftige Reserven für die Selbstverwaltung, die der sog. Unternehmenskosten, schaffen. Schnell war ein geeigneter Bauplatz im eigenen Bestand gefunden.

Ein kleines Hindernis war noch im Rahmen des Baugenehmigungsverfahrens gegeben. Entgegen unserer eigentlichen Planung einen Längsbau errichten zu wollen, mussten wir auf Bitten der JVA einen Querbau erstellen. Heute können wir froh darüber sein, dass der heutige Baukörper so erstellt wurde, da er in das Gesamtbild des Wohnquartieres integriert ist und nicht als Fremdkörper wirkt.

Der Bau war nötig gewesen und dieses aus vielerlei Hinsicht. Insofern war die Diskussion darüber in den jeweiligen Gremien von vorneherein zielgerichtet. Daher kann auch nicht von einer Durchsetzung der Entscheidung gesprochen werden. Die erforderliche Akzeptanz war von vorne herein vorhanden, sodass die Gremien einstimmig für den Bau votierten.

In der Fachwelt, bei Geschäftspartnern, den Mitgliedern, den Mietern, der Belegschaft und auch bei fremden Dritten gilt das Verwaltungsgebäude als absolutes Muss. Es wird allseits positiv betrachtet und bewertet.

Erinnern Sie sich noch an besonders schwierige Situationen, in denen Sie ans Aufgeben gedacht haben?

Schwierige Situationen gab es sicherlich einige. Hierbei ist zu unterscheiden, für wen diese entstanden. Ich persönlich wurde einmal menschlich enttäuscht. Das Vertrauen, welches ich in einen mir nahe stehenden Menschen gesetzt hatte, wurde missbraucht. Ohne auf die Situation selbst eingehen zu wollen, bin ich seinerzeit sehr enttäuscht gewesen.

Aber auch bei der Justizbau selbst gab es besondere schwierige Situationen. Beim Anfang meiner Tätigkeit überhaupt, einen fundierten Überblick zu erhalten und die Mitarbeiter bei der Aufarbeitung mitzunehmen oder auch die Mitglieder für die Philosophie zu begeistern, waren an sich sehr schwierig. Aber gerade in dieser Schwierigkeit lag der Anspruch etwas schaffen zu können und meiner großen aber reizvollen Herausforderungen.

Aufgeben ist an sich für mich ein Fremdwort. Ich bin ein Kämpfertyp. Schwierige Situationen sind immer Herausforderungen, denen ich mich stelle. Ich bin stets wissbegierig und versuche zu lernen. Nur so kann ich den Alltag meistern und die Justizbau dahin führen, wo sie im hiesigen Wohnungsmarkt tatsächlich hingehört. Dazu zählt allerdings auch der Meilenstein, dass sich die Justizbau voll umfänglich dem wirtschaftlichen Geschehen in den ansässigen Kommunen vollkommen stellen kann, und dieses ohne die Aufhebung oder Verletzung des engen Satzungszweckes. Hier sind wir alle gemeinsam gefordert.

Wem sind Sie persönlich dankbar für die Unterstützung bei Ihrer erfolgreichen Arbeit für die Justizbau Genossenschaft?

Meine Dankbarkeit gehört auf jeden Fall jedem, der mich positiv begleitet hat. Hier insbesondere alle Mitglieder des Aufsichtsrates, ob noch aktiv oder nicht, und vor allem meinen

Vorstandszimmer Hr. Bökenkamp

wehrten Kollegen des Vorstandes. Die Herren Obermann, Pusch und Uber, die mich ständig unterstützten und förderten, waren wichtig für die Entwicklung der Justizbau. Besonders erwähnen möchte ich zudem meinen Kollegen Herrn Dr. Lenz, der auf Grund seiner vielfältigen Erfahrungen, seiner Persönlichkeit und seinem guten Ruf aus der „Familie Wohnungswirtschaft" mich zu großen Teilen zu dem machte, was ich eigentlich heute bin.

Ebenfalls danken möchte ich meinen Mitarbeiterinnen und Mitarbeitern. Ohne diese wären wir heute nicht da, wo wir sind. Und last but not least den Mietern und Mitgliedern, die Geduld mit mir hatten und bereit waren, den eingeschlagenen Weg gemeinsam mit mir soweit und auch weiterhin zu gehen.

Bitte gestatten Sie mir auch einen privaten Dank. Ohne die Unterstützung meiner Ehefrau, meinen beiden Kindern und meinem persönlichen Umfeld, hätte ich niemals die Leistung erbringen können, die für die Justizbau wesentlich ist.

Welches war aus heutiger Sicht ihre wichtigste Entscheidung?

Im Berufsleben gibt es viele wichtige Entscheidungen. Ob es kleine oder große Beschlüsse sind, ist dabei unerheblich. Die Summe aller getroffenen Entscheidungen ist für die Beurteilung, richtig oder falsch, maßgeblich. Insgesamt gesehen war für mich das Wichtigste, dass ich mich für die Justizbau entschieden habe. Hier konnte und kann ich etwas bewegen, etwas tun. Und ich tue es immer gern, da ich mit Menschen zu tun habe, denen ich helfen durfte.

Wie sehen Sie heute den Status der Justizbau Genossenschaft und welche Eckzahlen erwarten Sie als eine Prognose zu derem 75. Geburtstag in 2023?

Die Justizbau Genossenschaft ist
- einzigartig und weltoffen,
- transparent und schlagkräftig,
- gesund und konstant,
- anerkannt aber – auch besonders!

In 2023 hoffe ich, dass wir einen Bestand von 1.500 Wohnungen erreichen, die Satzung hin zum umfassenden Dienstleister „rund ums Wohnen" öffnen, mehr als 1.750 Mitglieder haben und wirtschaftliche Kennzahlen und Umsätze regenerieren, die den Fortbestand sichern und die Nachhaltigkeit in allen unserem Streben wiederspiegelt.

Herr Bökenkamp, wir danken Ihnen für dieses Gespräch und wünschen Ihnen und der Justizbau Genossenschaft insgesamt eine prosperierende Zukunft!

Wohnbestand und Lebensqualität * 65 Jahre Justizbau in aktuellen Bildern der Menschen, Plätze und Gebäude

Eingang im EG

Herren RA Jung, Uber, Bgm Hahn

Ehepaar Stohrer

Begrüßung durch Herrn Busch und Uber

Eheleute Hartz mit Herrn Uber

Eheleute Keuchler

Besichtigung I. Etage

Ausblick zur JVA

Bgm Hahn, Weiterstadt

AR-Vorsitzender Radke

Blick ins Zelt

die I. Etage mit der Gründungsurkunde

die Fenster sind gut

203

Ansprache Herr Bökenkamp

Herr Busch erklärt

Herr Stohrer und Rohe

Herr Uber und Frau Bühler

Herr Kahler, ehem. Mitarbeiter, Herr Uber

Frau Frenzel

Frau Büttner und Loebner

Frau Fischer und Herr Bill

Frau Penkwitz

206

Frau Kutlutürk

Herr Brysch

Dr. Döhler, re Herr Bökenkamp

Herr Stegen

Herr Sohn, Fr. Werner und Hr Redemann

CBE Herr Bonnkirch, Busch und Radke

Herren Stohrer und Bökenkamp

Herr Vogel

Herr Rohe.

Blick auf den Spielplatz

Frau Werner mittig

Gräme's Elbert

Herr Behrendt

Herr Blum

Frau Bonnkirch

212

Herr Sohns

213

fliegende Pfannkuchen

215

sorgen für Unterhaltung

217

Herr Sohns

Luftballon-Jongleur

Sitzungszimmer, Video Bühler

Warteraum I. Etage

Sozialraum I. Etage

Plausch auf dem Gang

Vorstandstisch mit Dr. Schirduan

Vorstandszimmer Hr. Bökenkamp

Zukunftspläne: Bauen von bezahlbaren Wohnungen auch noch für morgen

Seit der neue Vorstand im April 1997 den Neuanfang entschlossen und mit ruhiger Hand gewagt hatte, wurde die Verwaltung der Justizbau Genossenschaft nicht nur von Grund auf umgekrempelt, sondern ohne allzu viele Geräusche mit zum Teil frischem Personal und viel Energie eine moderne Unternehmenskultur begründet. So wurde ein Organisationshandbuch eingeführt und eine Firmenphilosophie umgesetzt, wie sie in gleichartigen Wohnungsbauunternehmen schon längst Norm war. Eine angemessene Qualität in der Behandlung ihrer Mitglieder, vor allem jenen, mit denen man in rechtlichen Auseinandersetzungen stand, und den langjährigen Geschäftspartnern wurde erreicht. Dazu zählte auch in 2003, den Mitgliedern eine freiwillige Erhöhung ihrer Anteile anzubieten. Und konsequent wurden nur die Renovierungs- und Erweiterungsprojekte beauftragt, die auch aus den laufenden Mitteln zu finanzieren waren. Das führte zu einer stetigen Optimierung der Finanzlage und zu verbesserten Zukunftsperspektiven.

Im Zuge der umfangreichen Reorganisationen und Neufestlegungen der Aufbau- und Arbeitsorganisation kommt es zu zahlreichen Neueinstellungen und Kündigungen. Auch langdienende Mitarbeiter sind wegen der zügigen Professionalisierung in der Verwaltung und den einhergehenden relativ hohen Kosten für Ausstattung, Technik und Software bei der EDV von Änderungen betroffen. Die damit einhergehenden Spannungen und Irritationen erfordern unter allen Beteiligten viel Augenmaß, Geduld und positive Einstellung zu ihrer Arbeit und ihrem Unternehmen.

Aber auch für die Nutzungsberechtigten, die Mieter, die ja über ihre Anteile auch Miteigentümer der Genossenschaft sind, wurden die Unruhen manchmal zu Bewährungsproben. Viele ältere teilweise liegen gebliebene Problemfälle konnten nur Schritt für Schritt von den neuen Verantwortlichen identifiziert, geprüft und entschieden werden. So musste in jedem Einzelfall über die Auszahlungsansprüche und den Auszahlungstermin bei Kündigungen entschieden werden. Aber immer wieder muss auch über Neuanträge von Beitrittswilligen befunden werden, was jeweils sowohl den Vorstand, die Verwaltung als auch den Aufsichtsrat beschäftigt. Von den Verwaltungsmitarbeitern wird deshalb besonders im Jahr 1997 besonders viel Leistung abverlangt. Als kleiner Ausgleich wird Ende September ein Betriebsausflug organisiert, der der Stimmung und dem besseren Kennenlernen zwischen der neuen Leitung und den Mitarbeitern gut tut.

Zu den positiven Ereignissen zählt in dieser Zeit die Anlage von 1,3 Millionen DM Festgeld für drei Monate zu 3,05 Prozent und einer Million für einen Monat zu 3 Prozent. Hinzu kommen klare Regelungen für Unterschriften und das Mahnwesen, besonders aber für die interne Kommunikation. Dazu passt dann auch die Verlängerung des Anstellungsvertrags für Herrn Bökenkamp bis zum 31. März 2002 als hauptamtlicher Vorstand. Jetzt erst kann dieser zu seiner Bestform auflaufen und die notwendigen Maßnahmen zur Änderung alter unzeitgemäßer Systeme und zum Aufbrechen verkrusteter Strukturen zielgerichtet angehen.

Zu den unerfreulichen Ereignissen in dieser Zeit des Umbruchs zählt die Tatsache, dass mangels Vorhandensein aktueller Daten die Abrechnungen für 1996 und 1997 erst im Jahr 1998 vorgenommen werden können. Nach zahlreichen Diskussionen kann man sich im Frühjahr 1998 darauf einigen, dass Herrn Bökenkamp ein für die Genossenschaft kostenneutrales Dienstfahrzeug zur Verfügung gestellt wird. Schließlich fällt auf Anraten von Dr. Lenz am 2. April 1998 die Entscheidung, dass die Beschlüsse des Vorstands ab sofort nicht mehr protokolliert werden müssen, da man durch Annotation der jeweils zu behandelnden Dokumente über eine ausreichende Dokumentation der Vorgänge und Maßnahmen verfügt. Andere Folgen der Runderneuerung der Verwaltung und ihrer Organe zeigen sich im späten Termin für die nächste Mitgliederversammlung des Jahres 1998, für die zum 23. November 1998 ins Volkshaus Enkheim eingeladen wird, aber auch im peinlichen Befund, dass das Protokoll dieser Mitgliederversammlung heute nicht mehr auffindbar ist.

In 2004 konnte Herr Dr. Lenz, der den Vorstand seit 1997 wesentlich verstärkt hatte, ein neues nebenamtliches Vorstandsmitglied vermitteln, das bis zum Erscheinen dieser Dokumentation noch aktiv im Vorstand ist, Herrn Gerald Uber, ein Kenner der technischen Baubedarfe, dessen Expertise schon bald unverzichtbar ist. Mit dem Tandem Bökenkamp-Uber wächst die Justizbau Genossenschaft und entwickelt sich gesund und zielstrebig zu einem soliden Wohnungsbauunternehmen in Frankfurt und Rhein-Main. Die Justizbau Genossenschaft ist heute so gut aufgestellt wie selten zuvor und kann große Jubiläen feiern: Im Juni 2013 wird Herr Klaus Radke für 30 Jahre als Mitglied im Aufsichtsrat der Justizbau Genossenschaft geehrt; und: Herr Bökenkamp ist auch im Jahr 2015 noch hauptamtlicher Vorstand umgeben von zuverlässigen Mitarbeitern und kritischen aber loyalen Aufsichtsräten.

Der Weg der Anpassung der alten Satzung an die heutigen Anforderungen durch schrittweise Änderungen wurde entschlossen angepackt und wird die Genossen und den Vorstand noch länger beschäftigen, da es offensichtlich sehr schwierig ist, die Konsequenzen der notwendigen Änderungen einer Mehrheit der Mitglieder zu erklären. Dennoch sieht der Vorstand die Entwicklung auch hier positiv und schöpft Optimismus aus dem guten und offenen Verhältnis zum Aufsichtsrat und den zahlreichen Mitgliedern.

In 2006 bewirken behördliche Maßnahmen, die alten Verwaltungsbüros in Sachsenhausen zu räumen, da Wohnraum zweckentfremdet genutzt würde. So kommt es rasch zu Plänen für den Neubau eines Verwaltungsgebäudes in der Homburger Landstraße, das bis zum 60-jährigen Bestehen im April 2008 bezogen werden kann; gefeiert wird im Rahmen eines Mitgliederfestes, bei dem der neue Firmensitz ausgiebig besichtigt wird. Im vorherigen Kapitel kann man sich von dieser Buntheit und Fröhlichkeit, der guten Stimmung und Übereinstimmung aller Beteiligten ein umfassendes Bild machen. Bereits zur Mitgliederversammlung im Juni 2006 wurde auch der Anschluss an die Online-Moderne geschafft durch Freischaltung der Homepage www.justizbau.de.
Die Aufsichts- und Betreuungspflicht gegenüber den Mitarbeitern wird von allen Verantwortlichen sehr ernst genommen, was sich erkennbar in der gemeinsamen Teilnahme am JP-Morgan-Lauf im Juni 2009 sowie den jährlichen Betriebsausflügen zeigt. Seit 2010 haben die Mitarbeiter sichere Instrumente durch neue Aufbaudiagramme und klare Regelungen im Organisationshandbuch. Der Fahrplan für Großsanierungsmaßnahmen, der bis heute noch gültig ist, wird konsequent von Beginn an verfolgt. Dagegen findet der Versuch einer Ausweitung der Geschäftstätigkeit auf Dieburg zum Beispiel im September 2010 keine Mehrheit im Aufsichtsrat.

Zu den letzten Großmaßnahmen gehören die Komplett-Sanierung inklusive Fenster und Balkontüren und Gartenanlagen in der Reinganumstraße 14, 17 und 19 in 2012 bis 2013 sowie der Dachgeschossausbau in der Homburger Landstraße 141 bis 143 im Jahr 2014. Aktuell steht die komplette Sanierung der Ulmenstraße 5, 7 und 9 kurz vor der Fertigstellung. Im Jahr 2016 soll dann endlich wieder der Neubau von Wohnungen an der Leuchte in Bergen-Enkheim beginnen. Ausgehend von den hervorragenden guten finanziellen Bedingungen der Justizbau Genossenschaft im 67. Jahr ihres Bestehens stehen damit die Türen für eine prosperierende Wohnungsbaugenossenschaft auch in der Zukunft weit offen. *

Anhänge

Die folgenden Seiten enthalten Dokumente, die zum Teil im Text des Buches erwähnt wurden. Obwohl einige nur schwer reproduzierbar waren, haben wir sie wegen der historischen Information übernommen und stellen es dem geneigten Leser anheim, sich mit den darin enthaltenen Informationen näher zu beschäftigen.

GEMEINNÜTZIGE WOHNUNGSBAUGENOSSENSCHAFT DER JUSTIZANGEHÖRIGEN
FRANKFURT AM MAIN, eGmbH., FRANKFURT (MAIN), LETTIGKAUTWEG 35

An alle Nutzungsberechtigten unserer Liegenschaft Bergen-Enkheim,
Schlesierstraße, Pommernstraße, Ostpreußenstraße und Danziger Straße

Sehr geehrtes Mitglied!

Als in der letzten Mitgliederversammlung von verschiedenen Teilnehmern der Wunsch geäußert wurde, die Hausordnung für Ihre Wohnungen in der Weise abzuändern, daß die Rasenflächen zwischen den Häusern oder ein Teil dieser Flächen für Kinder bis zu einem bestimmten Alter zum Spielen freigegeben werden, haben wir die Ansicht vertreten, daß die Mitgliederversammlung nicht der richtige Ort zur Erörterung dieser nur die Bewohner von Bergen-Enkheim berührenden Frage ist. Wir haben es für richtiger gehalten, eine besondere Versammlung einzuberufen, zu der die Bewohner aller Wohnungen unter Angabe des Themas eingeladen werden sollten, damit alle die Möglichkeit erhalten sich zu äußern.

In der Zwischenzeit haben wir mehrere Zuschriften von Wohnungsinhabern erhalten, die entschieden auf der Einhaltung der Hausordnung bestehen; es wurden uns sogar gerichtliche Schritte angedroht.

Ende Juli haben Aufsichtsrat und Vorstand sich bei einer Ortsbesichtigung einen Eindruck von dem derzeitigen Zustand der Rasenflächen und Spielplätze verschafft. Inzwischen sind auch die Sandkästen hergerichtet und Ruhebänke, soweit sie bisher geliefert wurden, aufgestellt worden.

Wie die Tagespresse meldete, ist beim Amtsgericht Ffm. ein Zivilprozeß "Neue Heimat Südwest gegen Löw" anhängig gemacht worden. Der Ausgang dieses Verfahrens, bei dem es ebenfalls um die Frage der Rasenbenutzung geht, kann auch für unsere Genossenschaft von Bedeutung sein.
Da wir schließlich dieser Tage von der Stadt Bergen-Enkheim erfahren haben, daß beabsichtigt ist, in unmittelbarer Nähe der von Ihnen bewohnten Häuser einen weiteren Kinderspielplatz einzurichten, haben Aufsichtsrat und Vorstand es für angezeigt gehalten, die für Sept. 1970 in Bergen-Enkheim vorgesehene Versammlung der Wohnungsinhaber nicht stattfinden zu lassen.

Frankfurt (Main), den 17.9.1970   Mit genossenschaftlichem Gruß

Dr. Hans Riese				Frankfurt a.M., den 8. Okt.1971

An den
V o r s t a n d

Betr.: Umlegung des Wassergeldes

Beiliegend übersende ich den Entwurf eines Rundschreibens, den Herr Roser und ich erarbeitet haben.

Die Durchrechnung der 5 Objekte hat ergeben, daß der jährliche Wasserverbrauch pro qm sich nicht sehr unterscheidet:

Wilhelmshöher Straße	2.03 DM
Feldgerichtsstraße	1.87 DM
Obere Kreuzäckerstraße	1.70 DM
Ginnheim I und II	2.-- DM
Eckenheim	1.96 DM
Gesamtdurchschnitt:	1.90 DM

Ich würde daher vorschlagen, für die künftigen Vorauszahlungen für das Wassergeld monatlich je qm -.16 DM zu erheben. Dazu käme die Vorauszahlung für die Entwässerung. Die Summe beider Posten wäre auf einen runden Betrag aufzurunden.

Für Bergen-Enkheim müßte wohl ein höherer Betrag gewählt werden, weil dort der Wasserpreis höher ist als in Frankfurt.

Herr Hielscher hat vorgeschlagen, bei den Vorauszahlungen nicht von der genauen qm-Zahl auszugehen, sondern nach oben abzurunden, sodaß Gruppen gebildet werden, z.B.:
    Wohnungen zwischen 50 und 60 qm: 60 x X DM =
    Wohnungen zwischen 60 und 70 qm: 70 x X DM =
    usw.
Ich könnte mir vorstellen, daß einige Mieter darüber stolpern, obwohl ihnen das etwa zuviel Gezahlte bei der jährlichen Abrechnung ja zu Gute kommt. Ich stelle anheim.

Mit freundlichen Grüßen

**GEMEINNÜTZIGE WOHNUNGSBAUGENOSSENSCHAFT
DER JUSTIZANGEHÖRIGEN FRANKFURT (MAIN) E.G.M.B.H.**

An alle

Nutzungsberechtigten (Mieter)

6 FRANKFURT AM MAIN 70
Lettigkautweg 35
Telefon 0611 - 61 14 09

Postscheckkonto Frankfurt am Main 417 84

MIETENKONTO
FRANKFURTER SPARKASSE VON 1822, NR. 50 - 378 666

Bankkonten
Hessische Landesbank - Girozentrale, Ffm. Nr. 141 5200
Frankfurter Sparkasse von 1822, Nr. 50 - 3177 05
Stadtsparkasse Frankfurt am Main, Nr. 10 900
Nassauische Sparkasse Frankfurt am Main, Nr. 140007407

Sprechstunde montags - freitags von 10 - 12 Uhr

Unser Zeichen: 410 allg.   Frankfurt am Main, den 20. Oktober 1971

Betr.: Abrechnung der Kosten des Wasserverbrauchs und
der Entwässerung ab 1. Januar 1972

Bezug: --

Sehr geehrter Nutzungsberechtigter (Mieter)!

Wir haben bisher die Kosten des Wasserverbrauchs nach der
Personenzahl und die der Entwässerung nach der Wohnungsgröße abgerechnet.
Bei den jährlich stattfindenden Prüfungen durch den Verband
der gemeinnützigen Wohnungsunternehmen wurde dieses Verfahren
schon wiederholt beanstandet. Wir wurden darauf hingewiesen,
daß die Anwendung von zwei verschiedenen Verteilungsschlüsseln
einen unwirtschaftlichen Verwaltungsaufwand verursacht. Bei
neuen Vertragsverhältnisses ist, wie wir festgestellt haben,
die Anwendung eines einheitlichen Maßstabes für Wasserverbrauch
und Entwässerung ausdrücklich vorgeschrieben (§ 21 Neubaumietenverordnung 1970).

Wir können uns diesen Gesichtspunkten nicht verschließen und
werden daher auch bei den bestehenden Vertragsverhältnissen in
Zukunft, d.h. erstmals bei der Abrechnung für 1972, die Kosten
des Wasserverbrauchs und der Entwässerung nach einem einheitlichen Maßstab umlegen. Wir haben uns entschlossen, dabei die
Wohnungsgröße, d.h. die Zahl der qm, zu Grunde zu legen. Dieser
Maßstab erfordert den geringsten Verwaltungsaufwand, weil er
ein für allemal festlegt, während die Umlegung nach der Personenzahl jährlich eine Neufeststellung des Verteilungsschlüssels
notwendig macht.

[handschriftliche Notiz]

Es kommt hinzu, daß die Umlegung nach der Wohnungsgröße auch für eine Datenverarbeitungsanlage, die in absehbarer Zeit auch unsere Mietbuchhaltung bearbeiten soll, am besten geeignet ist.

Wir haben einige Proberechnungen vorgenommen und dabei festgestellt, daß die Mehr- bzw. Minderbelastungen bei der überwiegenden Mehrzahl der Nutzungsverträge nicht erheblich ins Gewicht fällt. Nur in wenigen Fällen tritt eine höhere Mehrbelastung ein. Hierbei handelt es sich in der Mehrzahl um Haushalte, bei denen die ursprüngliche Personenzahl, die der Größe der Wohnung entsprach, sich im Laufe der Zeit vermindert hat, die Wohnung somit unterbelegt ist, weil die derzeitige Belegung nicht mehr den für die Errichtung und Belegung unserer Wohnungen maßgebenden Förderungsrichtlinien des Landes Hessen bzw. des I. und II. Wohnungsbaugesetzes entspricht.

Das neue Abrechnungsverfahren führt auch zu einer Änderung der Vorauszahlungen. Die geänderte und künftig von Ihnen zu leistende monatliche Vorauszahlung auf die Kosten des Wasserverbrauchs und der Entwässerung werden wir in Kürze mitteilen.
Die Festsetzung - die Nachforderungen möglichst ausschließen soll - wird unter Zugrundelegung der Größe der Wohnflächen, der derzeitigen städtischen Gebühren und der tatsächlichen Gesamtkosten des vergangenen Jahres erfolgen.
Diese Mitteilung wird so rechtzeitig in Ihren Besitz gelangen, daß Sie die geänderten Beträge pünktlich ab 1. 1. 1972 leisten können.

Nach unseren bisherigen, überschlägigen Berechnungen werden wir für die Frankfurter Wohnungen pro qm im Monat voraussichtlich 0,25 DM und für die Haushalte in Bergen-Enkheim 0,30 DM erheben.

Mit vorzüglicher Hochachtung

Gemeinn. Wohnungsbaugenossenschaft
der Justizangehörigen Ffm., eGmbH.

Anlage 3

GEMEINNÜTZIGE WOHNUNGSBAUGENOSSENSCHAFT DER JUSTIZANGEHÖRIGEN
FRANKFURT AM MAIN, eGmbH., FRANKFURT (MAIN), LETTIGKAUTWEG 35

An den Nutzungsberechtigten (Mieter)   den 8. 6. 1972
unserer Wohnung in
Dielmannstr. 4, 5, 6, 8, 27 und 29,
Steinhausenstraße 4 und 6,
Reinganumstraße 15, 17 und 19,
Ulmenstraße 5, 7 und 9
Buchwaldstr. 31, 33, 35, 35 a, 39, 41,
         45, 47, 49, 51, 53 und 55,
Wilhelmshöherstraße 47, 49, 51, 53 und 55,
Feldgerichtstr. 10, 12, 14, 16, 18, 20 und 22,
Obere Kreuzäckerstr. 11, 13, 15, 17, 19, 21
         und 23,
Platenstraße 125, 127, 129, 131, 133, 135 und 137,
Eckenheimer Landstraße 274 und 276,
Kurzröderstraße 1, 3, 2, 4, 7 und 9,
Lettigkautweg 10,
Ostpreußenstraße 13 und 15,
Pommernstraße 36, 38 und Schlesierstr. 18,
Ostpreußenstraße 9, 11, Danziger Str. 1
und Schlesierstraße 12, 14 und 16   alle erstellt und
Siebenbürgenstraße 13 und 15   Bezugsfertig bis
                                             zum 31. Dez. 1965

Betr.: Verordnung zur Änderung berechnungsrechtlicher und
       mietpreisrechtlicher Vorschriften vom 31. 5. 1972,
       verkündet am 1.6.1972 - BGBl I/47

Sehr geehrte Dame, sehr geehrter Herr!

1. Die am 1.6.1972 in Kraft getretene Änderung der II. Berechnungs-
   verordnung führt zu einer Erhöhung der von Ihnen zu zahlenden
   Nutzungsgebühr (Miete), die wir zur Aufrechterhaltung unserer
   Wirtschaftlichkeit durchführen müssen.

2. Durch diese Änderung der II. Berechnungsverordnung erhöhen sich:

   a) die Instandhaltungskosten je qm Wohnfläche im Jahr
      von DM 4,20 auf DM 5,20.
      Hierzu tritt für die Wohneinheiten mit Zentral- oder Etagen=
      heizung ein Zuschlag von je qm Wohnfl. im Jahr mit DM 0,50.

   b) die Verwaltungskosten je Wohneinheit jährlich von
      DM 100,oo auf DM 120,oo.

   c) Mietausfallwagnis um 2 % der aus a) und b) sich ergebenden
      Mehrkosten.

Wir erhöhen daher Ihre Nutzungsgebühr (Miete) mit Wirkung
vom 1. Juli 1972 entsprechend.

- 2 -

Anzeige
der Schlußabrechnung nach DIN 276
(endgültiger Nachweis der Gesamtkosten in Übereinstimmung mit dem
Baubuch und geprüften Abrechnungsbelegen)

Darl.Nr.: 39/252921

2.383.000,00 DM ... 49 Whgn.(Anzahl)

Bauherr: Gemeinnützige Wohnungsbaugenossenschaft der Justizangehörigen Frankfurt a.M. eGmbH.

Bauträger: 6 Frankfurt a.M. — Lettigkautweg 35

Bauort und Straße: 6 Bergen-Enkheim, Leuchte 51

Baumassnahme: 1) Neubau
Hausart: 2) Mehrfamilienhaus
Bauweise: 3) Hochhaus
Geschoßzahl: 4) 13
Wohnungen je Hs. 5) 49

geförderte Wohnfläche: 4.080 qm
nicht geförderte Wohnfläche: 70 qm
gewerbl.genutzte Fläche: qm

Der Bau wurde bezogen am: Nov/Dez. 1972
Gebrauchsabnahmeschein vom:
Der Außenputz ist - ~~nicht~~ - angebracht. 6)
Fassadenverkleidung

Kostensumme aufgerundet auf volle DM

1. **Kosten des Baugrundstücks:**
   1.1 Wert/Kaufpreis des Baugrundstücks:
   Grundstücksfläche: 3.136 qm; je qm 62,00 DM — 194.400 DM
   1.2 Erwerbskosten (Grundstücksnebenkosten) — DM — 194.400 DM
   1.3 Erschließungskosten (Kosten für die Baureifmachung):
   1.31 Abfindungen und Entschädigungen — DM
   1.32 Kosten für das Herrichten des Baugrundstücks — DM
   1.33 Kosten der öffentl.Entwässerungs-u.Versorgungs-anlagen und Strassen — 188.026 DM
   1.34 Kosten der nichtöffentl.Entwässerungs-und Versorgungsanlagen und Strassen — DM
   1.35 Sonstige, einmalige Abgaben — DM — 188.026 DM — 382.426 DM

2. **Baukosten:**
   2.1 Kosten der Gebäude (reine Baukosten) nach DIN 277 Abschnitt 1.1 bis 1.4:
   Hauptgebäude 17.487,8 cbm u.R. je 173,09 DM — 3.029.928
   Zuschläge für besondere Bauteile ~~xxxxxxxxxxxxx~~ 2 Aufzüge s.2.4 — DM
   Nebengebäude d.s.
   Heizung ~~cbmxx~~ je DM 118.165
   Gem.Antenne ~~xxxxxx~~ je DM 3.354 — 3.151.447 DM — 3.151.447 DM
   Wert wieder verwendeter Gebäudeteile "Gebäuderestwert" (unter Hauptgebäude nicht enthalten) — DM

   2.2 Kosten der Außenanlagen:
   2.21 Entwässerungs- und Versorgungsanlagen — 12.825 DM
   2.22 Hofbefestigungen, ~~Einfriedigungen~~, Feuerwehrweg 70.922 fundamentiert, 6 m Breite
   Kinderspielplatz Einfriedigungen — 7.592 DM lt. Branddirekt.- 63.015 DM
   2.23 Gartenanlagen, Mülltonnenstände — 34.603 DM
   2.24 ~~Sonstige Außenanlagen~~ 75 Kfz-Abstellplätze lt. Bauschein — 118.415 DM — 244.357 DM

   2.3 Baunebenkosten:
   2.31 Architekten-u.Ingenieurleistungen — 132.494 DM
   2.32 Verwaltungsleistungen — 42.545 DM
   2.33 Behördenleistungen — 11.725 DM
   2.34 Beschaffung der Finanzierungsmittel:
   2.341 Beschaffg.d.Dauerfinanz.Mittel 115.509 DM
   2.342 Beschaffg.u.Verzinsung der Zwischenfinanz.Mittel 39.960 DM — 155.469 DM — 342.233 DM

   2.4 Kosten der besonderen Betriebseinrichtungen: 2 Aufzüge — 90.078 DM

   2.5 Kosten des Gerätes und sonstige ~~Einrichtungs~~ Kosten -Bauherrenhaftpflichtvers., Richtfest pp.- — 4.293 DM — 680.961 DM

   Gesamtkosten: 4.214.834 DM

1) z.B.: Neubau / Wiederaufbau / Wiederherstellung / Ausbau u.Erweiterung
2) z.B.: Kleinsiedl.St. o.2.Wo. / Kleinsiedl.St. m.2.Wo. / Eigenheim o.2.Wo. Eigenheim m.2.Wo. / Mehrfamilienhäuser
3) z.B.: Einzelhaus / Doppelhaus / Reihenhaus
4) z.B.: Häuser m. 1-2-3-4 usw. Gesch.
5) z.B.: Häuser m. 1-2-3-4 usw. Wohnungen
6) Nichtzutreffendes bitte streichen!

1.68

HESSISCHE LANDESBANK
· GIROZENTRALE ·
LANDESTREUHANDSTELLE

— GIROZENTRALE —
KÖRPERSCHAFT DES
ÖFFENTLICHEN RECHTS
NIEDERLASSUNGEN IN
DARMSTADT · KASSEL ·
WIESBADEN

6 Frankfurt/M., Postfach 3163
Neue Mainzer Straße 52-54
Fernruf: ** (0611) 2 86 41
Fernschreiber: 04 11 333
Bankleitzahl (BLZ): 500 500 00
Kontenverbindungen:
Mit allen öffentlich-rechtlichen
Bankanstalten und Sparkassen
Giro-Konto: LZB Frankfurt/M.,
(BLZ 500 000 00) Kto.-Nr. 500 500 00
Postscheck-Konto:
Postscheckamt Frankfurt/Main
(BLZ 500 100 60) Kto.-Nr. 5 206 04
Sprechtage: Montag, Mittwoch,
Freitag, 9-12 Uhr

Hessische Landesbank · Girozentrale · 6000 Frankfurt/M.-1 · Postfach 3163

Gemeinn. Wohnungsbaugenossenschaft
der Justizangehörigen Frankfurt/M.
eGmbH.

6000 Frankfurt am Main

Lettigkautweg 35

Wir bitten, bei Schriftwechsel
unsere Zeichen anzugeben

Ihre Zeichen/Ihre Nachricht vom	Unsere Zeichen/Sachbearbeiter	Fernruf-Durchwahl	Datum
	9200 Sch/HM	(0611) 28 64 512	

Betr.: 39/252 921

Förderung von ..48...... Wohnungen

in dem Wohnhaus/~~den Wohnhäusern~~ .Bergen-Enkheim...........
............................Leuchte Nr. 51.........

Bewilligungsbescheid/Nachtrag vom ...18.8.71..9.10.1972........

Nach Prüfung der uns vorgelegten Wirtschaftlichkeitsberechnung hat sich für die obengenannten Wohnungen unter Berücksichtigung der Änderung der II. Berechnungsverordnung vom 26.5.1972 (BGBl.1972 S.857) zur Deckung der entstandenen höheren laufenden Aufwendungen eine Durchschnittmiete ~~einschl.~~/ausschl. Kosten für kleine Instandhaltungen und ~~einschl.~~/ausschl. Kosten der Schönheitsreparaturen im Sinne von § 28 Abs.3 und 4 II.BVO. ~~vom 14.~~12.1970 (BGBl.1970 S.1682) von

DM 4,21 je qm Wohnfläche und Monat zuzüglich Betriebskosten

ergeben, gegen die wir keine Bedenken erheben.

Bei den laufenden Aufwendungen, die zu vorstehender Durchschnittsmiete führten, sind die angemessenen tatsächlichen Betriebskosten nach § 27 II. BVO., Anlage 3, nicht berücksichtigt. Die angeführte Durchschnittsmie erhöht sich deshalb um den auf den Quadratmeter und Monat bezogenen Betra der angemessenen tatsächlichen Betriebskosten.

Die Einzelmieten sind von Ihnen auf der Grundlage obiger Durchschnittsmiete nach Größe, Lage und Ausstattung der einzelnen Wohnungen zu berechnen.

Durchschrift zur Kenntnis an:
1. MdF - Abt. IIIB 5 - Wiesbaden
2. M a g i s t r a t
   der Stadt Bergen-Enkheim
3. Kont.Abt.

Hochachtungsvoll
HESSISCHE LANDESBANK
- Girozentrale -
Landestreuhandstelle

(Steckenmesser)   (Dietzel)

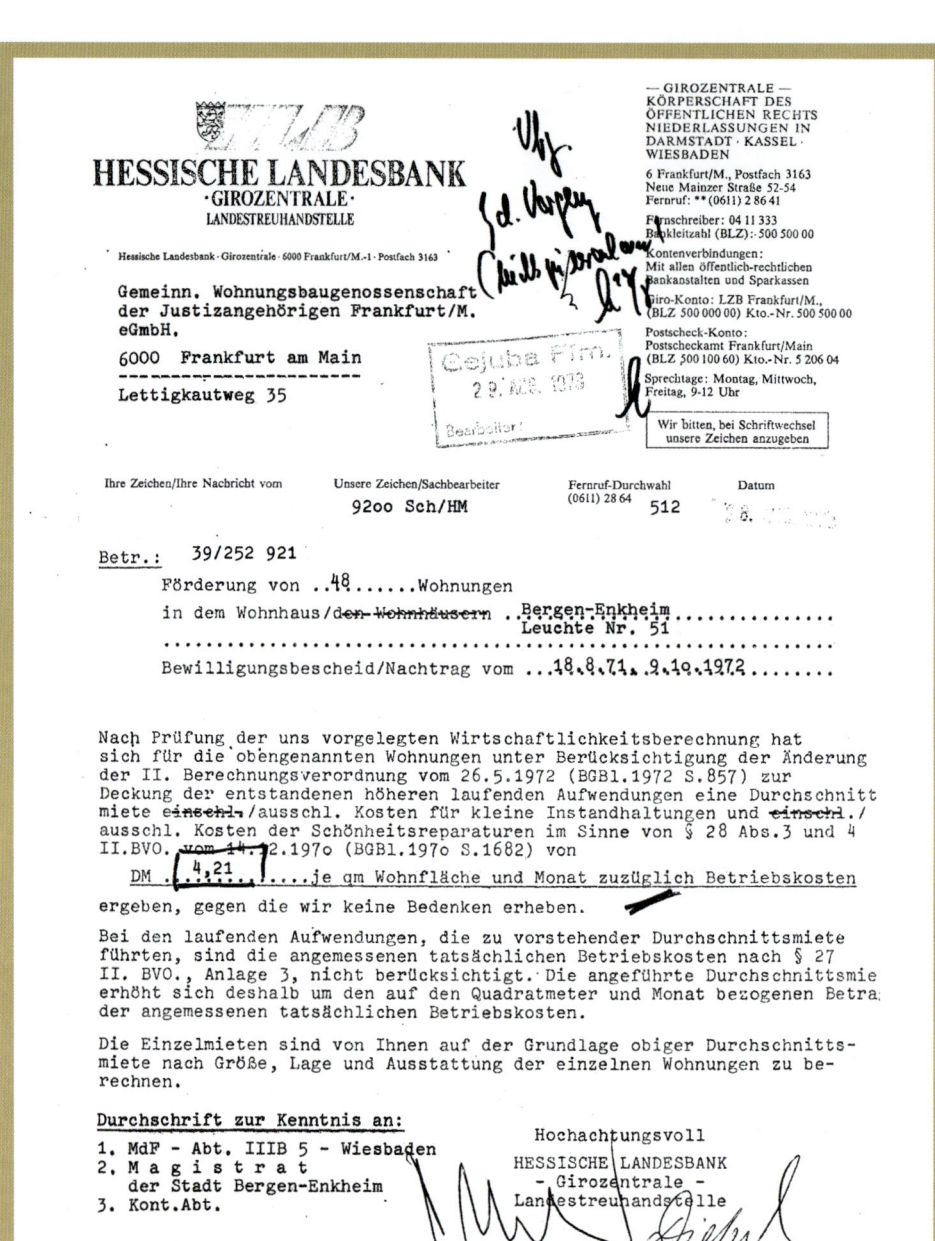

Vorsitzender des Verwaltungsrats: Ministerpräsident Osswald
Vorstand: Prof. Dr. Hankel (Vors.), Claus, Dr. Flier, Häusler, Dr. Lang, Lepine (stellv.), Dr. Quitzau, Reuther, Schade

**GEMEINNÜTZIGE WOHNUNGSBAUGENOSSENSCHAFT
DER JUSTIZANGEHÖRIGEN FRANKFURT (MAIN) E.G.M.B.H.**

Herrn
Heinrich Jordt

6 Frankfurt (Main)
Buchwaldstraße 51

6 FRANKFURT AM MAIN 70
Lettigkautweg 35
Telefon 0611 - 61 14 09
Postscheckkonto Frankfurt am Main 417 84
MIETENKONTO
FRANKFURTER SPARKASSE VON 1822, NR. 50-378 666
Bankkonten
Hessische Landesbank - Girozentrale, Ffm. Nr. 141 5200
Frankfurter Sparkasse von 1822, Nr. 50-3177 05
Stadtsparkasse Frankfurt am Main, Nr. 10 900
Nassauische Sparkasse Frankfurt am Main, Nr. 140007407
Sprechstunde montags - freitags von 10 - 12 Uhr

Unser Zeichen: Se/Bo   Frankfurt am Main, den 26. Nov. 1973

Betr.: Planung 1974

Bezug:

Sehr geehrter Herr Jordt,

unter vorsichtiger Berücksichtigung der wirtschaflichen Lage in 1974 werden auch wir mit den Instandhaltungs- und setzungsarbeiten kürzer treten müssen.
Dieser gute Vorsatz ändert aber nichts daran, daß folgende Arbeiten durchgeführt werden müssen:

1. Außenanstrich der Fenster, Türen und Balkone in
   Ffm., Ulmenstr. 5-9, Feldgerichtstraße 10-22
      und Eckenheimer Landstr./Kurzröderstraße

   Bergen-Enkheim, I. und II. Abschnitt
   ggfs. sogar Bergen-Enkheim, III. Abschnitt,

2. wenn diese Beträge feststehen und noch genügend Luft bleiben sollte, kann an die Fertigstellung der Dielmannstr. 27-29 gedacht werden.

Die baren Mittel im Jahre 1974 müssen auch u.Umständen deshalb besonders sparsam angesetzt werden, weil die Möglichkeit besteht Ende 1974 in Preungesheim mit der Errichtung zumindest eines Gebäudes zu beginnen.

Da die Bebauung nur im Rahmen des Erbbaurechts möglich ist, müssen wir 15 % Eigenmittel (Barmittel!) aufbringen.

Für die vorzunehmenden Außenanstriche liegen uns folgende Ausschreibungen vor und bitten wir diese zu überprüfen:

1) Ulmenstraße   und 2) Eckenheim

Mit freundlichen Grüßen
Gemeinn. Wohnungsbaugenossenschaft der
Justizangehörigen Frankfurt/M., e.G.mbH

GEMEINNÜTZIGE WOHNUNGSBAUGENOSSENSCHAFT DER JUSTIZANGEHÖRIGEN FRANKFURT AM MAIN eG

RUNDSCHREIBEN

An unsere
Nutzungsberechtigten
ECKENHEIMER LANDSTR. 274-275
KURZRÖDERSTR. 1, 2, 3, 4, 7 und 9

6000 Frankfurt am Main

6000 Frankfurt 70
Lettigkautweg 35
Telefon 0611 - 63 14 09

BANKVERBINDUNG
Frankfurter Sparkasse von 1822 Nr. 378 666
Postscheckkonto Frankfurt am Main Nr. 417 84 - 601

BANKKONTEN
Hessische Landesbank - Girozentrale Nr. 141 5200
Frankfurter Sparkasse von 1822 Nr. 317 705
Stadtsparkasse Frankfurt am Main Nr. 13 425

Unser Zeichen
Se/bo

Datum
5. März 1979

Betreff:
Durchführung von Maßnahmen zur Einsparung von Heizenergie
hier: Einbau von schall- und wärmedämmenden Isolierfenstern

Sehr geehrte Damen und Herren,

uns ist im Rahmen der Förderung der Energieeinsparung auf
unseren Antrag vom 22. August 1978 die Durchführung der Maßnahme bewilligt worden.

Wir werden daher alle Fenster- und Balkontüren erneuern und
zwar werden schall- und wärmedämmende Isolierfenster eingebaut.

Diese Arbeiten werden in der Zeit vom

21. Mai 1979 bis 29. Juni 1979

durchgeführt.

Der Aus- und Einbau der Fenster und Balkontüren erfolgt ohne
Gerüststellung.
Der Arbeitsablauf ist wie folgt geplant:

Demontage der Fenster, Balkontüren und Innenfensterbänke, Einbau der neuen Fenster und Balkontüren, Anbringung von Deckleisten
und der neuen Werzalit-Fensterbänke. Danach werden die erforderlichen Beiputzarbeiten durchgeführt. An einem späteren Tag, der
Ihnen noch besonders mitgeteilt wird, wird die Versiegelung aller
Fenster und Balkontüren erfolgen.
Es ist davon auszugehen, daß der Zeitaufwand für eine Wohnung
ca 3 - 4 Tage in Anspruch nimmt.

Wir bitten schon heute, dafür zu sorgen, daß

1. Ihre Wohnung in der vorgenannten Zeit zugängig ist

und

2. Etwaige Jalousetten, Rollos und Markisen rechtzeitig
   demontiert werden.

Sollten Sie die Demontage der Jalousetten u.ä. durch die
bauausführende Firma Richter & Schädel KG wünschen, so bitten
wir Sie, diese unmittelbar zu beauftragen.
Die Kosten werden Ihnen im Tagelohn-Nachweis berechnet.

Die Kosten für die Modernisierungsmaßnahmen werden zu einer
Erhöhung Ihrer Nutzungsgebühr führen.
Diese Erhöhung wird voraussichtlich je qm/Wohnfläche monat-
lich DM 0,56 betragen.
Die genaue Berechnung werden wir Ihnen rechtzeitig aufgeben.

Die zulässige Mietobergrenze beträgt ohne Betriebskosten je
qm Wohnfläche DM 3,95 zuzüglich 20 %, d.s. 4,74 DM.
Ihre derzeitige Nutzungsgebühr liegt bei ca 3,35 DM einschl.
Betriebskosten.
Somit liegt Ihre künftige Nutzungsgebühr noch unter der zu-
lässigen Mietobergrenze.

Die Landestreuhandstelle des Landes Hessen weist auf die Möglichkeit zur Beantragung eines Wohngeldes nach der durchzu-
führenden Erhöhung der Nutzungsgebühr hin.
Antragsformulare wollen Sie bitte bei dem zuständigen Wohnungsamt der Stadt Frankfurt am Main beantragen.

Hochachtungsvoll

Gemeinn. Wohnungsbaugenossenschaft
der Justizangehörigen Frankfurt eG

**GEMEINNÜTZIGE WOHNUNGSBAUGENOSSENSCHAFT
DER JUSTIZANGEHÖRIGEN FRANKFURT (MAIN) E.G.**

An unsere Nutzungsberechtigten
in
Lettigkautweg 10, 17-25, 27- 37,
Reinganumstr. 15 - 19,
Ulmenstraße 5 - 9,
Buchwaldstr. 31-55,
Wilhelmshöherstr. 47 - 55,
Feldgerichtstr. 10 - 22,
Obere Kreuzäckerstr. 11 - 33,
Platenstr. 125 - 137,
Eckenh. Landstr. 274-276,
Kurzröderstraße 1,2,3,4,7 - 9,
Georg-Treser-Str. 30, 40 - 44

6 FRANKFURT AM MAIN 70
Lettigkautweg 35
Telefon 0611 - 61 14 09
Postscheckkonto Frankfurt am Main 417 84 - **601**
MIETENKONTO
FRANKFURTER SPARKASSE VON 1822, NR. 50 - 376 888
Bankkonten
Hessische Landesbank - Girozentrale, Ffm. Nr 141 5200
Frankfurter Sparkasse von 1822, Nr. 50 - 3177 05
Stadtsparkasse Frankfurt am Main, Nr. 10 900
Nassauische Sparkasse Frankfurt am Main, Nr. 140007407

Unser Zeichen: Se/Bo

Frankfurt am Main, den 22. März 1976

Betr.: Erhöhung des Wasserbezugspreises

Bezug:

Sehr geehrte Damen und Herren,

die Stadt Frankfurt am Main hat den Frischwasserbezugspreis ab
1. Februar 1976 um ca 25 % und die Gebühr für Abwässer um ca 18 %
erhöht.

Damit am Ende des Jahres 1976 eine größere Wassergeld-Nachforderung
vermieden wird, sind wir gezwungen, die Vorauszahlung für Wasser
und Entwässerung zu erhöhen.
Wir sind bei der Erhöhung von den Kosten für den Frischwasserbezug
und für die Entwässerung der Jahre 1974 und 1975 ausgegangen und
haben den errechneten Mittelwert um den von der Stadt Frankfurt am Main
nun verlangten Teuerungszuschlag erhöht.
Dies ergibt in Ihrer Siedlung eine Wassergeldvorauszahlung- Erhöhung
von bisher je qm DM 0,25 auf je qm DM 0,31 .

Die Erhöhung tritt ab 1. Mai 1976 in Kraft.
Die auf Ihre Wohnung entfallende neue Wassergeldvorauszahlung wird
Ihnen das Rechenzentrum rechtzeitig mitteilen.
Die Einziehung der neuen Gesamtleistung erfolgt ab 1. Mai 1976.

Diese Erklärung hat gemäß § 10 Wohnungsbindungsgesetz 1965 vertragsändernde Wirkung.

Mit freundlichen Grüßen

Gemeinn. Wohnungsbaugenossenschaft der
Justizangehörigen Frankfurt/M., eG

Genossenschaftsregister
Amtsgericht Frankfurt (Main) - 679

Vorsitzender des Aufsichtsrats:
Dr. Hans Riese

Vorstand:
Rudolf Seckel, Hans Obermann
Dr. Manfred Schnitzerling

**GEMEINNÜTZIGE WOHNUNGSBAUGENOSSENSCHAFT
DER JUSTIZANGEHÖRIGEN FRANKFURT AM MAIN eG**

An unsere Nutzungsberechtigten
(Mieter) unserer Wohnungen in
6000 Frankfurt am Main

Buchwaldstraße I bis Leuchte I

bezugsfertig in der Zeit
vom 1.01.1953 - 31.12.1969

6000 Frankfurt 70
Lettigkautweg 35
Telefon 0611 · 61 14 09

Mietenkonto
Frankfurter Sparkasse von 1822 Nr. 378 666
Postscheckkonto Frankfurt am Main Nr. 417 84 - 601

Bankkonten
Hessische Landesbank - Girozentrale Nr. 141 5200
Frankfurter Sparkasse von 1822 Nr. 317 705
Stadtsparkasse Frankfurt am Main Nr. 13 425

Unser Zeichen: Se/bo

Datum: 10. Juli 1979

Betreff: ÄNDERUNG DER ZWEITEN BERECHNUNGSVERORDNUNG UND NEUBAUMIETENVERORDNUNG 1970

Sehr geehrte Damen und Herren,

der Bundestag hat in seiner Sitzung vom 22. Juni 1979 dem Regierungsentwurf einer Verordnung zur Änderung der zweiten Berechnungsverordnung und der Neubaumietenverordnung 1970 zugestimmt; Ausgabe Bonn 29.06.1979.

Nach der inzwischen rechtswirksam gewordenen Verordnung vom 22.06.1979 erhöhen sich

1. die Verwaltungskosten je Wohneinheit jährlich von bisher DM 180,oo auf DM 240,oo; d.s. je Wohneinheit monatlich DM 5,oo.

2. die Instandhaltungskosten je qm Wohnfläche im Jahr
   für eine Wohnung ohne Sammelheizung von bisher DM 6,60 auf DM 7,80
   für eine Wohnung mit Sammelheizung von bisher DM 7,20 auf DM 8,50
   für eine Wohnung mit Sammelheizung
                      und mit Aufzug   von bisher DM 7,70 auf DM 9,10

Wir erhöhen daher Ihre Nutzungsgebühr (Miete) mit Wirkung vom 1. Sept. 1979 entsprechend.
Diese Ankündigung erfolgt gemäß § 10 Wohnungsbindungsgesetz 1965 und hat vertragsändernde Wirkung.

Die künftige, ab 1. Sept. 1979 zu zahlende Nutzungsgebühr (Miete) wird Ihnen noch über die Treuhandstelle (Rechenzentrum) detailliert mitgeteilt.

Wir bitten um Ihr Verständnis für diese im Interesse der Wirtschaftlichkeit der Genossenschaft notwendige Maßnahme.

Mit freundlichen Grüßen

Gemeinn. Wohnungsbaugenossenschaft der
Justizangehörigen Frankfurt am Main eG

Genossenschaftsregister
Amtsgericht Frankfurt am Main - 679

Vorsitzender des Aufsichtsrats:
Dr. Hans Riese

Vorstand:
Rudolf Seckel, Hans Obermann

ÜBER DEN AUTOR

Andreas F. Achenbach

(*1943) studierte von 1964 bis 1972 an der Justus-von-Liebig-Universität in Gießen Philosophie, Soziologie und Geschichte als Werkstudent (cand. phil.). Während des Studiums erwarb er bei den US Streitkräften eine Qualifikation als Management Analyst. Er war EDV-Organisator, Buchhändler, Buch- und Zeitschriften-Verleger sowie Journalist und Pionier der Neuen Medien (Btx, ISDN, Internet). In verschiedenen Verlagen in Hessen, Rheinland-Pfalz und NRW hat er die Datenverarbeitung mit zum Teil selbst entwickelter Anwendungssoftware für Medienunternehmen eingeführt. Als engagierter Marketier war er in den Marketing Clubs in Frankfurt, Düsseldorf und Mainz aktiv und im Präsidium des Deutschen Kommunikationsverbands. Seine Leidenschaft aber gilt der deutschen Sprache und ihrer Verbreitung unter Migranten. Auch als Rentner arbeitet er als Nachhilfelehrer, Job-Coach und Profiler und interessiert sich intensiv für Eignungsdiagnostik sowie als innovativer Consultant für Zukunftsfragen in der Arbeits- und Berufswelt.